卑弥呼からの伝言

「倭」の人々の移住履歴

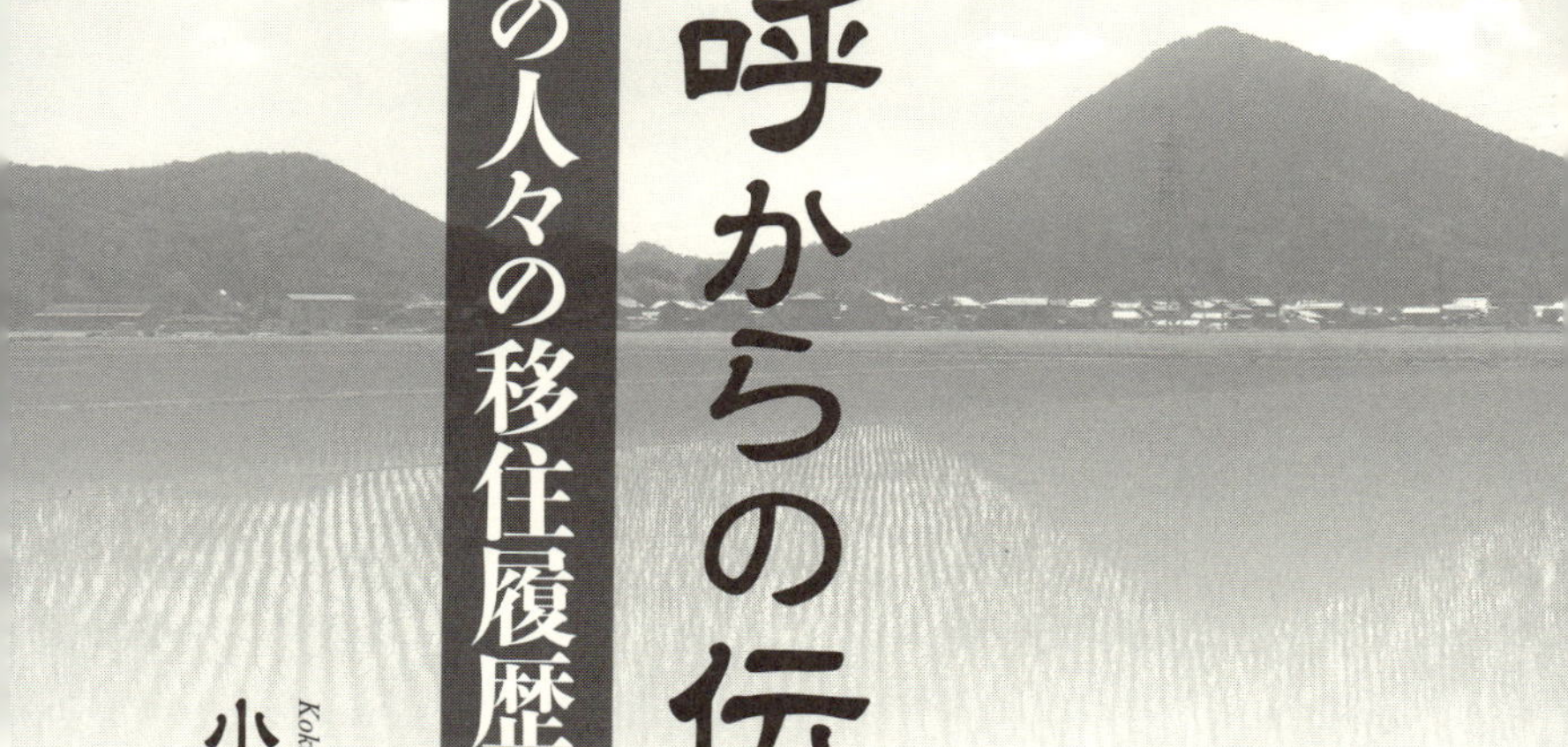

小久保 直人
Kokubo Naoto

JN198041

文芸社

序文にかえて結論から

- 卑弥呼は、日本人ではありませんでした
- 倭は、ヤマト朝廷ではありませんでした
- 倭王は、天皇ではありませんでした

『魏志倭人伝』と一般に呼ばれている史書の辺境地理情報は伝聞情報です。伝聞を元に書かれた方角や距離を元に邪馬台国を追い求めるのは人生の無駄です。私達が学校で習った古代日本としての「倭」は、日本には存在していませんでした。紀元前一〇二〇年頃、当時の周という中国古代王朝に「倭」が朝貢した記録が遺されています。日本の初代天皇とされている神武天皇の即位した辛酉年を紀元前六六〇年と『日本書紀』の主張通りに捉えたとしても、数百年単位で足りていません。

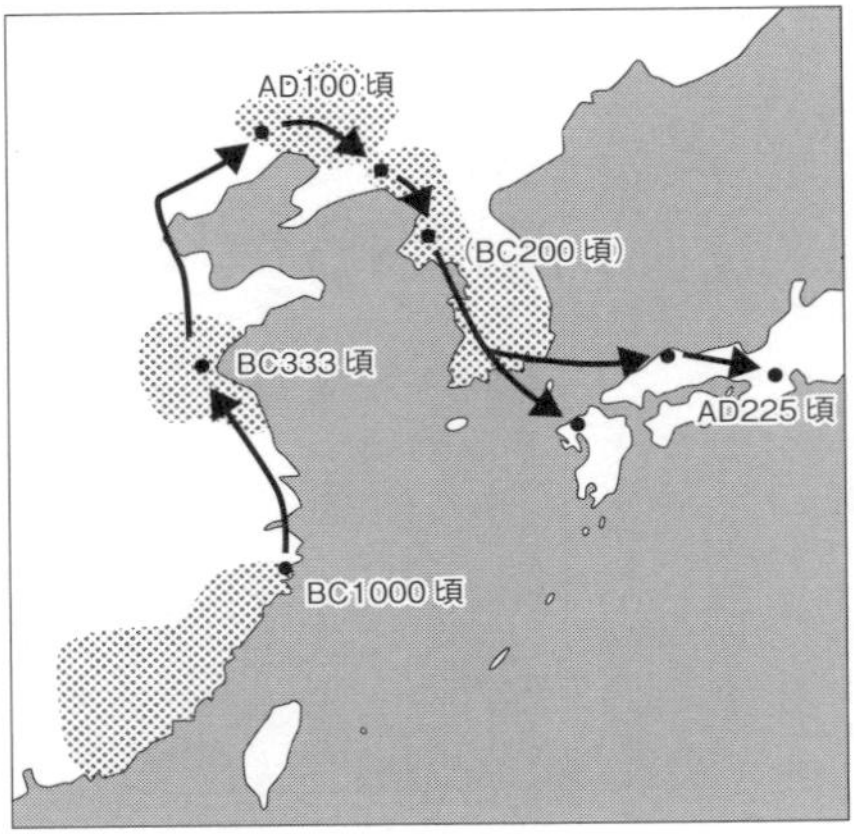

「倭」はもともと、おそらくは中国の揚子江下流域の南方にいた女系の農耕民族でした。彼らは争いと滅びを避けるために移住を繰り返し、数百年以上をかけて中国沿岸部をだんだんと北上していきました。

上記の図の線が移住履歴の概略となり、網掛けされた箇所がおおよその居住範囲です。

「倭」がそもそも日本になかったのですから、倭の女王だった卑弥呼も、日本に住んでいた人ではありませんでした。

それでは「倭」と日本とが無関係かというと、そんなことはありません。古代中国を転々としながら古代朝鮮の地へ移り住み、やがて日本に渡ってきて数百年の時をかけて古代日本を形成したのが倭の人々だったからです。すると定説とどこが違うのだと言いだす人がいるかも知れませんが、全く違います。

卑弥呼は日本人ではなく、倭はヤマト朝廷ではなく、倭王は天皇ではなかったのですから。

「倭」も、ヤマトとは読みませんでした。

この本の中では、神話を実在の歴史として捉え直しています。その一連の作業の中で、全ての神々は、人として説明されます。そうすることで初めて、神話は実在する歴史として説明されます。全ての神話が実在の歴史ではないにしろ、天照や天孫降臨や神有月などが、中国史書や考古学的発見と整合性が取れる形で、「倭」の人々の移住という一筋の物語の上で語られます。

『古事記』は、「倭」の人々の日本への移住記録とヤマト朝廷の由来を説明しています。『日本書紀』は、「倭」の人々から伝えられた断片的な記録を、ヤマト朝廷が自分達の記録として強引に取り込もうとしたものです。

二〇一九年という現代の日本においてさえ、平均年齢は百歳に達していないのに、古代の天皇家の面々の没年齢が百数十歳に達することなど、単純に考えても有り得ません。八十や九十歳でも、非常に疑わしいと言わざるを得ません。

『古事記』と『日本書紀』の記録は、天皇の崩御年という国家の一大事でさえ、その整合性が取れるのは、第三十一代の用明天皇からです。暦が入ってきたと言われる頃の第二十六代継体天皇の没年ですら数年食い違い、その後の系譜も両書の間で食い違っています。

天皇		古事記		日本書紀	
代位	諡号	崩年干支	推定西暦年	崩年干支	西暦換算年
1	神武			丙子	紀元前585
2	綏靖			壬子	549
3	安寧			庚寅	511
4	懿徳			甲子	477
5	孝昭			戊子	393
6	孝安			庚午	291
7	孝霊			丙戌	215
8	孝元			癸未	158
9	開化			癸未	98
10	崇神	戊寅	紀元318	辛卯	紀元前30
11	垂仁			庚午	紀元70
12	景行			庚午	130
13	成務	乙卯	355	庚午	190
14	仲哀	壬戌	362	庚辰	200
	神功			己丑	269
15	応神	甲午	394	庚午	310
16	仁徳	丁卯	427	己亥	399
17	履中	壬申	432	乙巳	405
18	反正	丁丑	437	庚戌	410
19	允恭	甲午	454	癸巳	453
20	安康			丙申	456
21	雄略	己巳	489	己未	479
22	清寧			甲子	484
23	顕宗			丁卯	487
24	仁賢			戊寅	498
25	武烈			丙戌	506
26	継体	丁未	527	辛亥	531
27	安閑	乙卯	535	乙卯	535
28	宣化			己未	539
29	欽明			辛卯	571
30	敏達	甲辰	584	乙巳	585
31	用明	丁未	587	丁未	587
32	崇峻	壬子	592	壬子	592
33	推古	戊子	628	戊子	628

両書の食い違いの大きさは、前ページの表をご覧頂ければ一目瞭然です。神功と応神の紀年を二運＝百二十年遅らせると実年代と合うとしている説も完全な誤りです。その二人だけ遅らせた場合でもその後ろをずらさないというのは完全なご都合主義に過ぎず、かつその根拠とされているイベントのはめ込みの位置付けも間違っているからです。

本書では、「古事記崩年」（表中の『崩年干支』）の有無を実在の目安とします。なぜなら、それが最も自然で無理のないつながりと間隔で続いているからです。

天孫降臨に比定されるイベントは実在しましたが、神武天皇の東征はありませんでした。なぜなら、天孫降臨の地は九州でなく、滋賀大津琵琶湖畔の日岐（比叡）山であり、そこから河を下って宇治から山背、河内などを陸地伝いに畿内へ展開していったからです。

ヤマト朝廷は、「倭」を本社とするなら、日本列島に置かれた支社のような存在に過ぎませんでした。その身分の差は、天皇が殺されても全く文句をつけられない程であり、六〇八年という国家の体裁を整え始めた時期においてさえ、当時の中国を統一していた隋からの使者に面前で素通りさせられたくらいです。これは私のでっち上げではなく、中国史書にも残された史実に過ぎません。現在の日本における定説の方がでっち上げなのです。

「倭」がヤマト朝廷の上位にあるという力関係は絶対的なものであり、倭王と天皇の地位も比べるべくもありませんでした。

ちまたでは、百済や新羅や高句麗や、果ては公孫氏や魏や鮮卑（騎馬民族）が古代の日本を征服したのだというような言説を見かけたりもしますが、どれも誤りです。古代日本を形成したのは、他の誰でもなく、「倭」です。

本書は、「倭」と日本とのとても深いつながりを述べたものですが、「倭」は中国歴代の古代王朝とも、古代朝鮮ともつながりがありました。後の沖縄における琉球王国の成立にさえ、彼らは絡んでいます。

全体ではおよそ三千年から最大で四千年ほど遡ります。それくらい壮大な歴史絵巻が、中国から朝鮮、日本や沖縄にまで展開されたのが、「倭」の歴史です。

卑弥呼という存在を考えるのに、邪馬台国は不要です。「倭」をヤマト朝廷と別個の存在として捉えなおすことで、空白とされてきた歴史の多くの部分が空白ではなくなります。そもそも歴史に空白など存在し得ないのですから。

「倭」の存在していた位置がずれることで、百済や新羅の位置も大幅にずれますが、どれも中国史書に残されていた史実に過ぎません。それが意図的に歪められて現代にまで伝えられてきただけです。ここで一例を挙げておくなら、「朝鮮」という地は現在の朝鮮半島にはありませんでした。

卑弥呼を含めた「倭」の人々がどんな状況に置かれて日本列島への本格的な移住を決断したのか。その王族とも言える人々が、どんな状況に置かれて身を隠したり、別の地へと移住していったのか。

その時々の彼らの思いや判断を、できるだけ史書や考古学的発見や地理的状況などと照らし合わせながら綴ったのがこの本です。

最後までお付き合い頂ければこの上ない幸せと存じます。

二〇一〇年より起草

小久保　直人

献辞

「倭」がそもそも日本にはなかったという考察に関して、故山形明郷氏の著作『卑弥呼の正体　虚構の楼閣に立つ「邪馬台」国』から多大な手掛かりを頂きました。

多くの中国史書などの記述から、古代朝鮮や帯方郡や樂浪郡、そして「倭」のあった場所について詳細に記述すればそれだけで一冊の本となり、それが日本にはなかったという明確な示唆については、先述の山形氏の著作に触れてみることをお勧め致します。

本書の中では、古代朝鮮の発祥の地や、「倭」の滅亡などについて山形氏の著作と結論を異としている部分も少なくありませんが、氏の著作なくして本書は存在し得なかったことを、ここで改めて感謝の意を表し、献辞として記します。

第四章　倭とヤマト朝廷の在り方について

第五章　倭と日本の物語

■第一章

「倭」は日本にはなかったという証明

1 「倭」の人々の移住履歴

紀元前一〇〇〇年頃の周にも朝貢していた「倭」

まず、倭人が最初に中国史書に登場したのは、『魏志倭人伝』でも、『漢書』でもありません。『論衡』という、中国後漢時代の王充（二七年～一世紀末頃）が著したものです。

「周時天下太平　越裳献白雉　倭人貢鬯草　食白雉服鬯草　不能除凶」（儒増篇第二六）

〈周の天下太平の時、越裳は白雉を献じ、倭人は鬯草を貢す。白雉を食し鬯草を服用するも、凶を除く能わず〉

「成王時　越裳献雉　倭人貢暢」（恢国篇第五八）

〈成王の時、越裳は雉を献じ、倭人は暢草を貢ず〉

「周時天下太平　人來獻暢草」（異虚篇第一八）
〈周の天下太平の時、人来たりて暢草を献ず〉

中国古代王朝の周、そしてその成王は、在位紀元前一〇二一年頃～一〇〇二年頃。姓・諱を姫誦。成王誦は即位した時はまだ幼少だったので、実際の政務は母の邑姜、叔父の周公旦、太公望呂尚、召公奭（燕の開祖）らが後見したと伝わっていますが、特に周公旦と燕開祖の召公奭は後で関連が出てきますので覚えておいて下さい。

さて、これらの記事が重要なのは、その時期です。
紀元前一〇〇〇年当時、日本はまだ前期弥生時代や後期縄文時代の頃です。日本神話の天皇の系統が紀元前六六〇年に設定されたというのも有名な話ですが、つまり邪馬台国九州説にしろ畿内説にしろ、紀元前一〇〇〇年頃という時期を、当然ながら説明できないのです。
この頃から日本は中国王朝と接触があったのだというのも無理があります。広大な中国大陸のどこに王朝（都）があったのか、畿内なり九州なりのどこかにいた人々が、どこをどうやって知れたというのでしょうか？　結論として、知れるわけもないのです。

さらに記事中の「鬯（暢）草」は霊芝を指しています。日本に生息していないわけではありませんが、非常に稀で、大量に生えているのは、中国東南部から東南アジアにかけてです。

周の成王の時に既に朝貢していた記録は、朝貢する相手の都がどこにあるのか知らないと不可能ですが、彼らは知れるほど近くにいたからこそ、朝貢できたのです。さらに「鬯（暢）草」が古代中国の祭祀で用いられたという説からすれば、「鬯（暢）草」を選んだ理由も説明されます。

しかも『史記』によれば、「成王少、周初定天下」とされていますので、武帝の後の成王の時初めて周は天下を定めた（殷を倒したのは先代の武帝）とも書かれていますので、時候をわきまえたものにもなっていますが、この当時、『漢書』などの史書も含めてまだ一切成立していません。

『漢書』では、「樂浪海中有倭人　分爲百餘國　以歳時來獻見云」と以前にも貢献しに来たことを記録していますし、『三国志』（魏書東夷伝 倭人書）では、「自古以來、其使詣中國、皆自稱大夫。夏后少康之子封於會稽」「斷髪文身以避蛟龍之害」「計其道里、當在會稽東治之東」などと、殷よりも前の夏《か》という伝説的な王朝の少康の系統だと自称しています。実際にその可能性は低いと思われるものの、『三国志』の魏が成立した時代には既に、夏や少康という存在を知っていなければ自称できません。

日本でも、戦国武将が源平藤橘に祖先を勝手に連ねた例は数えきれないでしょうが、それも、そういう存在が以前にいたことを知っていなければ、当然できません。

古来から訪れていたこと、自分達を大夫（周王室および諸侯に仕える小領主）と称し、夏の少康の子が會稽に封じられたことを知っていること、自らの謂われ（由来）を太伯だと名乗っていることや、「會稽」という地名などがポイントとなります。

まず、太伯（泰伯）とは、周王朝の古公亶父の長男で、呉の祖とされる人物です。父が末子の季歴（実際にはその子、昌）に後を継がせようとしたので、後々の争いなどを避けるために、周の故地を去り荊蛮の地へと至り、そこで「句呉」という国を建てます。

「呉太伯　太伯弟仲雍　皆周太王之子　而王季歴之兄也　季歴賢　而有聖子昌　太王欲立季歴以及昌　於是太伯仲雍二人乃奔荊蠻　文身斷髮　示不可用　以避季歴　季歴果立　是爲王季　而昌爲文王　太伯之奔荊蠻　自號句呉　荊蠻義之　從而歸之千餘家　立爲呉太伯」（『史記』巻三十一／呉太伯世家　第一）

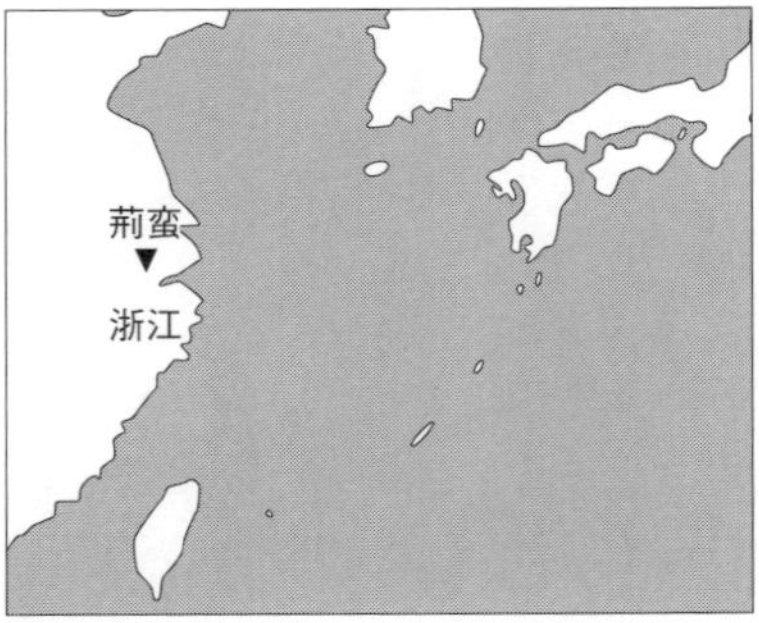

荊蛮、後の呉のあったのは、上記地図の矢印の辺り（江蘇省南部から浙江省北部の地域）。

太伯と次男の仲雍は、全身に刺青を入れ（文身）、髪を切って、中央にふさわしくない身であることを示すのですが、この故事を知っていた人が当時の日本には皆無だったとして、中国ですらどれくらいいたでしょうか？

さらに、この荊蛮の地にあるのが、會稽です。會稽山からその名がついたと言われていますが、ここは、殷よりもさらに前の「夏」に縁がある地です。夏朝の創始者、禹が死去した地であると記されています。會稽山の旧名を茅山、別名を畝山ということも注記しておきます。

夏は紀元前二〇七〇年頃～紀元前一六〇〇年頃存在したとされる伝説的王朝なのですが、揚子江（中国名は長江）流域に栄えた苗族《ミャオ》は、苗民、尤苗《ヨウミャオ》、三苗《サンミャオ》などと呼ばれ、黄河流域の中原で栄えた夏に征服されたと伝わっています。そして、この三苗族が、母系集団であったことも知られています。

先の會稽山は、揚子江の河口に当たる上海市の地域から遠くない南方に位置します。

後に夏が殷（商）に滅ぼされて後、その末裔とされたり自称した国の中には、越国があり、福建省、広東省、広西省からベトナム北部に掛けて活動していた越人は夏人の末裔を自称していました。禹の墓があると伝承される会稽山は越人の聖地でもありましたが、紀元前三三三年、越国は楚に滅ぼされ越人は四散しました。

この四散した越族を総じて百越とも呼ぶのですが、倭人や倭族もこの内に含まれています。

（南越と呼ばれるベトナムの方で四〇年頃に徴姉妹の乱が記録され鎮圧されていますが、徴側と徴弐の姉妹が首謀者になっていることから、当時の南越が女系社会だった可能性も指摘されています）

そして、百越の中に倭人が含まれていてこそ、周の成王の統治が安定した頃に朝貢するということも、その品が鬯草（暢草）であったこともその産地も含めて、地理的な整合性が取れます。周の成王は即位したのが幼少時で、周公旦と燕開祖の召公奭の後見を受けていたことは先に書いた通りです。三監の乱を平定し、旦が成王に政権を返し臣下の地位に戻ったのは即位から七年後でした。その後、雒邑（洛陽）を営築し周の副都とします。彼が葬られたのは周の故地でもある岐山と伝わっています（中国陝西省宝鶏市の周公廟付近）。

この岐山は、古公亶父が異民族の侵略から逃れるために移り住んだ地でもありました。土地を与えてなお人をも奪おうとした異民族相手に民は憤り、戦うことを望んだのですが、「民が君を立てるのは民の利益のためであり、異民族であっても利益を図るというなら民にとってはそれでかまわないはずだ。自分が必ずしも国を治める必要はない。民が戦うのは私のためであり、人の父子を殺してまで君主であることはできない」（原文『有民立君、將以利之。今戎狄所為攻戰、以吾地與民。民之在我、與其在彼、何異。民欲以我故戰、殺人父子而君之、予不忍為』／『史記』巻四　周本紀 第四）と言い、民を導いたと伝わっています。

古公亶父は、先の太伯の父であり、季歴の父、文王の祖父、殷を滅ぼした周の武王の曽祖父に当たります。武王が成王の父ですが、この岐山に関する逸話も後に重要な点となります。

蓋國は鉅にあり、燕の南、倭の北に位置する

時代は下り、『山海経』という古代の地理志にも、倭に関する記載があります。春秋戦

国時代から秦・漢代にかけて成立したもので、内容には伝説的存在に関する記述もありますが、この文は、妖怪や神々とは関係ない、単なる地理的な記述です。
「蓋國在鉅燕南 倭北 倭屬燕」(『山海經』第十二 海内北經)
〈蓋国は鉅に在り、燕の南、倭の北(に位置する)。倭は燕に属す〉

この燕の始祖が、召公奭です。周の武王が殷を倒した後、燕の地に封じられますが、これは現在の北京市付近となります(原文『封召公奭於燕』成王の条ではなく武王の条)。

ここで鉅がどこにあったかがポイントとなりますが、「山東省には鉅野県・鉅定、隣の河北省には鉅鹿県・鉅橋のような」地名が多く残っていることから、当時倭のあった場所は、その南ということになります(参考:『倭の正体』姜吉云、p.16。鉅鹿県は、中華人民共和国河北省邢台市平郷県の南西部で、現在の巨鹿県からは若干位置が南になります。その他の『鉅』も現在は『巨』の字に置き換わっているようです)。

四カ所を地図上で示すと次頁の位置になりますので、当時の「倭」はその南側にあったと考えられます。

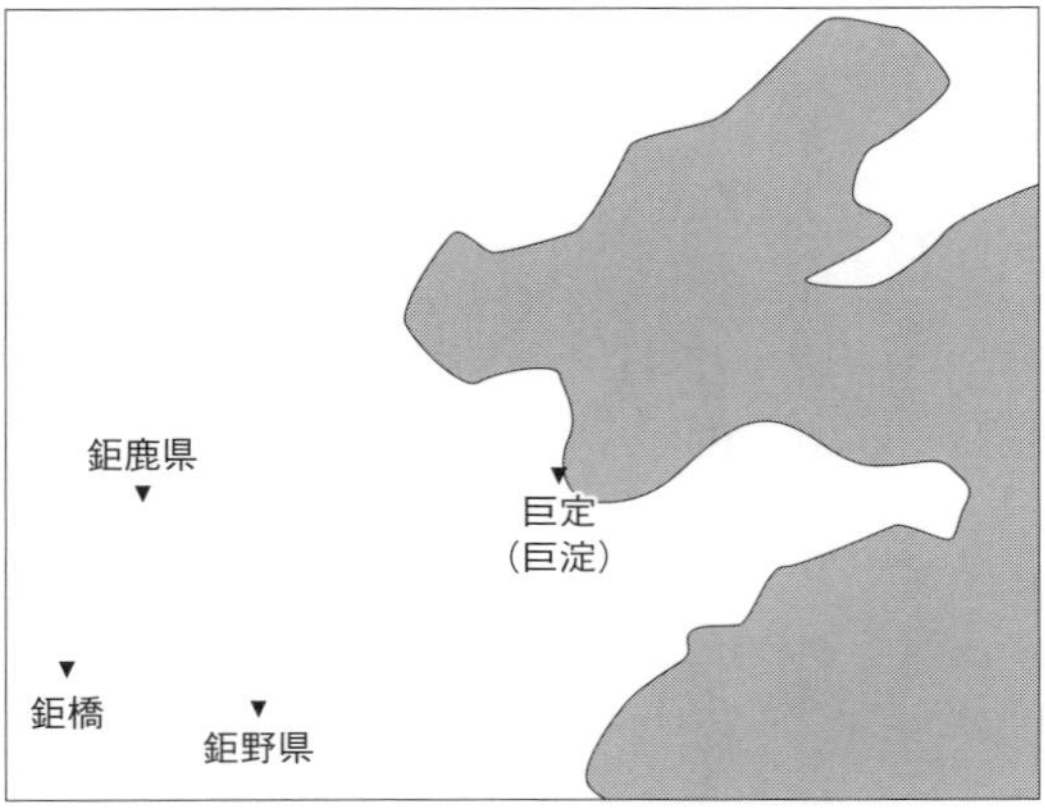

越が楚に滅ぼされたのが、紀元前三三三年で、越人が四散したのであれば、倭人達は北上し、おそらく山東半島からその南部地域にあり、燕の支配下にあったのでしょう。鉅燕が鉅の地方を呑みこんだ巨大な燕（斉と戦いその都市の大半を落とし、山東半島を含む遼東半島や朝鮮にまで進出していた）を意味していたとしても、鉅燕の南の意味は変わりません。

燕の南から、燕の東の故朝鮮の地へ

召公奭が燕の地へと移された時、当時そこにいた韓侯国が入れ替わりに現在の陝西省の地に移されたのですが、その住民の多くが「韓氏」を名乗っていました。西周時代、燕の東方（現在の遼寧省朝陽市喀喇沁左翼蒙古族自治県）に「箕侯」という都市国家があり燕の属国でしたが、春秋時代を待たずに北方遊牧民に滅ぼされ、燕に亡命した住民が多く、春秋時代以降、燕の士大夫層に「韓氏」や「箕氏」を姓とする者が見られるそうです（from Wikipedia）。

燕の東方で「箕侯」と言えば、殷の滅亡後に朝鮮の地へと封じられた「箕子朝鮮」が思い当たるのですが、燕からの亡命者衛満によって簒奪された紀元前一九四年に、「朝鮮王」準が、将や民と海に走り入って馬韓の地に渡り、そこで「韓王」を名乗ったと伝わっています。

「初、朝鮮王準為衛滿所破、乃將其餘衆數千人走入海、攻馬韓、破之、自立為韓王。準後滅絶、馬韓人復自立為辰王。建武二十年、韓人廉斯人蘇馬諟等詣樂浪貢獻。光武封蘇馬諟為漢廉斯邑君、使屬樂浪郡、四時朝謁。靈帝末、韓、濊並盛、郡縣不能制、百姓苦亂、多流亡入韓者」（『後漢書』巻八十五／列傳第七十五 東夷）

ここでは、「朝鮮王」と「韓王」が別個のものと書き分けられていることに注目しておいて下さい。後でかなり重要な点となります。

衛氏朝鮮は、前漢と攻防を繰り広げた後、紀元前一〇八年に滅ぼされるのですが、この跡地に置かれるのが、漢四郡と呼ばれる、樂浪郡・真番郡・臨屯郡・玄菟郡です。特に樂浪郡のあった場所について、邪馬台国に関連して論争の的になります（樂浪漢墓の発見で決着したと見る向きもあるのですが、そちらについては別途後述します）。

結論から言いましょう。

「朝鮮」の地は、「韓」の地ではありませんでした。

さらに言えば、当時、「朝鮮半島」なるものも存在しませんでした。

あったのは、「遼西」と「遼東」とその東にあった（高）句麗の地と、遼東の南にある「三韓」の地でした。そしてこれらは全て、中国自身の史書の中に書かれている事実に過ぎません。

「朝鮮王」が何故海を渡って「韓王」を名乗ったのかという話が、倭のあった場所の話と密接につながってくるのですが、まず初めに、遼東太守となった公孫氏が、漢の支配の行き届いていなかった地域を直接支配するようになったことを指してこう書かれています。

「是後倭韓遂屬帶方」（『三国志』巻三十／魏書東夷伝）

是より後、倭と韓は遂に帯方に属す、と明記されています。
是より前、倭と韓は帯方に属していなかった、と明記しているのと同じことです。時に一九六年。樂浪郡が設置されたのは紀元前一〇八年ですから、およそ三〇〇年間も、倭（濊）と韓は、帯方郡にも、元々帯方県が属していた樂浪郡にも、属していなかったことになります。

漢の郡県の統治の行き届いていなかった樂浪南部、屯有県以南地域に帯方郡は設置されるのですが、元々帯方県は遼東郡に属していました（『帯方県並属遼東郡』『後漢書』地理志）。

そして同じ一節には、「分割辰韓八國以與樂浪」と辰韓を八国に分割して樂浪郡を興したことと、反発した韓の臣達を帯方郡と樂浪郡の太守の軍が討って「二郡遂滅韓」とも明記されています。

ここからが歴史のトリックなのですが、樂浪郡という「朝鮮」の故地に置かれた筈の存在と、「韓国」の故地に置かれた存在とが同一視されたため、「朝鮮＝韓国」の地という悲劇的な錯誤が生まれてしまったのです。

故朝鮮の地の詳細な説明と証明はそれだけで十分に長いお話になりますので後に回し、

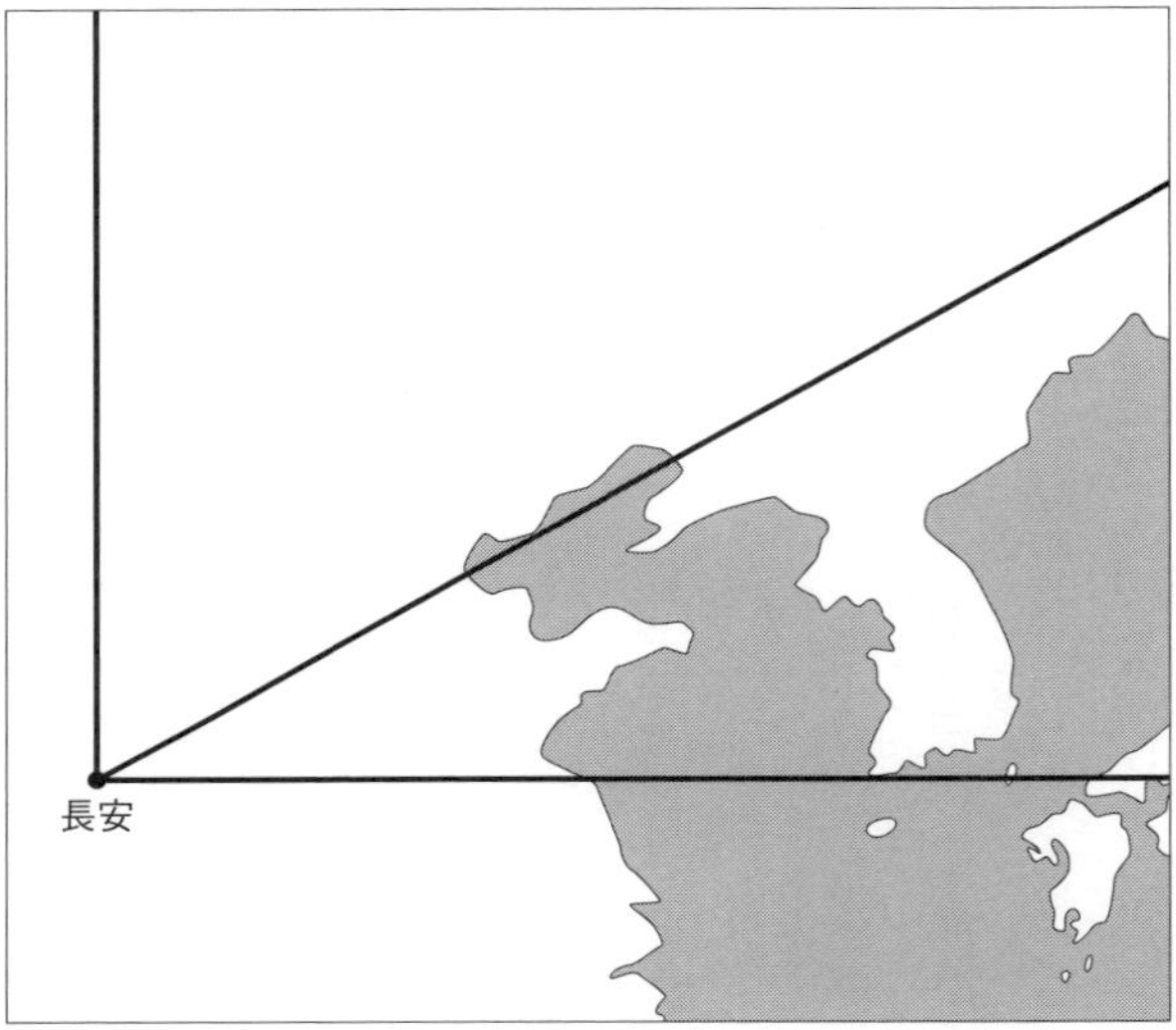

ここでは「倭」の移住履歴に纏わる部分だけお話ししていきます。

樂浪海中に倭人在り

まず、「倭」の位置と絡めて、樂浪郡の位置を特定します。

「樂浪海中有倭人、分為百餘國、以歳時來獻見云。自危四度至斗六度、謂之析木之次、燕之分也」（『漢書』地理志）

樂浪の海中に倭人があり、その方角は、当時の都のある長安（現在の西安市）北から東に六〇度の位置だと書かれています（詳細は巻末の補記2を参照）。

地図上で一見してわかる通り、日本列島の方角では全くないし、現在で言う朝鮮半島の

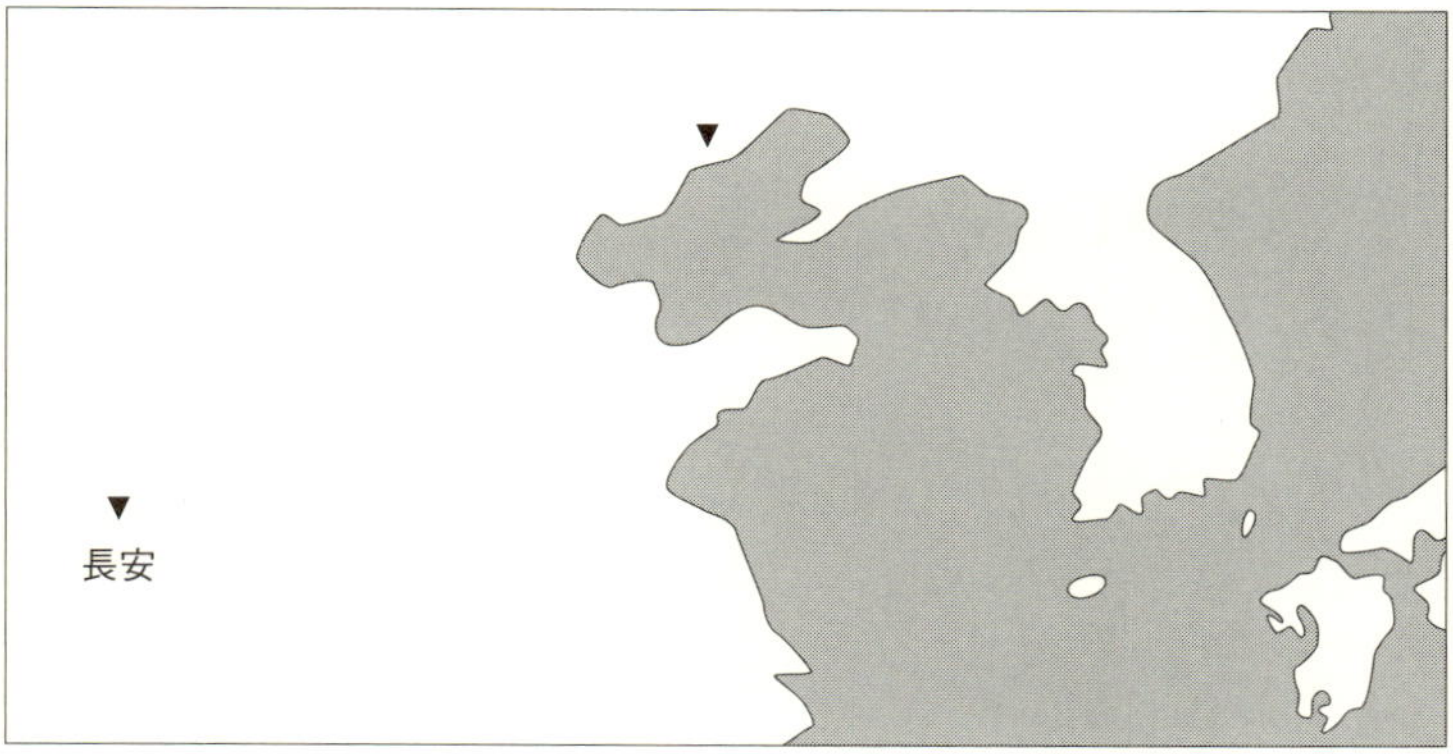

内にすらないことが明白です。長安から見て河北省から遼東の方角に、紀元一世紀頃の「倭」がいたことになります。

樂浪海中にありと書かれていますので、その海は当然、朝鮮半島西岸の海ではなく、現在の遼寧省の南岸方面にあったことになります。つまり、現在渤海と呼ばれている海が、当時は樂浪海と呼ばれていたことも明らかになります。

樂浪郡の位置について、『史記』の太康地理志には、「樂浪遂城縣有碣石山、長城所起」とあり、碣石山のある、(万里の) 長城の始点と明記されていて、これは考古学的にも、山海関があった所としても知られています。

その位置は、先ほどの「長安北から東に六〇度」の線上にほぼぴたりと来ます (地図中の矢印)。

衛氏朝鮮が前漢に滅ぼされたのが紀元前一〇八年で、その故地に置かれたのが樂浪郡、真番郡、臨屯郡、玄菟郡の漢四郡ですから、「朝鮮」の地とは、現在の朝鮮半島からは全く外れた地にあったことが明らかになります。

『史記』（巻六十九／蘇秦列傳 第九）にも、燕文侯曰、「燕東有朝鮮、遼東」と、河北省の現在の北京市付近にあった燕の東、遼東との間に、朝鮮がいたことが示されています。現在で言う遼西のさらに西の地となります。

朝鮮が実際にあった場所の詳細については、百済や高句麗といった国々や樂浪郡や帯方郡の位置の変遷も兼ねて後ほど詳述しますが、ここでは「長安から北に向かって東へ六〇度」の位置に「倭」がいた証跡を挙げます。

鮮卑族による大量拉致事件　――遼東

『後漢書』に次のような記事があります。

「冬、鮮卑寇遼西。光和元年冬、又寇酒泉、緣邊莫不被毒。種衆日多、田畜射獵不足給食、檀石槐乃自徇行、見烏侯秦水廣従數百里、水停不流、其中有魚、不能得之。聞倭人善網捕、

於是東撃倭人國、得千餘家、徙置秦水上、令捕魚以助糧食」(巻九十／烏桓鮮卑列傳 第八十)

光和元年は一七八年。人口が増え過ぎて食糧が足りなくなっていた鮮卑族は、河(秦水)に魚がいるのに自分達では捕れませんでした。倭人が網で捕るのがうまいと聞いたので、東へ倭人国を撃ち、千余家を得て(拉致して)、秦水のほとりにおいて魚を捕らせて糧食の助けとしたという記事です。

『後漢書』は、成立時期こそ『三国志』の後ですが、後漢の世において、鮮卑族が、東へ倭人を撃った、という件《くだり》が決定的です。

海を渡ったとは一言も書いていません。鮮卑族が朝鮮半島全域まで征服したという史実さえもありません。陸伝いに、その前段でも出ている「遼西」から「東」へ「倭人」を撃ったという明確な記事です。もちろん、『古事記』にも『日本書紀』にも、この大事件への言及は一言も存在しません。

後でまた高句麗との絡みで詳しく触れますが、遼東の地を巡って、遼西から西の故朝鮮の地に進出していた鮮卑が高句麗と激しく戦い続けたのは歴史的な事実です。『漢書』地理志の編纂された後漢の七五年〜八八年頃にはまだ遼東の樂浪海中にいたという記事との連続性も踏まえるならば、日本の史書と中国の史書のどちらがより信憑性が置けるのか、比べものになりません。

つまり、「倭」が日本国内には存在しなかったというのは、歴史的事実です。

遼東の覇者となった公孫氏によって、「韓」と「倭」が帯方郡に属するようになったという史実も、「倭」が遼東にあって初めて自然なつながりを持ち得ます（『是後倭韓遂屬帯方』『三国志』魏書東夷伝 巻三十）。その帯方郡の元となった帯方県が遼東郡にあったというのも先ほどご紹介した通りです（『帯方県並属遼東郡』『後漢書』地理志）。

公孫氏や魏が「倭」を、当時の日本まで征服したのだという言説が単なるデタラメに過ぎないというのも、この見地に立って初めて言えることなのです。

そして、次はいよいよ、邪馬台国探しで主要な史料とされる『魏志倭人伝』と一般に呼ばれている『三国志』魏書 巻三十 烏桓鮮卑東夷伝の中の倭人条の記述に触れていきます。

この本の冒頭部でお断りした通り、邪馬台国探しはしませんし、「倭」の位置を特定するのにそれは全く不要であることをここで改めて言明しておきます。

「倭人在帯方東南大海之中」という結論

私の捏造でも妄想でも創作でもなく、結論は冒頭部に書かれています。

「倭人在帯方東南大海之中」

〈倭人は帯方東南の大海の中に在る〉

明快にして簡潔。方角を入れ替えたり、距離計算の基準を変更したりする必要性は皆無です。

邪馬台国探しに血眼を上げている方々及び、定説は、この文中の「大海」を「日本海」と脳内変換をかけて精神の平衡を保っていますが、断言します。「大海」は「日本海」ではなく、「黄海」です。帯方郡が遼東にあったというのは既に述べてきた通りです。魏から晋にかけての時代、「倭」は、その帯方の南にあり「韓」の南に接していました。

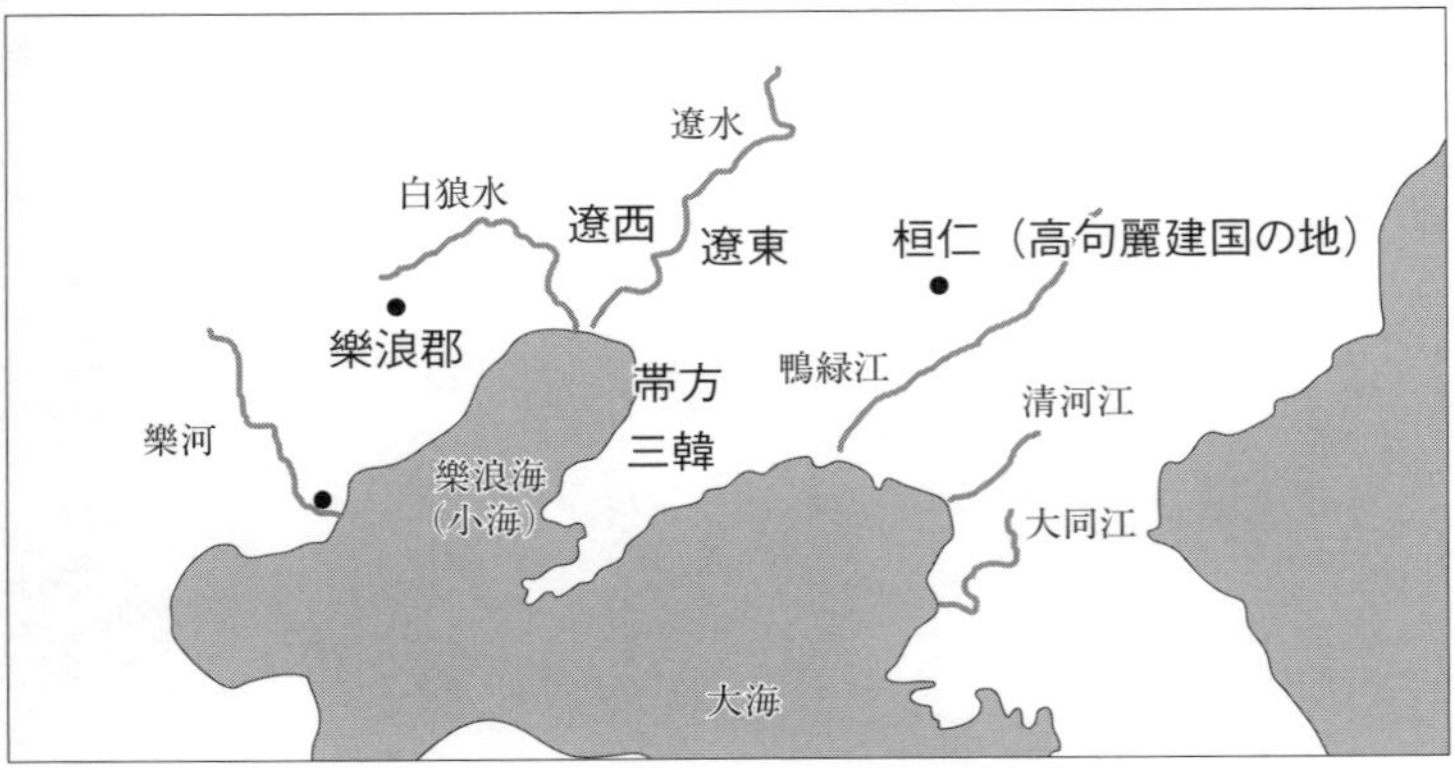

韓在帯方之南、東西以海爲限、南與倭接

後でまた詳しく触れますが、この時代の帯方郡の南にあったのが、馬韓・辰（秦）韓・弁辰（韓）で、定説では朝鮮半島の南半分辺りに押し込められていますが、実際にあったのは遼東半島でした。帯方郡が遼東にあったのだから、その南にあるのは朝鮮半島ではなく、遼東半島なのは、単なる地理的物理的な現実に過ぎません。

遼東は、遼水の東岸地域を指すから、遼東であり、遼西は遼水の西岸地域を指すので遼西なのです。遼東半島がある地域だから遼東ではありません。同様に、樂浪郡の由来も、「樂河」と「白狼水」の間にある地域を指している所から来ていますが、これもまた後で詳述します。

さて、そんな帯方郡の東南の大海にあるのは、当然、日本列島ではなく、朝鮮半島です。この当時の「倭」は、遼東半島南岸部で馬韓の南に接してもいました（『韓在帯方之南、東西以海爲限、南與倭接』）。

この位置付けでないと説明できない歴史的イベントがやはり記録されていますし、考古学的出土品にも裏付けられています。いわゆる卑弥呼の景初二年の朝貢です。景初三年という説も史書の記述もありますが、当時記録された方が正しいことと、日本における定説をやはり粉砕します。

2 景初二年と景初三年の謎解きから、邪馬台国探しに永遠の終止符を打つ

日本国内の古墳から出土する三角縁神獣鏡という銅鏡があり、「景初三年」という紀年を持つものが多いことから、卑弥呼が魏に朝貢した時のものだというのがほぼ定説化しています。

卑弥呼が魏に朝貢したのは、「景初二年」と「景初三年」説があり、後代の中国史書ほど三年説を取っていて、かつ戦乱のさなかの朝鮮半島に遣いが送れたわけもないと、日本では「景初三年」六月に卑弥呼は遣いを送ったと解釈されていました。

しかし当時に近い原史料の『三国志』では、遼東の公孫氏が滅ぼされたのは景初二年の八月で、卑弥呼の朝貢があったのは六月と明記しています。

まず原文です。

『三国志』魏書第八「二公孫陶四張傳」

「景初二年六月、倭女王遣大夫難升米等詣郡、求詣天子朝獻、太守劉夏遣吏將送詣京都。其年十二月、詔書報倭女王曰「制詔　親魏倭王卑彌呼、帶方太守劉夏遣使送汝大夫難升米、次使都市牛利奉汝所獻男生口四人、女生口六人、班布二匹二丈、以到。汝所在踰遠、乃遣使貢獻、是汝之忠孝、我甚哀汝。今以汝為親魏倭王、假金印紫綬、裝封付帶方太守假授汝。其綏撫種人、勉為孝順。汝來使難升米、牛利渉遠、道路勤勞、今以難升米為率善中郎將、牛利為率善校尉、假銀印青綬、引見勞賜遣還。今以絳地交龍錦五匹、絳地縐粟罽十張、蒨絳五十匹、紺青五十匹、荅汝所獻貢直。又特賜汝紺地句文錦三匹、細班華罽五張、白絹五十匹、金八兩、五尺刀二口、銅鏡百枚、真珠、鉛丹各五十斤、皆裝封付難升米、牛利還到録受。悉可以示汝國中人、使知國家哀汝、故鄭重賜汝好物也」

Wikipediaのおおまかな訳文はこちら。

「景初二年（二三八年）六月、卑弥呼は帯方郡に大夫の難升米と次使の都市牛利を遣わし、太守の劉夏に皇帝への拝謁を願い出た。劉夏はこれを許し、役人と兵士をつけて彼らを都まで送った。難升米は皇帝に謁見して、男の生口（奴隷）四人と女の生口六人、それに班布二匹二丈を献じた。十二月に皇帝は詔書を発し、遠い土地から海を越えて倭人が朝貢に来た事を悦び、卑弥呼を親魏倭王と為し、金印紫綬を仮授した。皇帝は難升米と都市牛利の旅の労苦をねぎらい、難升米を率善中郎将に牛利を率善校尉に為して銀印青綬を授けた。皇帝は献上物の代償として絳《コウ》地《ジ》交龍《コウリュウ》の錦五匹、コウジスウゾクのケイ（けおりもの）十張、センコウ五十匹、紺青五十匹、紺地句文の錦三匹、細班華のケイ（けおりもの）五張、白絹五十匹・金八両・五尺の刀を二ふり・銅鏡百枚、真珠、鉛丹を各五十斤の莫大な下賜品を与えた」

Wiki訳内では意図的に「遠い土地から海を越えて」と書いてますが、原文には「海」など一言も書かれていません。「汝所在踰遠」です（渡ったとしても黄海だったでしょうけど）。

六月に帯方郡に倭からの使者が来て、十二月に皇帝が証書を発したのは、それが帯方郡からの貢物が都に「以到」＝到着した月だからです。

さて、ぱっと見てわかる通り、双方の贈り物の質と量には雲泥の差があります。

倭：男の生口（奴隷）四人、女の生口六人、班布二匹二丈

魏：絳地交龍の錦五匹、絳地縐粟の罽十張、蒨絳五十匹、紺青五十匹、紺地句文の錦

三匹、細班華の罽五張、白絹五十匹、金八両、五尺の刀二ふり、銅鏡百枚、真珠・鉛丹を各五十斤

それらに足して、親魏倭王の金印紫綬を仮授です。見落とされがちですが、遣いに来られてその場ですぐに金の印綬なんて造って渡せるわけもありません。

何故ここまで不釣り合いなくらいに豪勢な贈り物をしたか。それは、公孫氏のすぐ南方の遼東半島辺りにいる「倭」が、公孫氏との戦闘が始まる前に、魏に朝貢してきたからです。北方の鮮卑に公孫氏を攻撃するよう呼び込んでもいましたから（『誘呼鮮卑、侵擾北方』）、この「倭」の迅速な対応は喜ばれたでしょう。

魏の軍勢が出発したのは四月で、現地に到着したのが六月。征討したのが八月でした。「倭」が日本列島の北九州にあっても畿内にあっても、魏の軍勢の進発を四月に知ってから六月に朝貢することは絶対に不可能です。朝鮮半島（百済）の南端から筑紫まででも片道一カ月程度かかるのですから。遼東半島からではさらにその二倍以上は軽くかかりますので。これで「倭」（や邪馬台国）が日本列島にあったという説は永遠に葬り去られました。

トドメは、次の原文の続きの中にありました。

「正治元年、太守弓遵遣、建中校尉梯儁等、奉詔書印綬詣倭國、拜假倭王、并賫詔賜、金帛、錦罽、刀、鏡、采物、倭王因使上表、答謝恩詔。其四年、倭王復遣使大夫伊聲耆、掖邪狗等八人、上獻、生口、倭錦、絳青縑、綿衣、帛布、丹、木㺃、短弓矢。掖邪狗等、壹拜率善中郎將印綬」

正治元年とは、景初二年の二年後、二四〇年です。帯方郡の太守の弓遵が、建中校尉梯儁らを倭国に遣わしました。皇帝からの詔書や印綬を渡すためです。書かれている内容は、そのまま先の目録に書かれた物です。その年の内に、倭王からの「表答謝恩詔」、つまり返礼の使者が来たとも書かれています（正治四年にはまた倭からの使者が来たとも書かれています）。

さて、ここで流れを整理します。

景初二年六月　　卑弥呼は帯方郡に皇帝への貢献物を送った

景初二年十二月　卑弥呼からの貢献物、都に到着し、皇帝が卑弥呼を親魏倭王と制詔

当然ですが、膨大な贈り物や、金の印綬や、銅鏡百枚その他の制作・準備が開始された

のは、皇帝の制詔の後です。

十二月から始まった話なのですから、作成期間は当然、翌年などに及びます。景初三年~正治元年にかけて、全ての物の作製と準備が終わった。だからこそ、日本で出土する三角縁神獣鏡で魏の年号が記された鏡の四面が「景初三年」と「正治元年」の二種類なのです。

ここが、「景初二年」と「景初三年」の謎を解く最大のポイントです。

もしも「景初三年六月」に朝貢があったとしましょう。そうだったとすると、その後の経過も準備も、当然一年遅れにならなければおかしいし、だから結果として、三角縁神獣鏡の紀年銘も一年ずれて、「正治元年」と「正治二年」とならなければおかしいことになります。

魏側の経過の記載の流れには、年号が変わったタイミングということも含めて、一年間違えて記載したという様子は全く見受けられません。帯方郡の太守の弓遵が、皇帝からの贈り物を倭国に送るために建中校尉梯儁らを遣わしたのも「正治二年」でなければおかしいことになります。

一八五年から遼東の太守だった公孫度は、その後勢力を拡大して、樂浪郡治を支配下に置きました。その跡を継いだ公孫康は、二〇四年、樂浪郡十八城の南半を割いて帯方郡とし、土着勢力を討って、「是后倭韓遂属帯方」（これより後、倭・韓は遂に帯方郡に属す）としていました。『魏志倭人伝』とされている同じ書の中に記載されています。

しかし日本列島のどこも、公孫氏に討たれた記録なんてありません。帯方郡に属した経歴もありません。永遠にさようなら、邪馬台国九州説、邪馬台国畿内説、そして「倭」が最初から日本列島内にあったとする説。

「倭」は、公孫氏の勢力下に、少なくとも三十年以上置かれていたのです。その「倭」が、魏から公孫氏を討伐するための軍勢が進発という情報を受けるやいなや、即座に遣いを立てて、公孫氏の城攻めにとりかかり始めていた頃の魏（帯方郡）に対して朝貢したのです。

まだ結果の出ていない戦《いくさ》で旗色を明らかにしたことが高く評価されたのです。北九州や畿内に「倭」の中枢があったのであれば、魏の軍が公孫氏の城を囲み始めたという情報が伝わるまでにも最低で三、四カ月から半年以上はかかったでしょうし、そこから遣いを出して帯方郡に辿りつくまでにはその二倍はかかります。そして全ての恩賞が史実通りに出ていたとしても、史書や古墳から出土する銅鏡の紀年銘も一年ずつずれていましたが、実際はそうなっていません。史書の記載と、古墳からの出土物の紀年銘がぴたりと一致しているのです。
すばらしいではありませんか？
「倭」の中枢の迅速な判断と行動も、魏の正確な記録も。
そしてその鏡を日本に持ち込んだ「倭」の人々も（その意図は後で詳しく述べます）。

最後にもう一度、流れを載せておきます。

- 景初二年

二三八年四月　魏の軍勢、公孫氏討伐に出発
※ここから六月までの間に、卑弥呼を含む「倭」の中枢はその情報をつかみ、朝貢の使者を立てて出発させました。
二三八年六月　魏の軍勢、公孫氏の拠点、遼東に到着。卑弥呼の使者、帯方郡にて魏に朝貢
二三八年八月　魏の軍勢、公孫氏討伐を完了
二三八年十二月　倭の朝貢が、魏の都に到着。宣帝、卑弥呼を親魏倭王と制詔

- 景初三年～正治元年初頭くらいまで

倭に送る品々、金印や銅鏡などを作製。紀年銘は「景初三年」と「正治元年」

・正治元年中頃くらいまで

魏からの返礼の品々が、帯方郡に到着。太守の弓遵が、建中校尉梯儁らを倭国に遣わす

・正治元年年末くらいまで

倭から感謝を示す使者が、魏の都か帯方郡に到着

原文が「倭王因使上表荅謝恩詔。其四年」とその後ろで改められていますので、正治二年に「倭」からの返礼の使者が来た可能性はありません。そんな豪華な品々が贈られた記録は『古事記』にも『日本書紀』にもありませんし、返礼の使者を送った記録もありません。

移動にかかる日数なども含めて考えて、「倭」（邪馬台国）九州説も畿内説も、その役割を永遠に終えました。

「倭」が日本列島の中になかったことも、「倭」＝「ヤマト朝廷」でなかったことも、完全に明らかになりました。「卑弥呼」が日本列島の中にいなかった人であることも含めて。

「倭」が、卑弥呼の時代かその遥か以前から、中国王朝との儀礼を含めた外交的やり取りをこなしていたという点、やはり非常に進んでいた人々だったことが改めて感じられる歴史の一幕でした。

3 「倭国大乱」も日本で起きた出来事ではないという考察

景初二年（二三八年）の公孫氏の滅亡時の卑弥呼の朝貢の記事の頃までには遼東半島の付け根辺りにいたとして、その間約一五〇年。卑弥呼の擁立を後漢の桓帝と霊帝在位の間辺りと限定している史書もありますので、ちょうどそれが一六七～一六八年頃。その十から二十年ほど前が「倭国大乱」の時期だとすると、一四七～一五七年頃のこととなります。

ちょうどその頃、漢の北辺を荒らしまわったのが鮮卑であり、その首領の檀石槐の在位とも、ほぼ重なります。鮮卑の食糧難に当てるため、倭の民一千家が拉致された件も先に触れましたが、彼らが一七八年当時まだ遼東半島の付け根北部辺りにいたのであれば、それが移住の最後の一押しになった可能性もあります。そして倭の前漢への五七年の朝貢から八十年ほど男王が続いていて（一四〇年頃まで）、それが途切れて暦年の大乱になったとすると、計算も合ってきます。

これも重要な点なのですが、通説の卑弥呼の日本列島での即位を一七〇～一八〇年頃と想定し、その前後数十年の間に、日本列島内で全国的な争乱が続いていた形跡は、考古学的に全く見つかっていません。

しかし中国大陸から遼東地域に関して言えば、度重なる王朝の交代劇と北方騎馬民族の侵入と略奪など、自分達の移住などを含めて、連合国家が混乱する要素はいくらでもありました。一応、山東半島付近に残っていた「倭」の民が、やはり国々の興亡の混乱の中から逃れるために、黄海を東に渡って韓半島の西岸で営みを始めた可能性も指摘しておきます。

その場合、出所がわからなかった辰国の祖が「倭」の民だったか、混在していたことになり、これらは後の伽耶諸国の祖となり、最も初期に九州に渡った人々にもなったのかも知れません。北九州で最も古い古墳は、紀元前一世紀頃まで遡るものがあります。

中国南方の越とのつながりも、宮崎の串間と北朝鮮の石巌里と、中国広州市の南越王墓でしか出ていない龍鳳紋の玉璧が出土していたり、渡来系弥生人のＤＮＡが前漢時代の江蘇州の人骨のものと一部合致したり（三十六体中三体）しています（ＤＮＡ検査は、二〇〇六年三月七日付の朝日新聞記事より）。

次章では、故朝鮮のあった位置の変遷と、「倭」の当該地方との関わりなどに触れていきます。遼東の南の地に移った彼らのその後についてと、日本への移住を決意するまでの過程に重要な関わりを持つからです。その中では、有名な「広開土王碑」（好太王碑）の記述や、なぜ「百済」を日本だけがクダラと呼んで（読んで）いるのかというお話などから、「倭」と百済や高句麗や新羅や鮮卑との関わりにも触れていきます。

第二章

「朝鮮」の発祥地は朝鮮半島ではなかったという証明

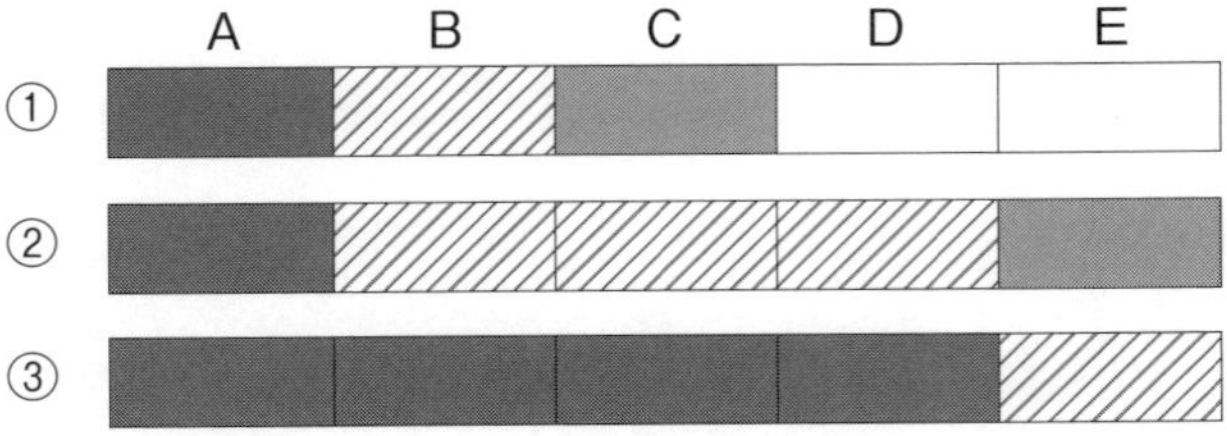

「朝鮮」の地の変遷の結果と原因を冒頭で図式化しておくと上のようになります。

①「黒」はＡ、「斜線」はＢ、「グレー」はＣの位置にあります

②「黒」はＡ、「斜線」はＢＣＤ、「グレー」はＥの位置にあります

③「黒」はＡＢＣＤ、「斜線」はＥの位置にあり、「グレー」は消えました

「斜線」が元々あったのは、「黒」と「グレー」の間のＢでした。しかし、「斜線」は拡張し「グレー」の位置はズレました。最後には、「斜線」の領域は「黒」に奪われ、「斜線」は「グレー」がいなくなった場所に入り込みました。

何のことかと思われるかも知れませんが、それが故朝鮮の地と遼東地方と朝鮮半島の地域に起こったことです。以下に説明していきます。

1 故朝鮮の地に置かれた「樂浪郡」の由来は、樂河と白狼水に挟まれた地域だから

「朝鮮」ってドコですか？

そう聞かれて、地図のどこかを指して下さいと言われたら、限りなく一〇〇％の人が、現代の「北朝鮮」と「韓国」とが存在する朝鮮半島を指すでしょう。

しかし前章でも触れた通り、最初に「朝鮮」と呼ばれた地域は、中国の北京の東、遼東の西辺りを指していました。この「朝鮮」の位置を特定することが、その故地に置かれた樂浪郡などの「漢四郡」の位置を、延いては、高句麗や百済や新羅を特定することにもなり、漢や魏に朝貢した時代の「倭」の位置とそれぞれとの位置関係を特定することにもつながってきます。

先ず、「樂浪郡」は樂河と白狼水（大凌河の別名）に挟まれた地域ゆえに、「樂」「狼」→「樂浪」と呼ばれたのです。

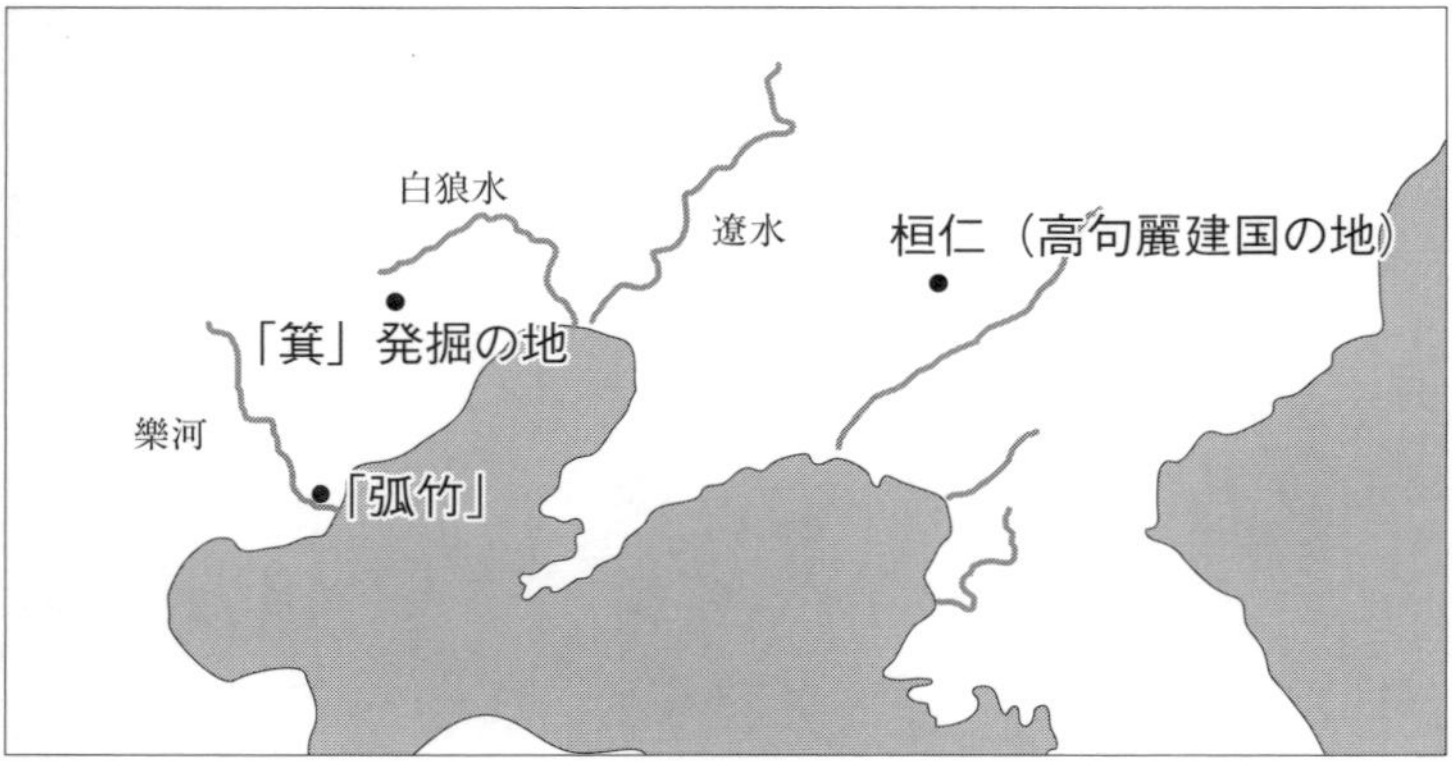

古代から、明確な国境線など地面には存在しません。最も確実な線引きは海岸線であり、そして河川であり続けましたから、河北や河南、河内など、河川を基準にした名前付けは、至極自然で合理的な所作でした。

「樂浪」郡は、故「朝鮮」の地に置かれたのは周知の事実ですから、その朝鮮の位置を確定すれば樂浪の位置もまた確定されることになります。

「盧龍舊置北平郡、領新昌、朝鮮二縣。後齊省朝鮮入新昌、又省遼西郡並所領海陽縣入肥如」

これは、『隋書』の地理志の記述です。「朝鮮」のある場所は、朝鮮半島どころではなく、現在の河北省の東側、遼西の海陽縣（県）辺りだとも明記されています。これを地図で見ると、現在の河北省秦皇

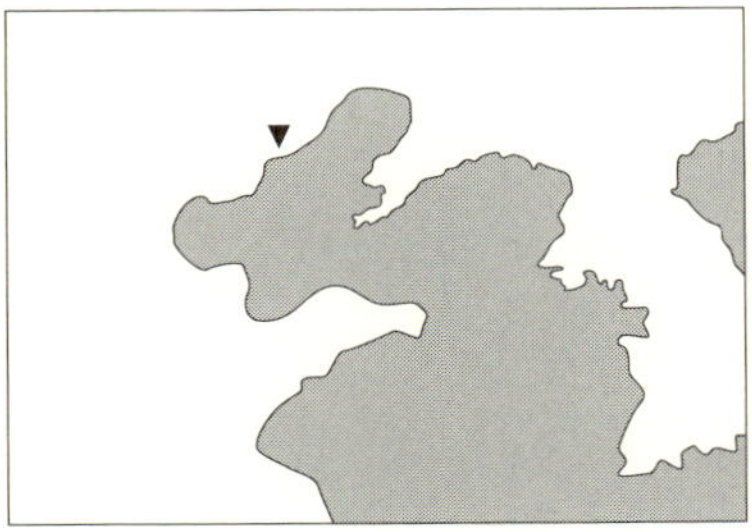

島市辺りとなります。

　これを、欒河と白狼水（大凌河）の流域路と重ねてみると（前頁の地図参照）、現在の北朝鮮や韓国はおろか、遼水流域の東西を指した「遼東」「遼西」からも完全に外れた地域に「朝鮮」と呼ばれた地域があったことが一目でわかります。

「朝鮮」の地に封じられた箕子侯とその子孫は、「倭」や扶余などそこに流入して来た他民族と混じり合いながら遼水地域にも進出したため、漢代に衛氏朝鮮が滅ぼされた時に樂浪郡の東側にも「朝鮮」が存在することになりました。南東側、現在で言うところの朝鮮半島における樂浪郡の考え方については、また後で触れますが、「朝鮮」という地域が拡大、変遷していった様について先に触れていきます。

　北京は現在の中国の首都ですが、殷（商）や周の存在した三千年以上前には、中国の中心部から外れた北の辺境の地でした。そこにやがて燕という国がつくられ、そこで初めて東夷と呼ばれる地域が現在の山東半島の辺りから燕の東の方面を指すようになりました。

　当時の中国の北辺からさらに東へ外れた辺境の地。それが「朝鮮」と呼ばれた場所でし

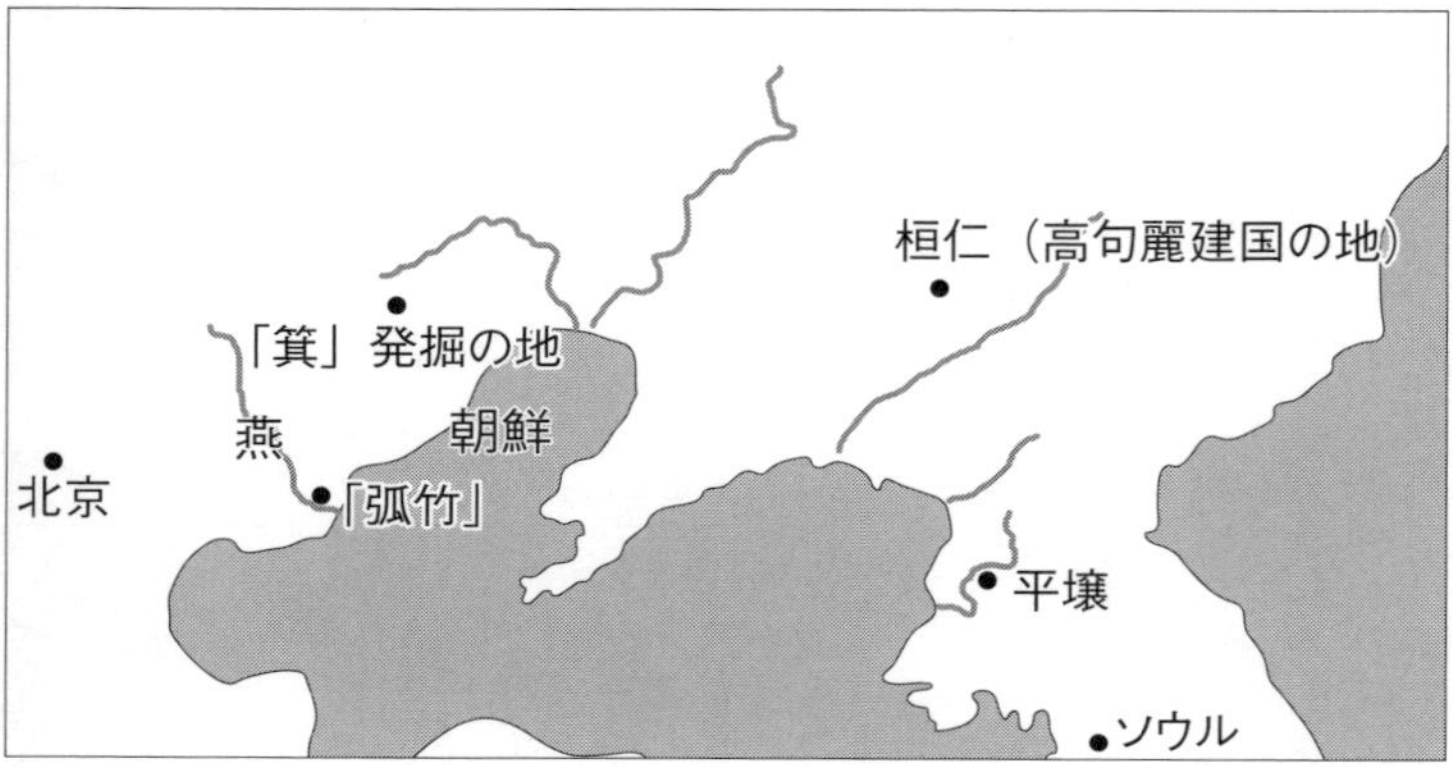

た。後に燕という国が力を東方に伸ばすまで、遼水（河）にまで中国は至っていませんでしたから、その東側や西側を指す遼東や遼西という地名もまだ存在していませんでした。

当時の中国の最果てに封じられたのが、殷の「箕子侯」でした。殷最後の王となった紂王を諫めたがために幽閉され、周の武王が殷を倒した後、仕えないかと誘われましたが、故国を滅ぼした相手だからと断り、「朝鮮」の地に封じられました。

いわゆる「箕氏朝鮮」は伝説の存在として捉えられてきました。何せ殷が紀元前十七世紀頃から紀元前一〇四六年の存在。周が紀元前一〇四六年から紀元前二四六年の存在です。しかし、上の地図の「箕」発掘の地としている付近（現在の遼寧省朝陽市喀喇沁左翼蒙古族自治県）の馬哨村で、一九九二年十月、商時代の鼎《かなえ》と簋《き》が発掘されました。
「（前略）一九九二年十月、商時代の鼎《かなえ》と簋《き》が発掘されました。それらの銅器の内部には、『卜』や『箕』という文字がありました」
（参考リンク：http://www.qianan.gov.cn/article/326/49714.html）

他にも、殷末から西周前期の青銅器が数多く出土し、「箕侯」「孤竹」と読める文字が彫られた出土品があり、箕侯とは箕子（箕子は商の紂王の叔父）本人、もしくは彼の後裔ではないかと考えられているそうです。箕子侯の系図は後代からの造作だとしても、『隋書』などの史書と考古学的発見がそれで否定されるわけもありません。
「矩因奏狀曰：高麗之地、本孤竹國也。周代以之封于箕子、漢世分為三郡、晉氏亦統遼東」（『隋書』列伝三十二　裴矩伝）
〈高麗の地は、元の孤竹國なり。周代に箕子が封じられ、漢の世に三郡に分けられ、晋氏がまた遼東を統べる地である〉

箕侯の国が、燕に伝わっていた通り、程なく滅びていたのだとしても、そこに住んでいた人々まで滅びたわけではなく、南下してきた北方の民族と混じり合い、やがて遼東方面や（現在の）朝鮮半島方面にも進出していきました。その混合の場には、「倭」の人々も絡んでいました。

そしてこの文章は、「朝鮮」の地が発祥した場所から遼東の先へと移されてしまったという証跡でもあります。孤竹は先の地図で示した通り燕に接していましたが、高麗発祥の地は遼東の東ですから、完全に食い違っているのに、そこに漢の三郡が置かれたと書かれています。

どうしてそんなことになってしまったのか、順を追ってお話ししていきます。

2 「倭」＋「箕」＝「倭箕」＝「濊（沃沮）」

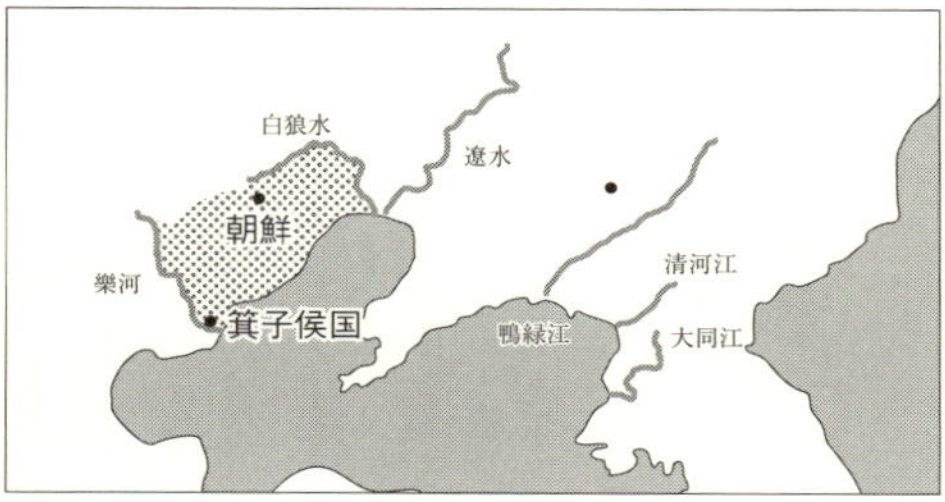

紀元前八世紀頃から二世紀頃までの間に、現在の北京市辺りにあった燕という国のすぐ東にあったのが「朝鮮」の地で、ここに移民してきたのは箕子侯達（漢人）でした。それより若干遅れた頃に、春秋戦国時代の混乱を避けるために、「倭」の人々も朝鮮のさらに先、おそらくは遼東方面に展開しながら、「箕」の人々と混じり合いました。

これが、「濊」の祖です。

何故そう言えるのか？

「倭」「箕」と「濊」や「沃沮」の中国語での発音はワジとワイでほぼ同音だからです。「倭」と「濊」が同一の存在として捉えられていたことも既にご紹介した通りです。

さらに、箕子侯国を滅ぼしたと思われる北方民族が句麗（扶余）であり、その扶余と混じり合った者達が「濊貊（狛）」などと呼ばれますが、「沃沮」もこれとほぼ同一で、住んでいる地域の差だけで呼び名が変わったと考える方が良さそうです。

高句麗が扶余族から分かれた者であり、扶余国が「濊王」の印を所持していたという史実からすれば、故朝鮮から遼東方面にかけて「倭箕」＝濊＝扶余＝沃沮という元は異なるルーツを持つ人々が親類（同系）となりつつ広がっていたことになります。

これも根拠がない話でなく、史書に残されています。

「漢初、燕亡人衛満王朝鮮時、沃沮皆屬焉」（『三国志』魏書 東沃沮伝）

〈漢代の初期。燕の亡命者の衛満が朝鮮王の時、沃沮は皆、これに属していた〉

「濊南與辰韓、北與高句麗、沃沮接、東窮大海、今朝鮮之東皆其地也。戸二萬。昔箕子既適朝鮮、作八條之教以教之、無門戸之閉而民不為盜。其後四十餘世、朝鮮侯淮（準）、僭號稱王。陳勝等起、天下叛秦、燕、齊、趙民避地朝鮮數萬口」（『三国志』魏書 穢伝）

〈濊。南は辰韓、北は高句麗と沃沮に接し、東は大海に尽き、今の朝鮮の東は皆、濊の土

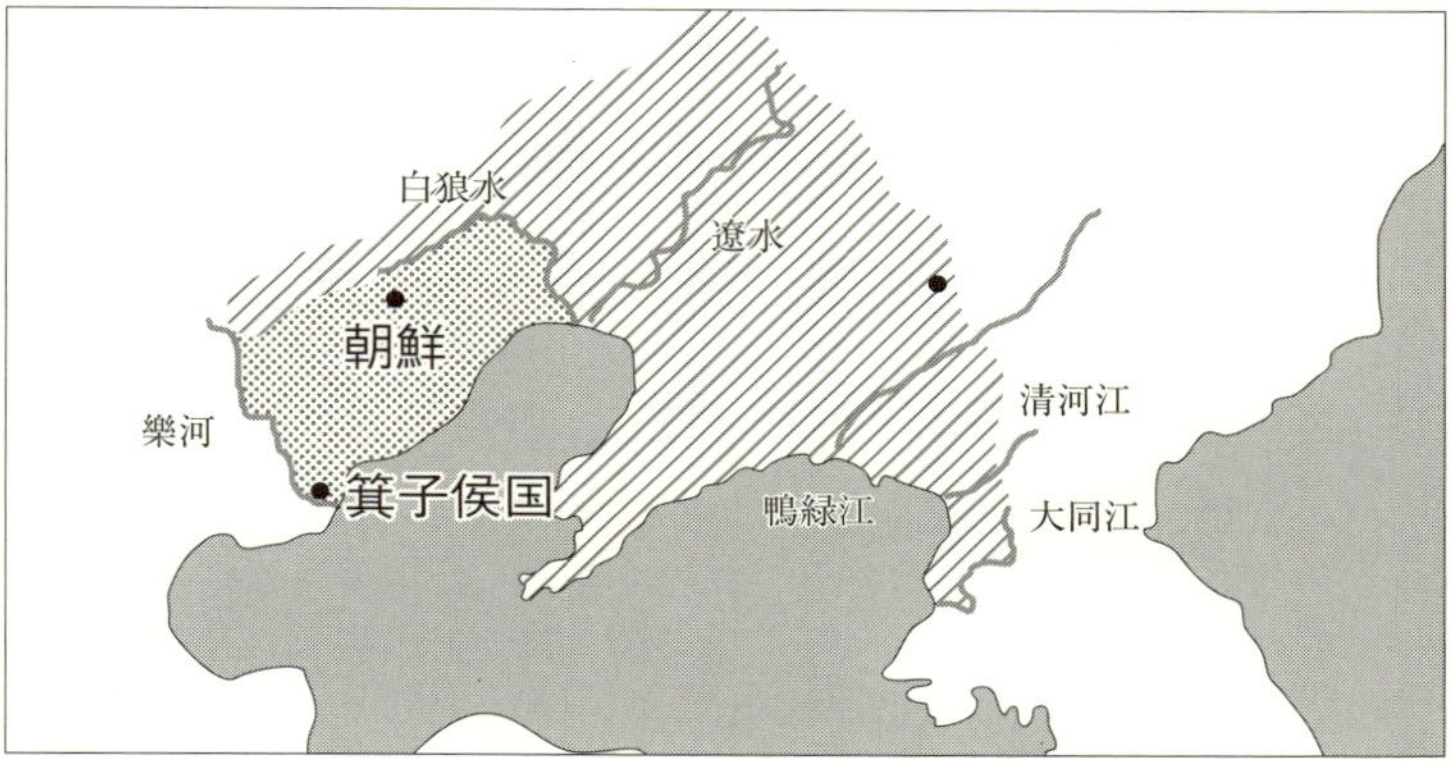

地である。戸数は二万。昔、箕子が朝鮮に行き着き、八條の教えを作り、これを教えたので、門戸を閉じずとも民衆は盗むことをしない。その後、四十余代の朝鮮侯準は王を僭称。陳勝（と呉広）が反乱を起したことで、天下は秦王朝に叛くと、燕・齊・趙の民は戦乱を避けて朝鮮の地に数万人も逃げ込んだ〉

つまり、朝鮮の東に、「濊」（『倭』）や「沃沮」が広範囲に住んでいて、前漢の世の衛満が朝鮮王だった時、沃沮は朝鮮王に属していたとも書かれています。そこに戦乱を避けた多くの人々が朝鮮の地に逃げ込んだとも。「故朝鮮」の領土がどれほど広がっていたのかは、燕との兼ね合いで記録されています（上の地図は目安です）。

「魏略曰：昔箕子之後朝鮮侯、見周衰、燕自尊為王、欲東略地、朝鮮侯亦自稱為王、欲興兵逆撃燕以尊周室。其大夫禮諫之、乃止。使禮西説燕、燕止之、不攻。後子孫稍驕虐、燕乃遣將秦開攻其西方、取地二千餘里、至滿番汗為界、朝鮮遂弱」（『三国志』魏書馬韓伝）

燕によって朝鮮はその西方領土を、滿番汗に至る地まで取られてしまい、朝鮮は衰弱したと書かれています。滿番汗は平壌市に近い大同江北岸にあると比定されていますので、二千里程もの土地を一里約四〇〇メートル換算だとしても約八〇〇キロメートル以上。樂河から鴨緑江までを結ぶとだいたい該当します。

『史記』の匈奴列伝にも、匈奴を討って遼東郡までを支配下に置き、造陽から襄平に至る長城を築いたとも伝わっています。

「燕有賢將秦開、為質於胡、胡甚信之。歸而襲破走東胡、東胡卻千餘里。與荊軻刺秦王秦舞陽者、開之孫也。燕亦筑長城、自造陽至襄平。置上谷、漁陽、右北平、遼西、遼東郡以拒胡」

おおよその時期で言うと、秦開将軍という個人名から紀元前三世紀頃と推定できますの

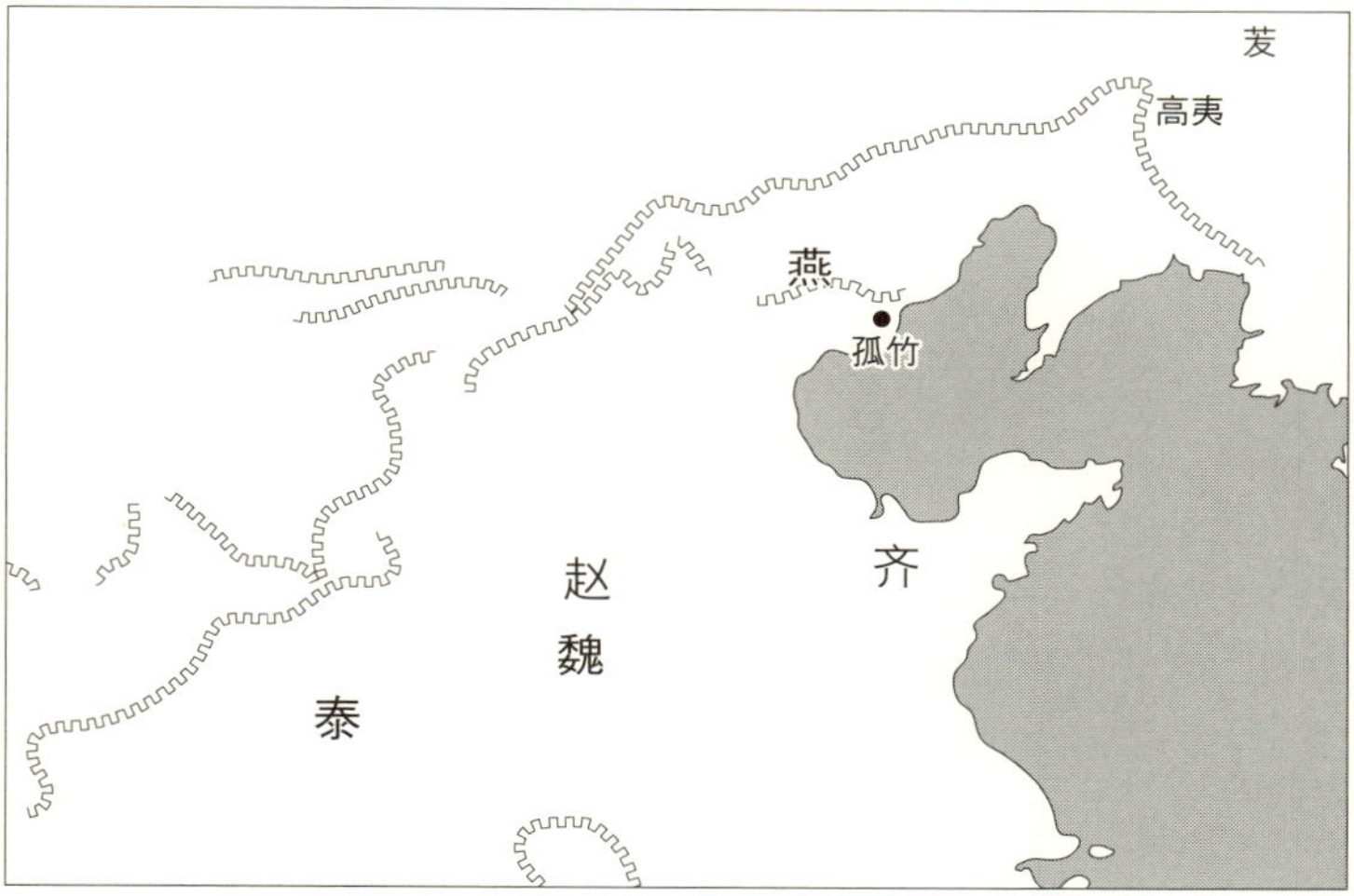

で、その頃までは朝鮮（及び匈奴＝後の烏桓や鮮卑族などの元）の領土だったことがわかります。

上記地図がいわゆる万里の長城の所在を示したものですが、渤海北岸の「孤竹」東で長城の線が終わっていることに注意して下さい。後に山海関が設けられるのもこの地です（一応触れておくと、上記地図の右上端に『高夷』と出ているのが句麗〈高句麗〉の元と考えられています）。

燕の支配地域の限界には諸説あり、この図では満番汗を現在の平壌の北方、清川江の辺りとしています。およそ鴨緑江から清川江周辺が燕が設定した境界線と捉えて下さい。

その燕が滅びたのが紀元前二二二年。燕を

滅ぼし中華を統一した秦は、長城の連結・修復などの工事を行いますが、燕の時代に東の端は大同江まで延ばしたと思われます。

『新華社通信』二〇〇四年五月二五日版
「探明了戰國燕長城等古長城部分遺址。2003年8月、考察丹東鴨綠江畔虎山長城遺址後、李亞忠及當地部分文物工作者認為、虎山一帶延伸到朝鮮平壤西南大同江畔的長城、採用毛石和土堆筑、沒有用磚遺跡、其牆底寬2-4米、殘高僅0・8-1・2米、牆址、烽燧及土城遺址都與自山海關綿延至遼東的燕長城遺址極為相似、卻不具備明長城特征。據此他們大膽提出、虎山一帶長城可能是燕國修筑的從遼陽通往朝鮮的〝老邊牆〟長城、而不是明長城、因此可以説虎山是〝我國境内萬裡長城的起點〟、卻不是明長城的起點、目前有確鑿考古依據的明長城起點仍是山海關」
〈2003年8月、遼寧省丹東市の鴨綠江畔の虎山長城遺址を考察した結果、虎山一帯から平壌市の西南に在る大同江畔に延びる長城は、その構造の特徴から、山海関から遼東に延びる燕長城遺址と極似しており、虎山一帯の長城は燕國が修築した遼陽から朝鮮に通じる長城で、明長城ではないと思われる。従って、虎山は中国境内の万里長城の起点

だと言える〉

虎山一帯から平壌市の西南にある大同江畔に延びる長城が燕によるもので、秦の時代はあくまでも「西起臨洮、東止遼東、婉蜒一萬余裏」と遼東＝鴨緑江までだとここでは仮定してみます。その一つの根拠は、秦が中国を統一した紀元前二二一年から漢によって滅ぼされる紀元前二〇六年までの約十五年という短さにあります。その間、東部辺境にかかりきりというわけでは当然ありませんでしたから、そんな部分の延長工事まで彼らが担ったとは考えにくいのです。

そしてこれは衛氏朝鮮が前漢によって滅ぼされた時の話と直結してきます。秦が滅ぼされたのが紀元前二〇六年、前漢による再統一は紀元前二〇二年（いわゆる項羽と劉邦の戦いの決着後）。つまりその間に四年の空白が生じているのです。その間、元の領土を奪われていた勢力は、当然、元の領土に帰って領土の主権を回復しようとします。それが辺境の地であれば尚更です。

燕によって二千里もの領土を失い、しかし滅びなかった箕子侯の末裔は、燕が秦に滅ぼされ、秦が前漢に滅ぼされたことで、故地を回復します。

これも根拠がない話でなく、史書に残されています。

3 「朝鮮」滅亡前後の流れ

秦の支配下でも、朝鮮王家は存続していました。秦に服属してはいましたが、朝貢は拒んでいたと史実に残っています。『三国志』魏書馬韓伝をご参照下さい。

「及秦并天下、使蒙恬築長城、到遼東。時朝鮮王否立、畏秦襲之、略服屬秦、不肯朝會。否死、其子準立。二十餘年而陳、項起、天下亂、燕、齊、趙民愁苦、稍稍亡往準、準乃置之於西方」

〈秦は天下を併合すると、蒙恬に遼東に至る長城を築かせた。朝鮮王に否が立ち、秦の襲来を畏れ、秦に略服し属したが入朝は拒んだ。否が死に、その子の準が立った。二十有余年後に陳と項が起ち、天下が乱れると、燕、斉、趙の民は困苦から、次々と準のもとに逃れていった。準は彼らを西方に置いた〉

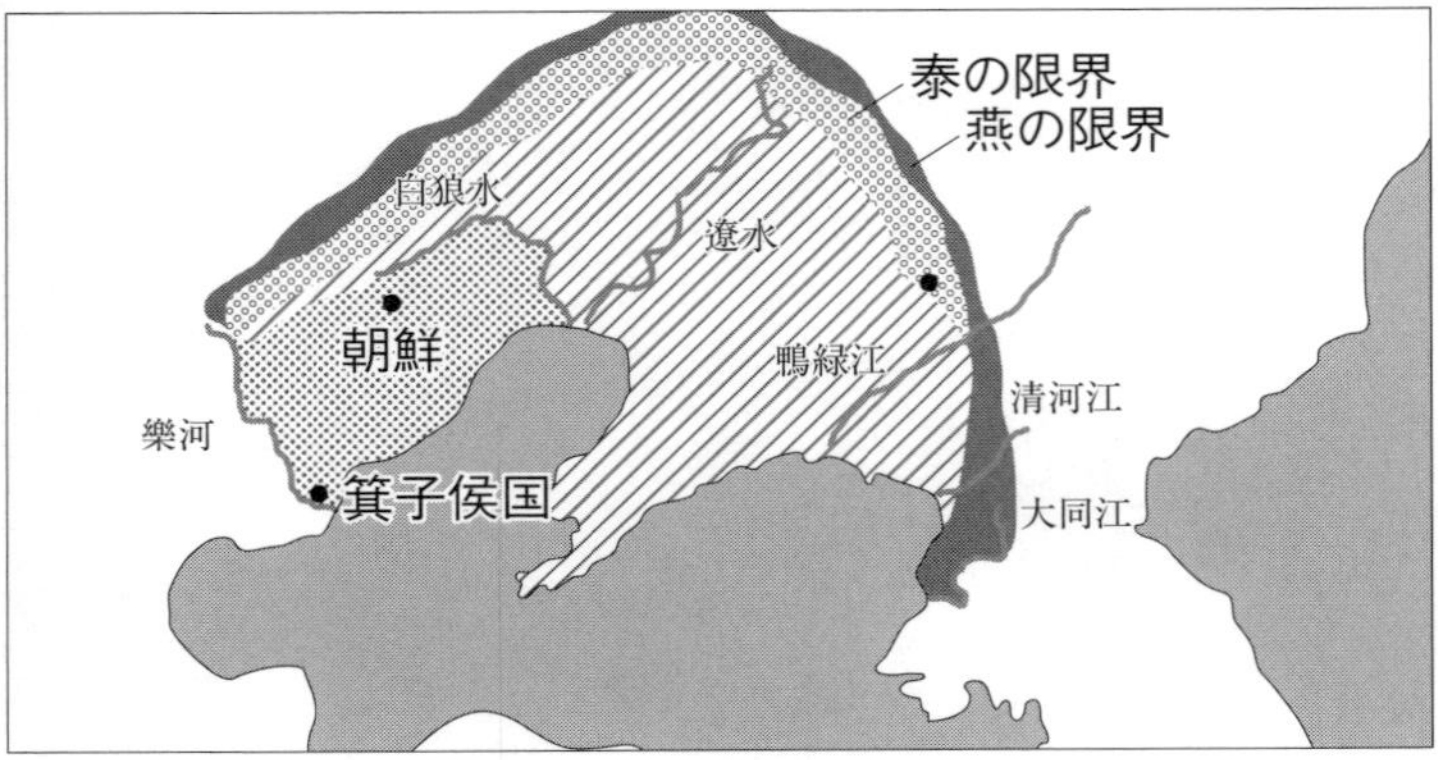

「及漢以盧綰為燕王、朝鮮與燕界於浿水。及綰反、入匈奴、燕人衛滿亡命、為胡服、東度浿水、詣準降、説準求居西界、〔故〕〔收〕中國亡命為朝鮮藩屏」

〈漢代に盧綰《ろわん》が燕王となり、朝鮮と燕の境界を浿水《ばいすい》とした。盧綰が（前漢に）叛き、匈奴に亡命すると、燕人の衛満は胡服を着て亡命、東に浿水を渡り、準に帰服を申し出て、西界に住んで中国からの流民を集めて朝鮮の藩屏（障壁）としたいと準に説いた〉

『漢書』朝鮮伝では、前後の説明が若干違うものの、漢も最初から朝鮮を滅ぼしたのではなく他の外夷（外徼）と同じく燕に服属させ、その領域の限界は秦と同じく浿水までとしました。「為遠難守、復修遼東故塞」と遠くて守るのが難しいから遼東までしか長城を修復しなかったと明記しているのですから、浿水もま

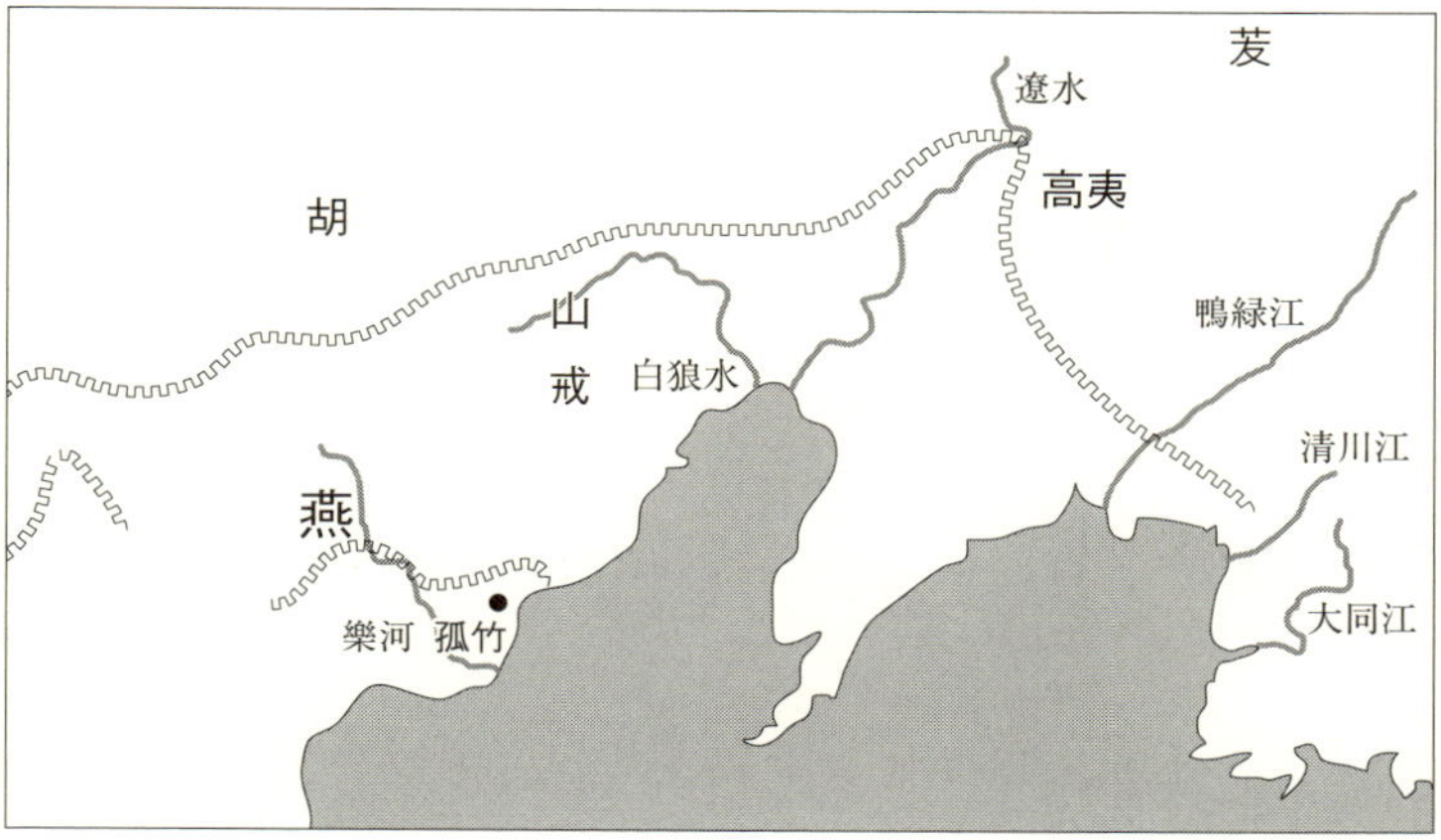

た遼東にあると考える方が自然です。

「朝鮮王滿、燕人。自始燕時、嘗略屬真番、朝鮮、為置吏築障。秦滅燕、屬遼東外徼。漢興、為遠難守、復修遼東故塞、至浿水為界、屬燕。燕王盧綰反、入匈奴、滿亡命、聚黨千餘人、椎結蠻夷服而東走出塞、度浿水、居秦故空地上下障、稍役屬真番、朝鮮蠻夷及故燕、齊亡在者王之、都王險」

ただ、ここで重大な、邪馬台国探しの手前の倭の位置を特定する作業でも混乱の元となる、「浿水」の特定に関わる重要な誤謬というか誤記というか変遷が隠されています。

漢が置いた燕の王、盧綰は謀反を起こし匈奴に走ってしまったので、燕の官吏であった（ら

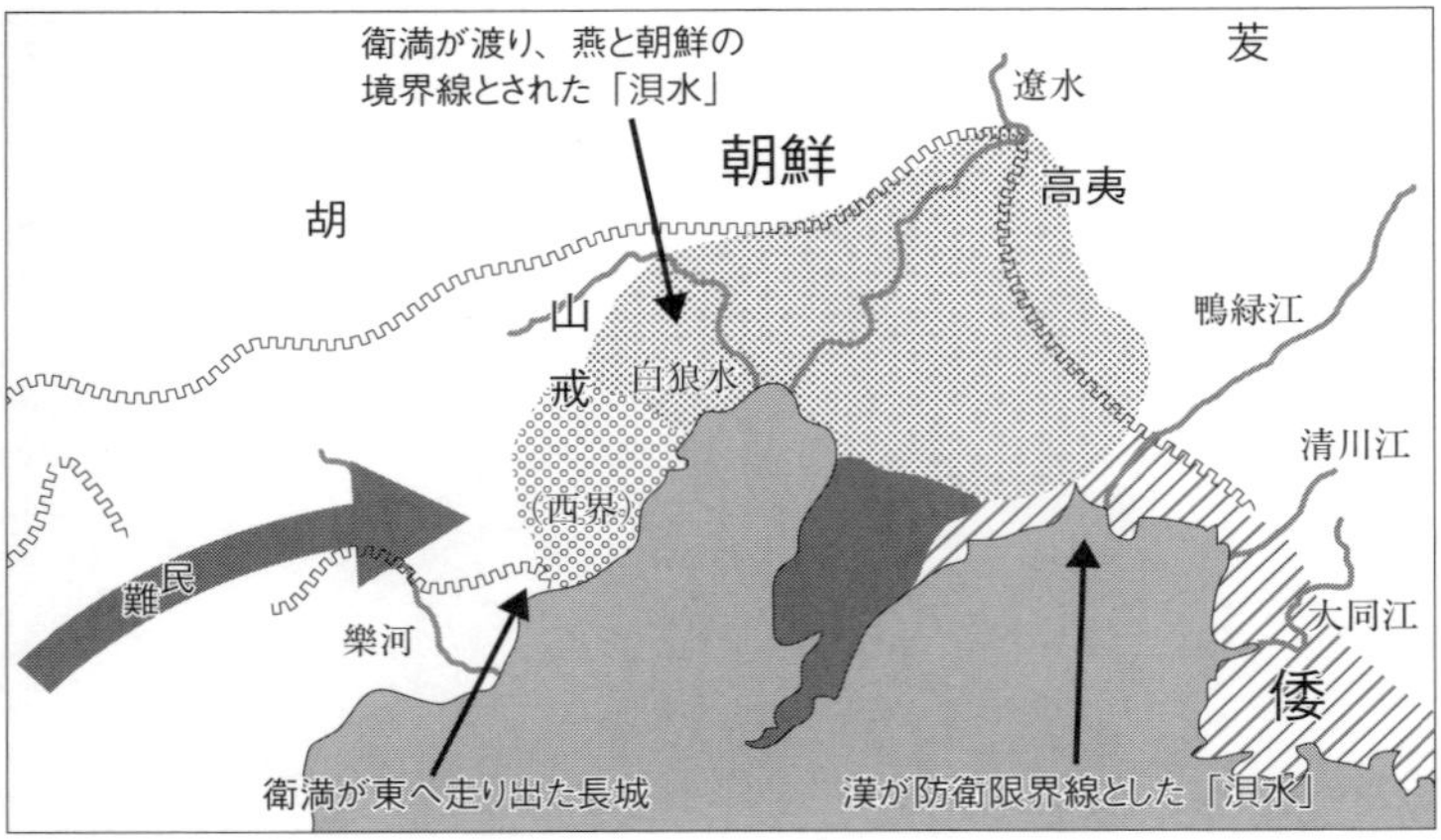

しい）衛満は、「東走出塞、度浿水」、東に塞（＝長城）を出て、浿水を渡ったとありますが、上の万里の長城の拡大抽出図をご覧下さい。浿水が鴨緑江であっても、清河江であっても、大同江であっても、長城を東に出たら、そこはもうおそらく「朝鮮」の地ではなく、西に百里を割譲されるような地もないのが明らかにわかります。

それが鴨緑江であった場合でも、長城と川は交差していますので、長城を出るのと川を渡るのは同時になってしまいますし、朝鮮の王都が随分と辺鄙な場所にあったことになってしまいます。

東へ長城を出て、浿水を渡り、「詣準降、説準求居西界」と準王に下ってその西の界を与えられたという記述を、西から流れてくる中国内地からの難民をそこで受けるということであれば、この図解しか有り得ません。

燕との境界線とされた浿水よりも西にはみ出していますが、秦滅亡後に元々の領土を回復した「朝鮮」としては当然の措置でしょう。実際には長城の起点として、その領土に食い込まれているのですから、せめてその外側は自分達の領土だとの意識を強く持ったのではないでしょうか。

前漢による統一後も、燕王が匈奴に離反してしまうような状態でしたから、その地方統治が最初から万全であったとは全く言えません。そんな状況を見透かして朝鮮王は漢王朝に対して強硬とも言える姿勢を摂り続けるのですが、それが後日の漢による征伐を招くことになります。

さて、東に長城を走り出た衛満は、浿水を渡り、「朝鮮王」準に謁見し、気に入られ、中央から流れてくる難民達をその西の地にまとめて、要は前漢に対する防御を任されます。準は衛満を信頼し過ぎて裏切られて簒奪され、海に走り入って馬韓の地へ渡り、そこで「韓王」を称します。

この「浿水」の呼称の移動は、後に漢が衛氏朝鮮を討伐する際に、そもそも朝鮮の地も、

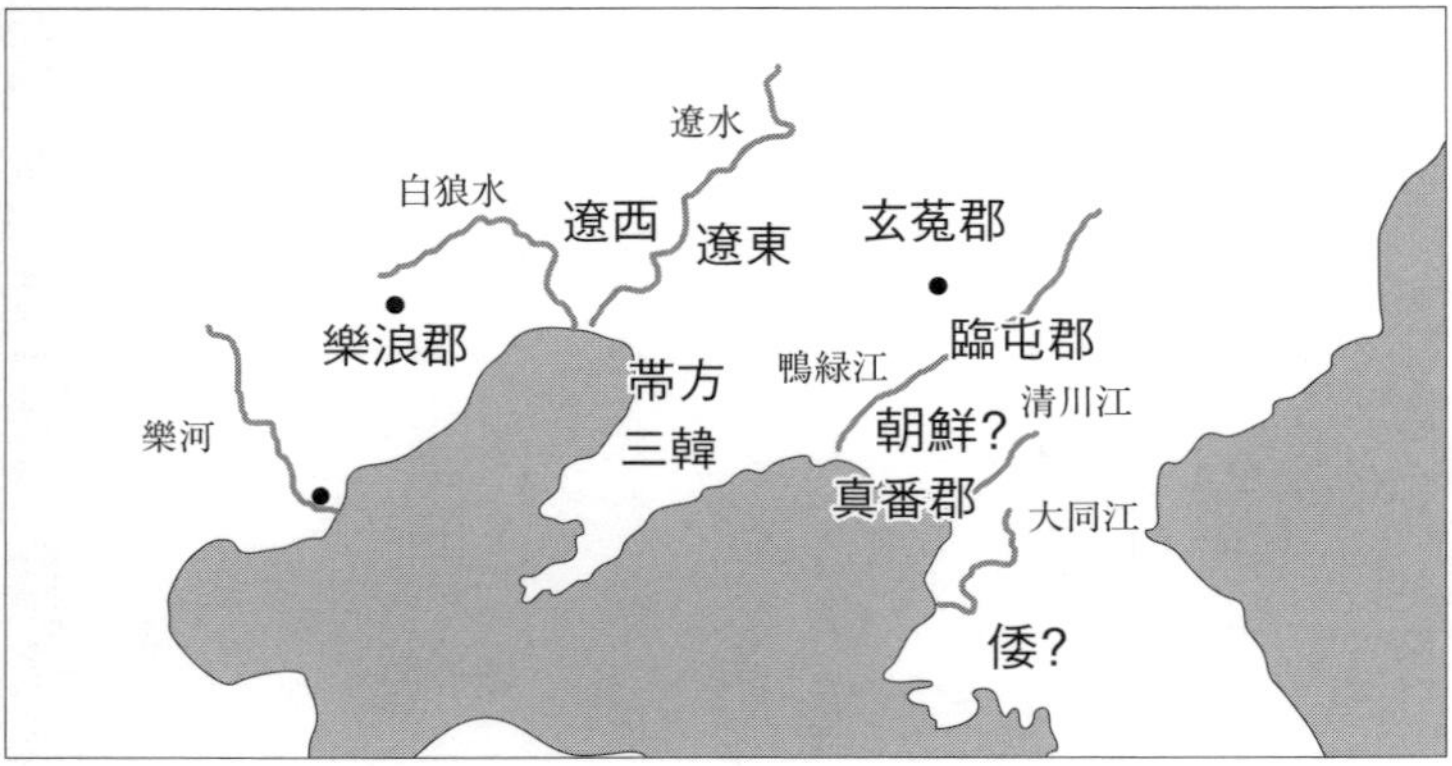

遼西や遼東などの地も燕が征服した土地なのだから、燕を征服した漢のものだという征服者の理屈でずらされ、さらに後の隋や唐代では現在の北朝鮮の平壌近郊を流れる大同江に比定されるまでに後退させられます。

そして衛氏朝鮮が滅ぼされ、故朝鮮の地に「樂浪郡」などが置かれた頃（紀元前一〇八年頃）、朝鮮は、遼東の東千里のさらに南（高句麗の南）などとされ、実態のつかめない位置に押し込まれます。

ここで重要なのは、紀元前朝鮮の故地に置かれたという「漢四郡」と、「韓」＝馬韓・辰韓・弁辰（韓）の位置は重なっていないという歴史的事実を誤認しないことです。

省略していますが、樂浪郡以東の全域に「濊」が広がっていたと思って下さい。沃沮でも扶余でも濊

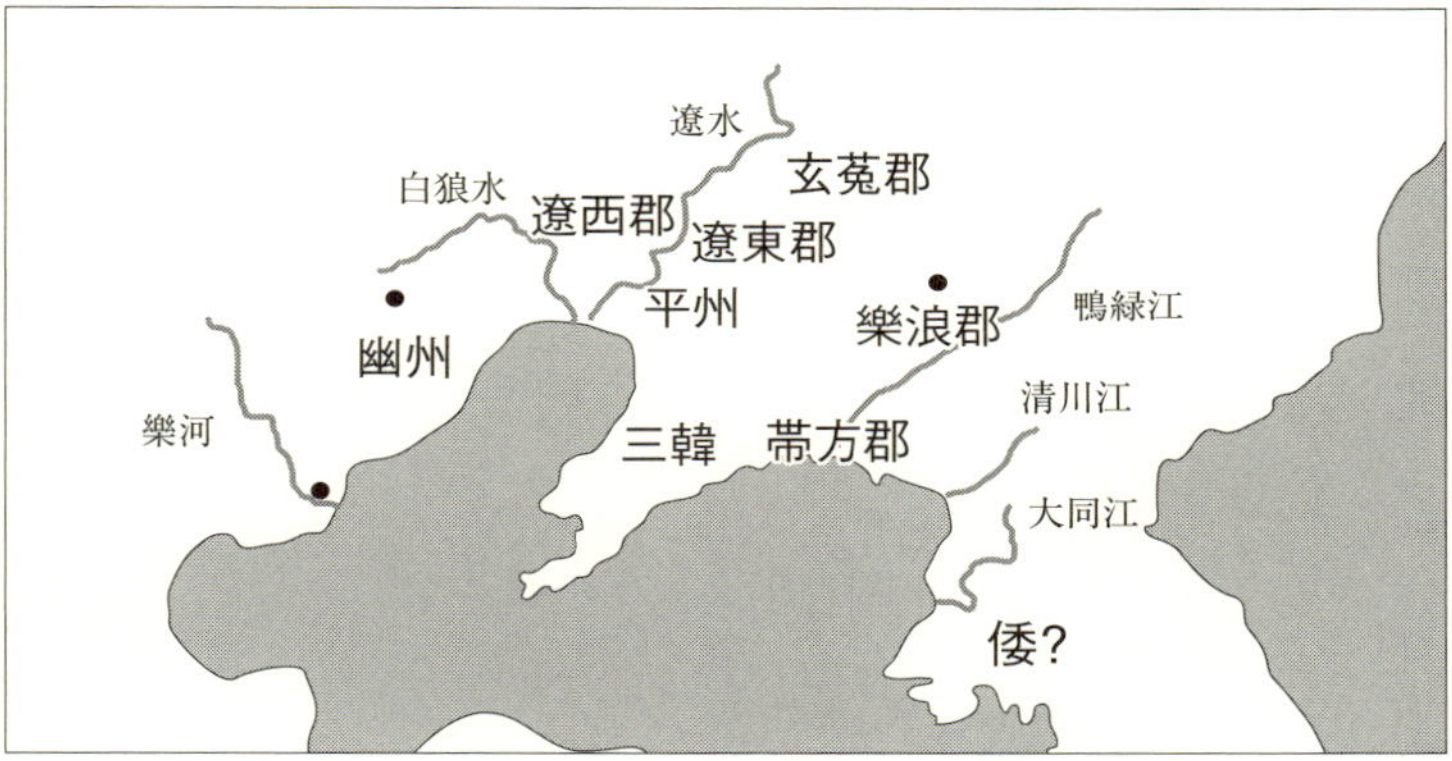

貊でもほぼ同じです。

漢による辺境支配は朝鮮を滅ぼし、「漢四郡」を設置した直後からつまずき、「濊」や「韓」族などの反抗によって、臨屯郡と真番郡は設置から三十年も保たずに廃止され、樂浪郡に吸収され、玄菟郡は高句麗の攻勢などによってその後二度の縮小と移動（最後は実質的な廃止）にまで追い込まれます。

前漢を簒奪した王莽が、「樂浪郡」の名を「楽鮮郡」に変えたのは、範囲が広がり過ぎて場所が不明確になってしまったので、「樂河」と故「朝鮮」の間の地域という意味合いを再度明確にするためでした。

その後の二世紀末頃の公孫度による遼東地方の制圧により、帯方郡が設置されることになり、後漢時代には統治のできていなかった韓・濊（倭）が初めて漢王朝の支配下に置かれますが、この時期になると当初の原型を留めていません。ものすごく大雑把に図示したのが上の地図です。

樂浪郡の位置が、かなり飛んでますね？　しかも元の樂浪郡の一部の帯方県でしかなかった存在が、帯方郡としてかなりずれた位置に持ってこられていますので、さらなる混乱の元となっています。

図はかなり乱雑に置いてみていますが、根拠がないわけではありません。

三国志の時代を制した晋の『晋書』地理志からです。

「幽州。案《禹貢》冀州之域、舜置十二牧、則其一也。《周禮》『東北曰幽州』《春秋元命包》雲：『箕星散為幽州、分為燕國』言北方太陰、故以幽冥為號。武王定殷、封召公于燕、其後與六國倶稱王。及秦滅燕、以為漁陽、上穀、右北平、遼西、遼東五郡。漢高祖分上谷置涿郡。武帝置十三州、幽州依舊名不改。其後 開東邊、置玄菟、樂浪等郡、亦皆屬焉。元鳳元年、改燕曰廣陽郡。幽州所部凡九郡、至晉不改。幽州統郡國七、縣三十四、戶五萬九千二十」

〈（前略）幽州。秦が燕を滅ぼして、漁陽、上穀、右北平、遼西、遼東の五郡とした。漢の高祖が上谷を分けて涿郡を置いた。（中略）その後東の方が開けて、玄菟郡や樂浪郡を置き幽州に属させた。元鳳元年（紀元前八十年）、燕国を改めて廣陽郡を置いた。幽州に所属する九郡は、晋に至るまで改めていない〉

「平州。案《禹貢》冀州之域、于周為幽州界、漢屬右北平郡。後漢末、公孫度自號平州牧。及其子康、康子文懿並擅據遼東、東夷九種皆服事焉。魏置東夷校尉、居襄平、而分遼東、昌黎、玄菟、帯方、樂浪五郡為平州、後還合為幽州。及文懿滅後、有護東夷校尉、居襄平。咸寧二年十月、分昌黎、遼東、玄菟、帯方、樂浪等郡國五置平州。統縣二十六、戸一萬八千一百」

〈平州。元は冀州の域。周では幽州に属し、漢では右北平郡に属す。後漢末、公孫度は自らを平州牧と名乗った。魏は東夷校尉を襄平に置いて、遼東を分けた。遼東、昌黎、玄菟、帯方、樂浪五郡で平州を構成したが、後で幽州に合わすために還された。咸寧二年（二七六年）十月、昌黎、遼東、玄菟、帯方、樂浪等の郡国五を分けて平州を置いた〉

「箕星散為幽州、分為燕國」をどう訳すかですが、箕星はそのまま箕子侯を指していて、「箕子侯が散った（亡くなった）地のためそこを幽州とし、燕国から分けた」とでも意訳できるでしょう。二つの引用の要は、「箕子朝鮮」のあった場所は幽州と位置付けているのに、樂浪郡や帯方郡は遼東郡や玄菟郡などとセットにして、「朝鮮」故地からはかけ離れた場所に出し入れしてしまっている点です。

中国歴代王朝もその地方統治の州・郡・県の編成なども統一された意思の元で行っているわけではなく、その時々の状況で統廃合や出し入れが行われているために、後からすると元々の場所が非常につかみにくくなっています。

「燕」という国の範囲が大幅に東に移されたことで、その先にあったという「朝鮮」の位置まで、その東や南にずらされてしまいました。故朝鮮の地までがずらされたことで、「樂浪郡」や「帯方郡」の位置までずれてしまった。「燕」の限界が遼東で鴨緑江がその境界とされていたのであれば、「朝鮮」は当然その先にある地となってしまったわけです。

だからこそ、故「朝鮮」の地と、現在の「朝鮮」半島とされている地に大幅な差が生じてしまっているのですが、これは隋や唐などの統一王朝から、東夷対策として河北の地の安定を確保するためにも、遼水近辺から河北省の間の地を安定的に治めたかったという切実な事情があります。烏桓や鮮卑などが遼西の地から故朝鮮の地を経て華中に侵入した後の、五胡十六国時代の混乱の記憶は彼らにとってまだ生々しいものでしたでしょうから。

「樂浪土城」や「樂浪郡初元四年県別戸口簿」などの遺跡や考古学的出土品が現在の北朝鮮の平壌付近から出土するのも、その付近が拡大した朝鮮の南端部だったからです。

4 中華勢力の外側にまで中枢を移した「倭」

ここで「倭」の動きに話を戻します。彼らの本体（中心部）は、おそらく漢の支配が届かない鴨緑江以南から大同江付近が中心になっていたと思われます。「濊」としてはまだ故朝鮮の地や遼水流域などの広範囲に滞在していましたが、それらの地域は烏桓や鮮卑や高句麗や中国郡県勢力などによる争奪戦が長期に亘って続き過ぎました。特に遼東が渦中の存在になりやすかったのは、そこが有力な鉄の産出地でもあったからです。

倭の所在地として有名な「帯方東南大海の中」とは、帯方自体が「帯水が西に海に流れ出る所」にあったため、当然ながら、韓半島の東の海になど接してはおらず、従って大海は黄海を指していました。倭＝後の日本という先入観からの希望的こじつけで、ここでの大海を日本海だと脳内変換してしまっているのが現在の日本の歴史認識です。

帯方は主に遼東半島なのですから、その東南は、黄海に面した朝鮮半島西岸一帯を指します。ではそこに「倭」がいた証拠でもあるのかと言われれば、あります。

まずは、公孫氏によって帯方郡が置かれた時の状況のおさらいから。

「桓、靈之末、韓濊彊盛、郡縣不能制、民多流入韓國。建安中、公孫康分屯有縣以南荒地為帯方郡、遣公孫模、張敞等收集遺民、興兵伐韓濊、舊民稍出、是後倭韓遂屬帯方」

（『三国志』魏書　烏丸鮮卑東夷傳第三十／東夷／韓）

〈後漢の桓帝（一四七年〜一六七年）、霊帝（一六八年〜一八九年）の末頃には、韓と濊の勢いが強くなり、郡県の制御が不能となっていたため、多くの民が韓国に流入していた。建安（一九六年〜二二〇年二月）の間、公孫康は屯有県以南の荒れた地をもって帯方郡とした。公孫模を派遣し、遺民を広範囲に亘って収集し、兵を興して韓と濊を討伐したが、遺民は僅かしか出てこなかった。その後、韓と濊は遂に帯方郡に属した〉

この件《くだり》の後、辰韓が解体されて樂浪郡に編入されると知った韓は帯方郡を攻め、帯方郡太守弓遵と樂浪太守劉茂によって鎮圧されましたが、弓遵が戦死する程の戦いでした。辰韓が編入されようとした先が帯方郡でなく樂浪郡であるのに、韓が攻めたのは帯方郡というのが、その位置関係の複雑さを顕していいます。

ともあれ。

「興兵伐韓濊」と、公孫氏が「韓」と「濊」を討ち、その後「倭韓遂屬帯方」と「倭」と「韓」が中国王朝の帯方郡に服属した（滅亡したわけではないので注意）のが重要な点です。

「韓」は明らかに「濊」と区別されていますが、「倭」と「濊」は同一視されています。これまで説明してきたように、歴史的・地理的にもそれが実態でもありました。

「自單單大山領以西屬樂浪、自領以東七縣、都尉主之、皆以濊為民」

（『三国志』魏書　巻三十　魏書三十　烏丸鮮卑東夷傳第三十／東夷／濊）

〈單單大山の西は樂浪郡に属し、東の七縣を自領とし、都尉が主となり、民は皆、濊である〉

ですが、次の通り、後漢は樂浪や帯方の周辺部の統治を早々に放棄します。

「漢（光）〔建〕武建武　從盧弼説六年、省邊郡、都尉由此罷。其後皆以其縣中渠帥為縣侯、不耐、華麗、沃沮諸縣皆為侯國。夷狄更相攻伐、唯不耐濊侯至今猶置功曹、主簿諸曹、皆濊民作之」

（『三国志』魏書　巻三十　魏書三十　烏丸鮮卑東夷傳第三十／東夷／東沃沮）

〈後漢の光武帝の建武の頃（建武六年＝三〇年）、辺境の郡を省き、都尉を罷免した。その後、その地域の縣侯をもって縣中渠帥とし、不耐、華麗、沃沮諸縣は皆、侯國とした。夷狄はさらに攻め合ったが、ただ不耐の濊侯だけは今なお功曹を置き、主簿諸曹は、皆、濊民が就いている〉

不耐は後に高句麗の首都とされる丸都山城となりますから、濊は周辺へと散り、基本的にその大勢は東へと移っていきました（『濊王』の印綬を持つ扶余王の扶余国は、北へ移る）。

そして何よりも、「主簿諸曹、皆濊民作之」が重要な点となります。一般的には上段の「濊」の叙述と同じく、住民構成について述べたものだと捉えられているようですが、統治を任され、功曹、主簿諸曹などの官吏の仕組みを残し、自分達で主簿＝地域別人口統計簿などを作成していたと考えられます。

漢字は殷や周の頃に開発されていますので、その箕子侯の末裔はその文明に故朝鮮の地で長期間に接する間に習得し、漢からの避難民の流入も長期に亘り継続していたのですから、その統治機構などについても一定の理解があったと推測できます。

そして壁画古墳などでも、遼東と平壌付近の高句麗様式でないものと日本国内のものとの共通性は、倭（濊）の人々の移住経路がそのまま折り重なった結果です。

では次に、現代にまで続く状況証拠や、「樂浪漢墓」「七支刀」「広開土王碑（好太王碑）」「金銅製透彫鞍金具」「武寧王陵」といった当代の考古学的出土品から、「倭」が当時当地にあり続けたという証明をしていきます。

まずは、百済のあった位置をズラす作業と、「クダラ」という呼び名の理由からです。

5 百済のあった位置と「クダラ」という呼び名の由来

日本人だけが、「百済」を「クダラ（クタラ）」と呼んで（読んで）います。漢字の音からも、現在のハングル語からも、全くそうは読めないのに、何故、日本人だけが、「百済＝クダラ」としているのでしょうか？

答えは、「倭」の人々が当時現地にいて、全ての経緯を見届けた上で、その記憶と記録が断片的に伝えられたからです。

呼び名の由来を説明する前に、百済の存在した位置を定説からずらし、本来の位置へと戻します。その中でまた一つ、歴史教科書の常識を引っ繰り返しておきます。

百済と高句麗は、地続きではありませんでした。

私の妄想ではなく、実際に当時現地へ遠征した隋や唐の記録に残っている史実です。

まず旧唐書。

「百濟國、本亦扶餘之別種、嘗爲馬韓故地、在京師東六千二百里、處大海之北、小海之南。東北至新羅、西渡海至越州、南渡海至倭國、北渡海至高麗」

〈百済国、扶余の別種。馬韓の故地にあり、都から東に六二〇〇里。大海の北、小海の南に浮かぶ。東北は新羅に至り、西に海を渡ると越州、南に海を渡ると倭国、北に海を渡ると高麗〉

次に新唐書。

「百濟、扶餘別種也。直京師東六千里而贏、濱海之陽、西界越州、南倭、北高麗、皆逾海乃至、其東、新羅也。王居東、西二城」

だいたい同じ記述ですが、「皆逾海乃至」、周囲を海に囲まれていると付記されている点が大きいです。西二城というのも、教科書通り、今の韓国の南端の西半分だとしたら、有り得ません。

いわゆる魏志倭人伝の伝聞情報とは違い、実際に、（隋や）唐の軍隊が現地に行って踏破してきた情報です。何しろ、新羅と組んだ唐は、対象である百済を滅ぼしたのですから。

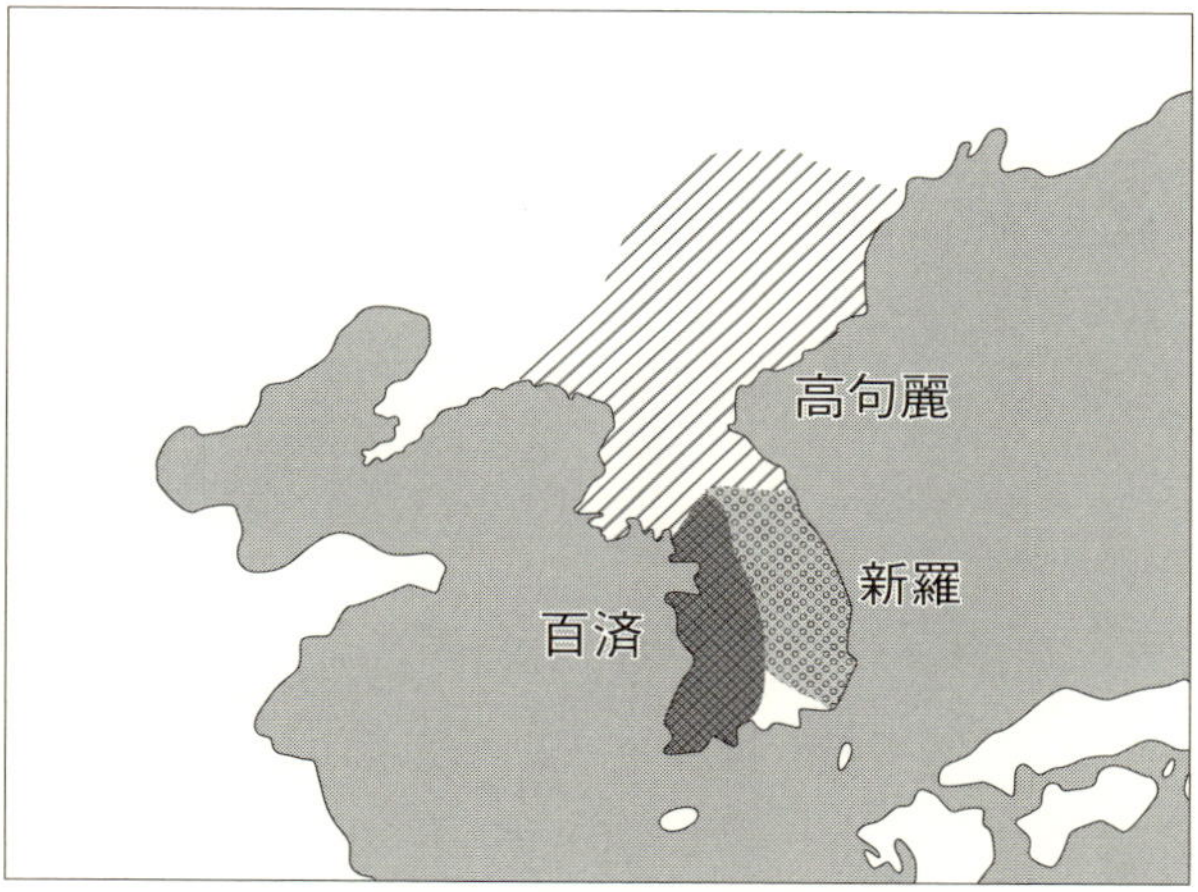

定説：高句麗と百済と新羅は地続き

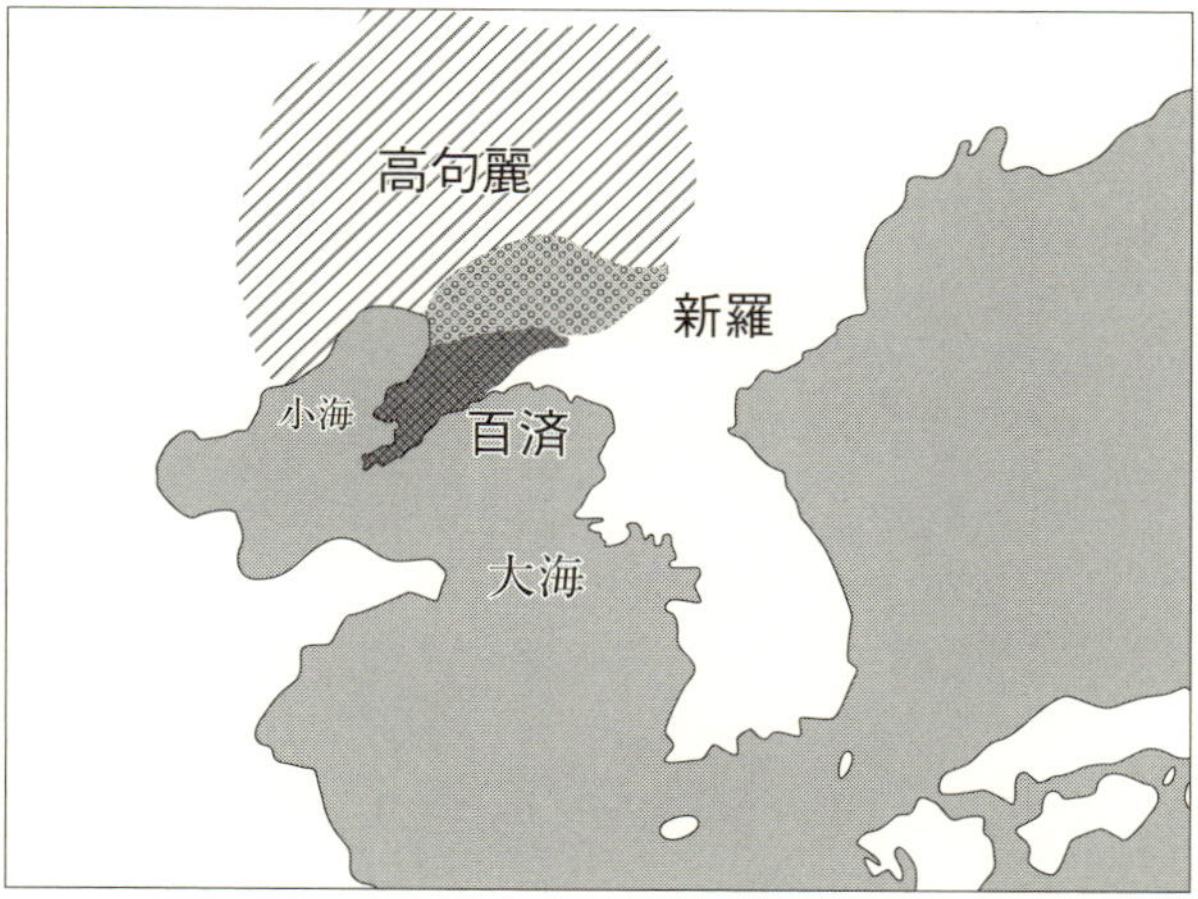

史書：高句麗と百済は海で隔てられており、百済は周囲を海に囲まれている。新羅は基本的に百済の東。百済や新羅の位置は国が成立し始めた頃のおおよその位置でとっている

現在の韓国の南西半分が海に囲まれているでしょうか？
大海の北に浮かび、小海の南に浮かんでいるでしょうか？
（前頁の図の上が定説的な位置、下が史書的な位置。ただし隋の時代の百済と新羅の版図は、現在の朝鮮半島の東西を分けあうような形にまで広がっていたと思われます。詳細は後述）

遼東半島まで高句麗の領土だとすると、百済は小海（現在の渤海）の南と大海（黄海）の北でもなくなるし、周囲を海で囲まれなくもなりますし、高句麗から新羅へ海を渡って東というのも意味不明な記述となります。

時代と状況によって、高句麗と新羅と百済の位置や国境線の位置はかなり変わってきますので、あくまでも目安的に捉えて下さい（何せ『隋書』では、新羅は百済の南とまで書かれていたりもしますから）。

ここでもう一つ大事なポイントがあります。
それは、邪馬台国論争でも論点になる、「樂浪郡」（旧真番郡と臨屯郡や、帯方県含む）と玄菟郡という漢が衛氏朝鮮を滅ぼした後に置いた「漢四郡」と、馬韓・辰韓・弁辰という「三韓」の存在の位置です。

それぞれ詳細に履歴等を追いながら論証していくとそれだけで一冊の本になってしまいますので、ここでは答え合わせだけで済ませます。

まず先ほどの百済の一節にはこうあります。

「百濟國、本亦扶餘之別種、嘗爲馬韓故地」

明確に、百済は、馬韓の故地にあると書かれていますから、これはこのままとします。

次に、樂浪郡です。

「高麗、本扶餘別種也。地東跨海距新羅、南亦跨海距百濟、西北度遼水與營州接、北靺鞨。其君居平壤城、亦謂長安城、漢樂浪郡也」

高麗は、漢の樂浪郡の地なり、と書かれています（平壌は、現在の北朝鮮の平壌ではないことだけここで触れておきます。樂浪漢墓などについては後で触れます）。

続いて新羅。

「新羅、弁韓苗裔也。居漢樂浪地、横千里、縦三千里、東拒長人、東南日本、西百濟、南瀕海、北高麗」

新羅は、もっと昔の史書では馬韓の東にあった辰韓の内の一つ斯盧国として捉えられていたのが、いつの間にか弁韓の末裔とすり替わっています。「居漢樂浪地」と明記されてる点がポイントです（横千里、縦三千里と、一里を約四〇〇メートルで計算すると、新羅だけで朝鮮半島全域以上が占有されてしまう点に注意して下さい）。

当時に近い晋書ではどう書いていたかというのも載せておきます。

「辰韓在馬韓之東、自言秦之亡人避役入韓、韓割東界以居之、立城柵、言語有類秦人、由是或謂之爲秦韓。（中略）其風俗可類馬韓、兵器亦與之同」

馬韓と弁辰（韓）は言葉や習俗や兵器は同じだけれど、辰（秦）韓は違うと書いてありますが。旧唐書では、高句麗や百済と同じと書かれています。

「其風俗、刑法、衣服、與高麗、百濟略同」

後で詳しく触れますが、新羅とされている存在は、途中で中身が切り替わっているとだけここでは述べておきます。

ざっくりまとめると、高句麗と新羅は漢の樂浪郡（後の帯方郡となる帯方県地方も含みます）にあり、百済は馬韓の故地にあると書かれています。

さて、ここまで駆け足で来て、ようやっと本題に入れます。

なぜ、「百済」と「クダラ」（またはクタラ）と呼ぶ・読むのでしょうか？

なぜ、「新羅」を「シラギ」と呼ぶ・読むのでしょうか？

なぜ、高麗（高句麗の本当の呼称）の部族名、扶余の別呼称でもある「貊／狛」を「コマ」と呼ぶ・読むのでしょうか？

日本人だけが特殊な呼び方・読み方をしているのです。

それは日本語だからという理由ではありません。

これまで解説してきた通り、「倭」の人々がそもそも使っていたのも現地の「中国語」なのですから。

このお話には、「濊」も「箕」も「濊貊」も「沃沮」も、そして後に「ワニ／ハジ（和珥・和邇・土師）」のお話もつながってきます。

これは、「倭」の人々が当時から現地にいて、そこで起こった出来事を逐一垣間見て、記憶して、後の世に日本列島に渡った人々に伝えたからこそ、そうなったという傍証なのですから。

滅んだ百済も、朝鮮半島を統一した新羅も、当時の記憶も記録も後世に伝えられませんでした。そしてそのことも、高句麗含む当時の韓三国が日本を征服したのだという妄言を封じることにもつながってきます。

まず、高句麗と新羅と百済の建国年代ですが、後に朝鮮半島を統一し、李氏朝鮮の元にもなった新羅がメインに据えられて歴史書（『三国史記』）が編纂されましたので、その発生順も、新羅（紀元前五七年）、高句麗（紀元前三七年）、百済（紀元前一八年）としています。

しかし実際には、高句麗以前の句麗は、漢以前の春秋戦国時代から存在が知られていますので、三国の中では断トツで古い存在です。高句麗（高麗）としての存在は、後の広開土王が始祖から数えて十九代目という正確さでその碑に記録されていますし、朱蒙（漢では雛王）の存在は高句麗県から高句麗国の成立という形でリアルタイムでやはり記録されています。

ここで問題となってくるのは、では百済と新羅の四世紀半ば以前の記録は全て造作記事かと言われれば、その可能性は実際に『三国史記』を読んでみて低くないものの（五世紀以降にならないと歴史に顕れてこない靺鞨〈勿吉〉と、その誕生直後頃から戦っていることなど）、それ以前にずっと存在して歴史が語られていない部族や国の歴史が、その全てではないにしろ流用されているものと私は考えます。

例えば扶余は民族名だけでなく、厳然と「扶余国」が存在しましたし、「東扶余」も「北扶余」も、同族系統で、「東沃沮」などもありましたが、その歴史の大半は伝わっていません。

「百済本紀」の最初の王に簒奪されてしまい滅んでしまう馬韓も、実際には四世紀半ば頃まで、つまり百済が実際に台頭してくるまでは、存在し続けていました（百済を熱狂的に支持する一部の人々がどう騒ごうと、例えば『晋書』には、百済も新羅の項も存在していませんが、馬韓・辰韓・弁辰〈韓〉はあります。倭も）。

つまり、高句麗・百済・新羅の歴史を語る時に、最も確実で、最も中心に来るのが、高句麗の歴史です。有名な広開土王碑など、中国史書以外の当時の文字記録も遺されており、地理的・状況的記述も、実際の地理や史実にほぼ完全に合致するからです。

その高句麗が主に活動していたのは、現在の朝鮮半島の北方、今の遼東半島の北、いわゆる遼東と呼ばれる地域（鴨緑江の北方の広域）です。百済が高句麗と接触していたということは、その近くにいた（あった）ということでもあります。

ここで一つ釘を刺しておきますが、現在の北朝鮮の平壌も、韓国のソウルも、どちらも、高句麗や百済の首都がそこにあったという確実な証拠は出ていません。平壌に関して言えばまだ可能性は高いものの、遷都されたという四二七年よりもずっと前に、何度も記事中に現れますし、史書との整合性を欠く立地条件であることも明記しておきます。百済の文字記録が出てくるのは、熊津の武寧王陵の墓誌と、滅亡前の最後の首都とされた泗沘に移った五八三年以降とかなり限定されています。

そこで、ここでは広開土王碑を確実な証拠として、三国史記や中国史書の記録と照らし合わせていきます。

まずは、百済（故馬韓の地）が、高句麗の地と海を挟んでいたという証拠からです。

「（永樂五年）百殘新羅舊是屬民由來朝貢、而倭以辛卯年來渡海破百殘、□□新羅以為臣民」

〈百済と新羅は高句麗の属民（国）で朝貢していたのに、倭が×年に海を渡って百済、□

□、新羅を破って以来、その臣民にしてしまった〉

前段が有名な件《くだり》ですが、この「倭」も遼東半島の付け根から朝鮮半島南西部にかけて当時勢力下に置いていたと考えられますので、日本列島からの渡海ではない点に注意です（海かどうか、改竄はなかったというのが定説になっていますが、塗られた石灰が剥落する前と後で、碑文の内容が異なるという疑義はまだ提出されていますが、ここではなかったとしてみます）。

そして、問題は、続く次の件。

「以六年丙申、王躬率水軍討科殘國軍□□。（中略：落とした城の列記）百殘王困、逼獻出男女生白一千人、細布千匝、歸王自誓、從今以後、永為奴客。太王恩赦先迷之御、錄其後順之誠。於是得五十八城、村七百。將殘主弟並大臣十人、旋師還都」

もしも高句麗が、一般的な歴史教科書の通り、百済と地続きであるなら、大半の城を落とすのに水軍は全く不要と言って良い筈です。一般的に誤解されているヤマト朝廷からの出兵ならまだともかく、現地で陸地伝いに侵攻・迎撃すれば良いのですから。それが出来ないからこその、水軍であり、多くの城が海沿いにあったということでしょう。

「百済本紀」の冒頭部では始祖とされる人物が、都を築く場所の好条件を並べて言います。

「北には漢水が流れ、東は高山がおさえており、南は肥えた土地があり、水の豊かな土地が望見でき、西は大海でさえぎられている」

その同じ初代の王に対して、馬韓王にこう言わせています。

「私が東北部一百里の地をさいて、安住させた」


馬韓の西は海沿いだったことは確定していますので、もしこれが現在の韓国のある辺りだったら、その「東北部一百里」の地は、絶対に、「西は大海でさえぎられている」とはなりません。幅が二〇〇キロメートル程しかないのが大部分の韓半島で内陸に数十キロメートル進んだら、そこは海沿いであるわけがないのです。

百済の建国史の冒頭でこの有様です。つまり百済の歴史の前半の少なからぬ部分と、高句麗や新羅の歴史で四世紀中盤頃までに百済が絡んでくる大半の記事は眉唾ものなのですが、ここでより重要なのが、彼ら自身が自分達の建国の歴史も、その名前の由来も覚えていない点です。

扶余から分かれた兄弟に百姓が喜んでついていって一緒に河を渡（済）ったからとか、十人の家臣が始祖の温祚につき従ってきたから十済とか、どちらも大外れです。

なぜそう断言できるのか？

海を渡って馬韓の地に入ったのは、箕子侯の末裔と称す朝鮮王準とその遺民だったからです。それも中国史書に書かれた史実であり、地理的条件や考古学的出土品などからも裏付けられています。海に走り入るというのも、干満の差が激しい海ならではの表現でしたでしょう。数千人とか千余人とかですから、百家が渡（済）ったから「百済」というのが、本当の由来です。

しかし後に馬韓を簒奪した百済の当事者やその後継者達に、その記憶は消えていました。何せ、海を渡ったのは紀元前一九六年頃で、クダラの本当の始祖の末裔が馬韓を簒奪したのは紀元後三五〇年頃とすると、約五五〇年もの時間が過ぎ去っているのですから。

さらに、「百済」として後に成立する国に文字が伝わったのは、三七五年のことと、「百済本紀」自身に明記されています。それ以降、歴史を（書き）留められるようになったとも。

しかし、朝鮮滅亡前後からリアルタイムで現地に居続け、歴史を記憶し続けていた

「倭」の人々は、箕子侯の末裔が海を渡った理由も時期もその後の経緯も忘れていなかったがゆえに、後に馬韓を簒奪した人々の国を「百済」の文字通りの読みではなく、その本当の始祖の名で呼び習わしたのです。

その名は、仇台です。扶余国では六代目の王、尉仇台。中国史書では、遼東を制覇した公孫度と結んで有力となった東明王の朱蒙の後＝子とされていますが、公孫度は二〇四年に没しており、朱蒙は紀元前一九年に没していますので、そのままでは年代が合いません。

要は、扶余から分かれた仇台という者が建てた国（羅）だから、「仇台羅」と「倭」の人々は名付けました。読みは、chu-tai-luo、そのままキュタラからクタラなど。タでもダでも意味は変わりません。尉は、中国の官吏の位みたいなものですので、姓とは考えにくく自称していたか、漢に協力していた者ということで付けられた可能性が考えられます。仇首など、百済や高句麗などに「仇〇」という名前の人物は出てきます（仇台と仇首を同一視する説もあるそうですが、音〈読み〉は同じ）。

つまり百済の実際の歴史とは、その祖は箕子侯と共に遼西の西にある朝鮮の地から海を渡って来た者達の末裔で、それが遼東からさらに半島部へと南下してきた扶余の一派と結びついて「百済」の元となる国を建国し、仇台の代で力をつけ、四世紀半ば頃に馬韓を簒奪して頭角を顕し、三七一年に高句麗の王を戦死させて破るという国際的なセンセーションを引き起こすまでに至りました。それが、百済という国の前半部分となります。

しかしその後僅か三十年が経たない内に、高句麗に五十八城七百村を落とされ恭順を誓わせられるという、実質的な最初の滅亡を迎えていたりしますが、その話に進む前に、「高麗」や「新羅」という国の呼び名に纏わる一連のお話をしておきます。

貊／狛をコマ、高句麗をコマと呼ぶ・読むのも、高氏の国（羅）だから高羅＝コラ（ゴゥラ）、というのが一連の推理では一番単純です。ただしこちらは、解氏を実際の国姓（王の姓）としているので高氏ではないという説などがあり、古（句）羅の方が合っている可能性は高いと思われます（どちらも音は同じ）。

古羅（句麗）との対比として、新羅という充て文字を考えるのは容易いのですが、その場合どうしても、ギという音が余ってしまいます（『三国史記』の中での国号誕生のシーンはまた全く別の経緯であることを一応書いておきます）。

そして見つけたのが、中国史書の中で、高句麗が魏（後の晋）を怒らせて王都まで落とされ、北扶余から南沃沮、東扶余などを転々とした後、現在の中国の黒竜江省の辺りまで逃げ延び、しばらくしてから戻ってきたら、留まっていた人々が別の国を建てていたという一節です。

その中で、扶余または沃沮という同一系統の呼称の中で、北と南と東は史書に出てくるのに、西がいないのです。ですから、高句麗が一端放棄した地に留まっていた人々の国（というより集団）を、「西沃沮」と考えてみました。ちなみに、「沃沮」も、「倭箕」「濊」と同じ音です（どれもほぼ、ワジ）。

「西沃沮」は、シワジとなります。これが「新羅」という当て字との兼ね合いでシラジとなり、シラギという呼称になっていったというのが私の推測です。

ここで大事なのは、呼称の推量そのものよりも、どういう人々がどういう理由でそこに残っていたかという記憶です。おそらく西沃沮という部族なり集団単位が、高句麗が魏に討たれて逃げた二四二年から二四八年頃当時、その名前では記録に残らなかったのは、数年という短い期間で高句麗王の一団が戻ってきて吸収されたからだと思われます。

当時の遼東は、遼西には鮮卑が進出していて、中国側の郡県を含めて激しい勢力争いが始まっていました。おそらくは焼き落とされた丸都城以西の幾らかかの部分を保持し続けたのでしょうから、その功績は認められたでしょう（高句麗の史書に残っているのは、魏の将と刺し違えてその退却のきっかけを作った将ということになってますが）。

「西沃沮」とも言えるその集団の内、戻ってきた高句麗と合流せずに弁辰の地へと流れた勢力が後の新羅の元となり、高句麗勢力の拡大に伴って朝鮮半島を南東方面へと下っていったのが、初期の新羅の歴史だと思われます（『新羅本紀』の途中までの記載はだから、実在したであろうものの多くは扶余か東扶余〈沃沮〉や濊などからの伝聞などが使われたと思われます）。

ここまでざっと説明してきた内容だと、当てずっぽうでは？　という感想を漏らす方も少なくないかも知れません。

そこで段階を追って、「倭」の人々が現地にいた証拠も拾い上げていきます。

一つのカギとなるのが、鮮卑との関係。

もう一つが、加羅と呼ばれていた存在が実在していた場所とその言葉の由来です。

さて、鮮卑ですが、後に前燕・後燕・北燕などを建国する一大勢力となるのですが、二世紀頃から、その基盤となるのは、遼西から「朝鮮」の地域であり、その首都や根拠地は前述の地図上で「箕」発掘の地となっている龍（柳）城辺りに置かれることが多くありました。

高句麗が遼東の地を巡って主に戦った相手は、中国各王朝の郡県兵力以上に、この鮮卑であり、中でも強力だった慕容部であり、百済や新羅ではありませんでした。

中国諸代王朝は、地方の郡県の統率が取れなくなってくると、現地の有力部族に官位や王位などを与えて内側に取り込み、統治をほぼ丸投げしてしまうということが普通に行われていました。現代の強力な中央集権国家による地方統治のイメージをそのまま適用すると大きな誤解を招きます。後に公孫度により設置された帯方郡の刺史は、遼西の鮮卑の大人、慕容廆でしたし、後の高句麗の広開土王を含めて、鮮卑の慕容部とは遼東を巡って熾烈な戦いを繰り広げ続けました。

その激しさの一端を、前燕の有力貴族だった慕容垂によって建国された国、後燕の年表（Wikipedia）から拾ってみましょう。

三八四年：建国。慕容垂、鄴を包囲

三八五年：高句麗、後燕を破り、遼東に進出。後燕将軍慕容農、夫余王余岩を攻め殺す

三九四年：慕容垂、華北東部に移動してきた西燕と衝突し、これを滅ぼす

三九五年：燕軍、参合陂の戦いで北魏軍に大敗

三九六年：燕王慕容垂、軍を率いて北魏を攻めるが、陣中で病没。太子慕容宝即位
三九七年：魏王拓跋珪、燕の都・中山を攻撃。燕王慕容宝、龍城に逃走
三九八年：慕容徳、滑台（河南省滑台）に自立して燕王を称す（南燕）
四〇〇年：慕容盛、高句麗を攻撃して、遼東を奪回
四〇一年：慕容盛が暗殺され、大后丁氏が慕容熙を擁立
四〇二年：高句麗、後燕の宿軍城（遼寧省朝陽東北）を陥落させる
四〇五年：慕容熙、高句麗の遼東城を攻めるが勝たず
四〇七年：後燕の漢人将軍馮跋が慕容熙を廃し、高雲を擁立（北燕）

この最後の高雲という人は、もとは高句麗の王族の出身で、本姓は高氏（高句麗の国姓）だったのが、後燕に来て武功を立てて慕容宝の養子となり、慕容の姓を賜り、偽帝として立てられ、すぐ後に廃位されますが、この国の最初から最後まで、高句麗が密接に関わり、その地域が遼東だったことは上記の年表でもはっきりとわかります。

そして、この年代こそ、前述の広開土王が活躍した時期でもありました。

ここで、その広開土王碑にも、『三国史記』高句麗本紀にも記載されている、高句麗に

よる百済の閣彌城（三国史記では関彌城）攻略の記述から、百済が朝鮮半島にはなかったという証明をします。

閣彌城は、現在の韓国の首都ソウル北西の地にある海岸付近が比定されていますが、広開土王碑や『三国史記』の記述に従うならば、それは有り得ないのです。

以下、『三国史記』高句麗本紀から。月は旧暦であることに注意して下さい。

三九二年夏五月　先代の故国壌王が崩御したので即位

三九二年秋七月　南進して、百済の十城を攻略

三九二年秋九月　北進して契丹を討伐し、男女五百人を捕虜とし、本国から連れ出された民を招きさとして、一万人を連れて帰った

三九二年冬十月　百済の関彌城（閣彌城）を攻め落とした。その城の四方は絶壁で、海水にとり囲まれていたが、王は軍隊を七道にわけ、二十日間攻撃して、ついに陥落させた

全て王自身の行軍と戦闘ですから、物理的に、南進して、北進して戻り、さらにまた南進したことになります。そして軍隊の行軍速度（一日に移動できる範囲）は、道が整備さ

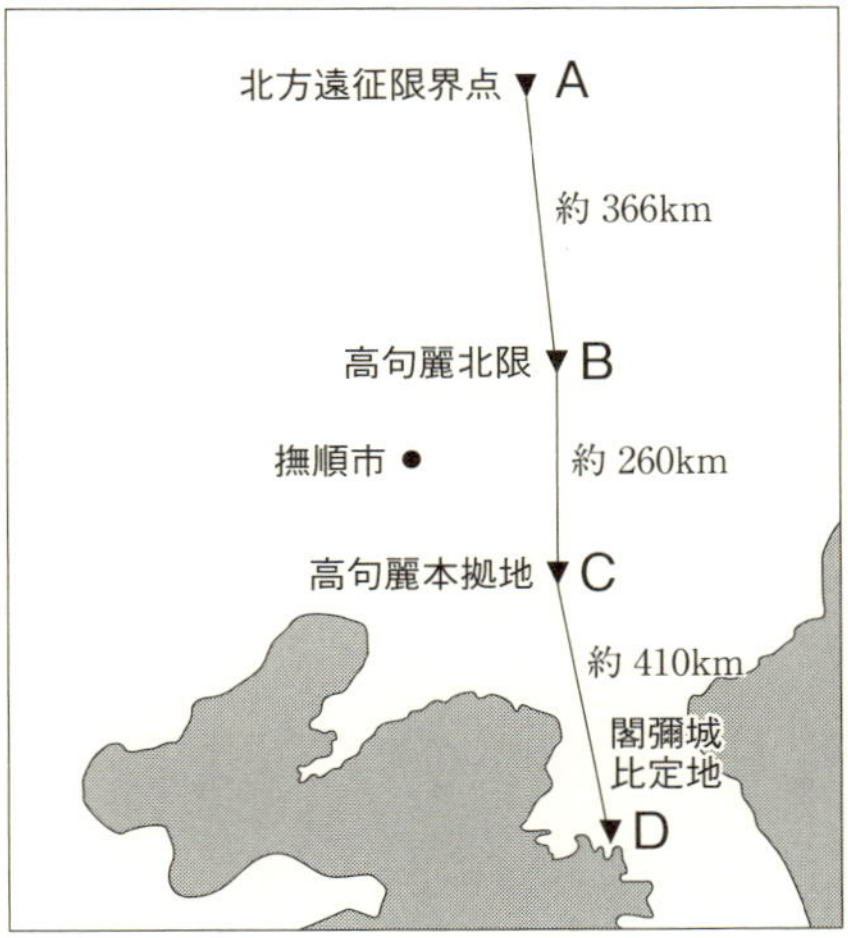

れていて、行き先（地理）が完全にわかっていて、一日に約十三〜十五キロメートル程と知られています。

そして当時の高句麗の本拠地があった地域も、その北端があった地域（上の地図では撫順市近辺、Bの辺り）もわかっています。そこからさらに北進して、一万人もの人々を領地内に連れ戻ってきて、翌月には、さらに南に移動して二十日間かけて攻城戦を完了しています。

地図上のDが、関彌城（閣彌城）比定地です。Cが高句麗本拠地、Bが北限の撫順市。Aが北方に遠征したとしてその限界付近です。

まず、関彌城（閣彌城）は百済領にあった筈ですから、七月に南進して獲得した十城は、その手前にはあったでしょうが、絶対に、高句麗の本拠地よりは南側にあったことになります。

そこから撫順のさらに北へと移動し、九月には、連れ去られたのであろう元領民達を説得し、護衛しながら領内に戻り、また南進して、地図上のDの地点の城を十月に「二十日間かけて」攻略したのですから、その二十日前には着いてないといけないことになります。もう、おわかりですよね？

撫順から、C近辺の高句麗本拠地までが、約一五〇キロメートル。高句麗本拠地からCの関彌城（閣彌城）比定地までは、直線距離でも約四一〇キロメートルあります。仮に撫順から一〇〇キロメートル以内から民を護送したとして、一カ月以内に到達し、二十日間で攻城をできる範囲に、果たして、Dの地点はあるでしょうか？

結論として、有り得ません。一日十三キロメートルを行軍できたとして、十日で一三〇キロ、二十日で二六〇キロ、三十日で三九〇キロ、四十日で五二〇キロ、五十日で六五〇キロ、六十日で七八〇キロ、七十日で九一〇キロ、八十日で一〇四〇キロメートルです。撫順北方↓本拠地↓関彌城（閣彌城）まで単純に、六五〇キロメートル程と計算した場合でも、移動だけで五十日以上はかかる計算となります。訓練されていない人々を護送していたならもっと時間はかかったでしょう。騎馬隊だけならもっと迅速に移動できたというのも、その後で攻城戦を騎馬隊だけで行うのは単純に不可能なため否定されます。

先に見て頂いた通り、当時は鮮卑の慕容部と遼東の地を巡って激戦を繰り広げていたのですから、そこから大軍を数カ月以上の長きに亘って不在にすることは非常に考え難いのです。行っただけの日数分以上に、普通は帰ってくるまでの時間はかかります（負傷兵を抱えているのですから）。三十日かかる場所に行って無傷で帰ってきたとしても、倍の六十日は不在にしていることになります。

ここで、大きく分けて二つの可能性があります。

一つは、『三国史記』の記述が架空のものか記載され、期日が虚偽だった。

もう一つは、関彌城（閣彌城）が史実通りの行動を可能にする場所にあった。

答えは、関彌城（閣彌城）＝百済領域が史実通りの行動を可能にする場所にあった、の方です。撫順北方から高句麗本拠地に戻り、そこから約十日から二十日程度で到達できる範囲、一〇〇から二〇〇キロメートル程の近さに関彌城（閣彌城）＝百済領域はありました。

その証明は、「広開土王碑」の碑文中にあります。

「以六年丙申、王躬率水軍討科殘國軍」

永樂六年（三九六年）、高句麗が臣民としていた百済と新羅を倭が辛卯年（三九一年）以来臣民にしてしまったので、王は水軍を率いて科殘國軍を滅ぼし、関彌城（閣彌城）を含む百済の数十の城を落とし、なお戦おうとした百済軍を「王威赫怒渡阿利水遣刺迫城」、阿利水を渡り遣いを刺し城に迫り、城を破られた百済王は、「百殘王困、逼獻出男女生白一千人、細布千匝、歸王自誓、従今以後、永為奴客」と再び臣従を誓わせられます。五十八の城と七百の村を奪われ主弟と大臣十人も連行されたのですから、実質的に滅びたようなものです。またこの時落とされた城の数は馬韓を構成していたのが五十三国という数ともおおよそ一致します。

そしてここで出てくる「阿利水」は、現在の北朝鮮と中国の国境線ともなっている鴨緑江の古名、阿利那礼河を指します。韓国と北朝鮮の堺にあるような川ではなく、またそれくらいの近くにいたからこそ、先の『三国史記』の史実も可能だったのです。

その僅か三年後の永樂九年（三九九年）。徹底的に敗戦して高句麗の「奴客」になることを誓った筈の百済は倭と通じ、高句麗は百済を討つべく平壌へ下る（これも現在の北朝鮮の平壌ではありません）のですが、新羅が国境と城を倭に破られて救援を求めてきたため、翌永樂十年（四〇〇年）、新羅王都を占領していた倭軍を撃退し、これを「追至任那加羅」と、任那加羅という定説では朝鮮半島南端にあったと言われている国々まで追撃したと書かれています。

ただ、ここで思い出して下さい。

新羅は基本的に百済の東に国境を接していたのですから、当然、その王都も百済の東の方面にあった筈です。そんな戦場から、朝鮮半島南端まで追撃した場合、その移動距離は片道だけで六〇〇キロメートル以上、往復では一二〇〇キロメートル。

高句麗の主戦場であり、鮮卑慕容部と激戦を繰り広げていた遼水流域までの移動を含めれば、往復でさらに四〇〇キロメートル程追加され、仮に何の妨害にも合わず戦闘でのロスが全くなかったと仮定してさえ、百二十日以上かかります。

そんなに長期に亘って主戦場から数万の兵力を、逃げる敵を追撃するためだけに不在にするなど、有り得ませんし、広開土王もそうしませんでした。

「任那加羅」まで追撃したと石碑に刻まれた地は、朝鮮半島南端ではなかったからです。「阿羅」という安羅と同一ともとられている加羅諸国の一つが、逆を突いて新羅の首都を陥落させてしまったと同年の碑文に刻まれています（『安羅人戍兵抜新羅城』）。

一般的な理解では、新羅の王都に高句麗軍は引き返したとされています。元々、新羅の王都を倭軍から解放するための出兵だったのですから。

例えば倭軍が南へ逃げて高句麗軍がその後背を追っていたのであれば、逆を突くのであれば、そのさらに背後にいなければいけなかった筈です。しかし通説では狭い韓半島のさらに南東部のさらにさらに狭い部分にいたのが加羅諸国ということになっていますので、逆を突くような位置にはいません。海を渡ってとか言いそうな人達もいますが、実際は違います。

高句麗の王と主要兵力が主戦場から離れて行ったのなら、高句麗の敵対勢力がその留守を突くのは、当然の行動となりますよね。

そう、「阿羅人」とは鮮卑勢力であり、さらに言えば鮮卑の支配下地域で彼らに協力していた「倭箕」（濊）人達の一部でした。後に高句麗が遼東・遼西から故朝鮮の地まで制圧するまで、阿汗＝阿羅（加羅＝可汗）がいたのは、当然、その鮮卑の支配地域でした。だからこそ、逆を突けたのです。鮮卑の間で、阿汗・可汗は大人以上の称号か、兄弟を指す言葉でした。つまり、倭（倭箕）と鮮卑との協力的な間柄を示してもいることになります（可汗＝加羅＝伽耶＝加賀もその一例）。

証拠はあるのか？

はい。鮮卑と「倭」王家のつながりを示す、確実な証拠が、鮮卑と倭（倭箕）の故地から出土しています。

大阪府羽曳野市の誉田山古墳の陪塚丸山古墳から出土した二領の国宝の「金銅透彫鞍金具」は、中国遼寧省喇嘛洞ⅡＭ１０１号墓で最近出土した鮮卑族の鞍と、細部に至るまでほぼ同一の出土品です。その出土位置は、何度も図示した「箕」出土品の近辺で、「箕子朝鮮」とも「鮮卑」とも縁が深い地です。

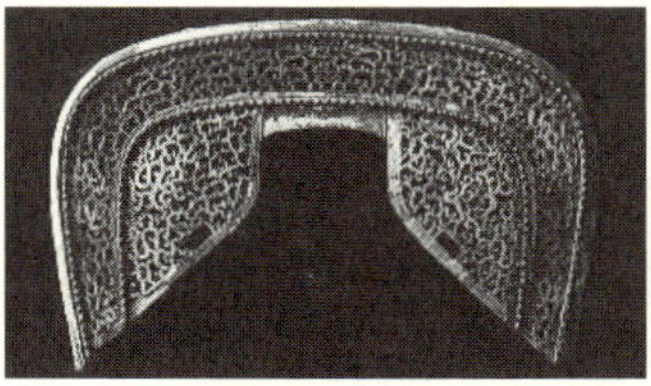

誉田八幡宮所蔵

単なる偶然の一致？

いいえ。

「阿羅」という名は、史書上でも阿羅多や阿羅槃など複数確認できますし、大人の一人であった軻比能の弟の苴羅侯など、「○羅」という名は鮮卑に珍しくありません。時代的にも合致しています。

さらに、『三国史記』高句麗本紀の唐による高句麗征伐軍の遼東への行軍記事の中で、攻城兵器を「阿羅山」で作ったという記事もあります。

「帥歩騎六萬及蘭河二州降胡　趣遼東　兩軍合勢　大集於幽州　遣行軍摠管姜行本少監丘行淹　先督衆工　造梯衝於安羅山」

〈蘭州と河州の将兵六万及び降胡（漢に降伏・帰順した胡＝騎馬民族）は遼東に赴（趣）き、両軍は合流し幽州（現在の河北省北京市辺り）で大集会を開いた。行軍総管の姜行本と少監の丘行淹を先に遣わし、安羅山にて梯や衝などを造る衆（人々）を監督させた〉

梯は、城壁の上から矢を射たり兵士を直接城壁に渡すための移動式の櫓。衝は屋根覆いの付いた城門を破るためのやはり移動式の兵器。どちらも大がかりな物ですので、数百キロメートルの彼方で造って運び込む物ではなく、可能な限り近距離で造って即戦場で利用する物です。破壊されないよう自分の勢力圏で作製はしたでしょうが、つまり、高句麗と唐の勢力圏の境目である遼東付近、おそらくは遼西か遠くともその手前辺りに「阿羅山」が存在したと推測できます。

山の名前はそこにいた民族などの名前が冠されることが珍しくありません。そしてそうであればこそ、遼東近辺にあったと思われる新羅の首都を、倭軍を追撃する高句麗軍の後背を突いて、占拠できたのでしょう（余談ですが、高句麗本紀には『倭山』も出てきます）。

そして問題になる新羅の位置ですが、おおよそですが、百済の東、高句麗の南となります。三国が国境を接していたのは、現在の朝鮮半島南部ではなく、遼東の東南部に於いてです。

それは例えば、高句麗の第十四代の烽上王が葬られたという烽山の原が、『三国史記』の中で何度も百済と新羅の戦場となっていることからも明らかです。この烽山がどこに該当するのか定かではありませんが、遼東近辺で高句麗・百済とも国境を接していたとするなら、鳳城（鳳凰山）が挙げられます。烽と鳳の発音もほぼ同じです（烽山が燕の長城に築かれた烽火壷の置かれた高台を指していた可能性もあり、その場合は大同江以北から鴨緑江辺りまでと範囲をさらに絞り込めます）。

さらに百済の位置について、『魏書』（北魏）に、面白い記載があります。

「建國四年、慕容元真率衆伐之、入自南陜、戰於木底、大破釗軍、乘勝長驅、遂入丸都、釗單馬奔竄。元真掘釗父墓、載其屍、并掠其母妻、珍寶、男女五萬餘口、焚其宮室、毀丸都城而還。自後釗遣使來朝、阻隔寇讎、不能自達。釗後爲百濟所殺」

（『魏書』巻一 百列傳第八十八／北齊／魏收）

〈三四二年、慕容部（前燕）に首都の丸都城を焼かれ、父の墓を暴かれ、母と妃を連行されてしまうなどの国辱を味わった高句麗は、翌年に朝貢して父の遺骸は取り戻せたものの、仇敵に阻まれて自分では到達できなかった。故国原王は後々のため、百済を殺しておいた〉

つまり、遼西から遼東にかけて勢力を広げていた前燕と、その東に勢力を広げていた高句麗の間の使者を妨害できるような位置に、百済は存在したということです。朝鮮半島南西部に勢力範囲があったのなら、不可能ですよね？

先ほどの広開土王碑文の中でも、百済を討つのに何故、水軍を率いる必要があったのでしょう？　教科書に載っているような地続きの国だったら、大半の領土を攻め取るのに水軍は必要なかった筈です。

さらに、四〇四年の倭の帯方再度侵入の碑文でも明記されています。

「（永樂）十四年甲辰而倭不軌、侵入帯方界□□□□□、石城□連船□□□王躬率□□従平穰□□□鋒相遇、王幢要截盪刺、倭寇潰敗、斬殺無數」

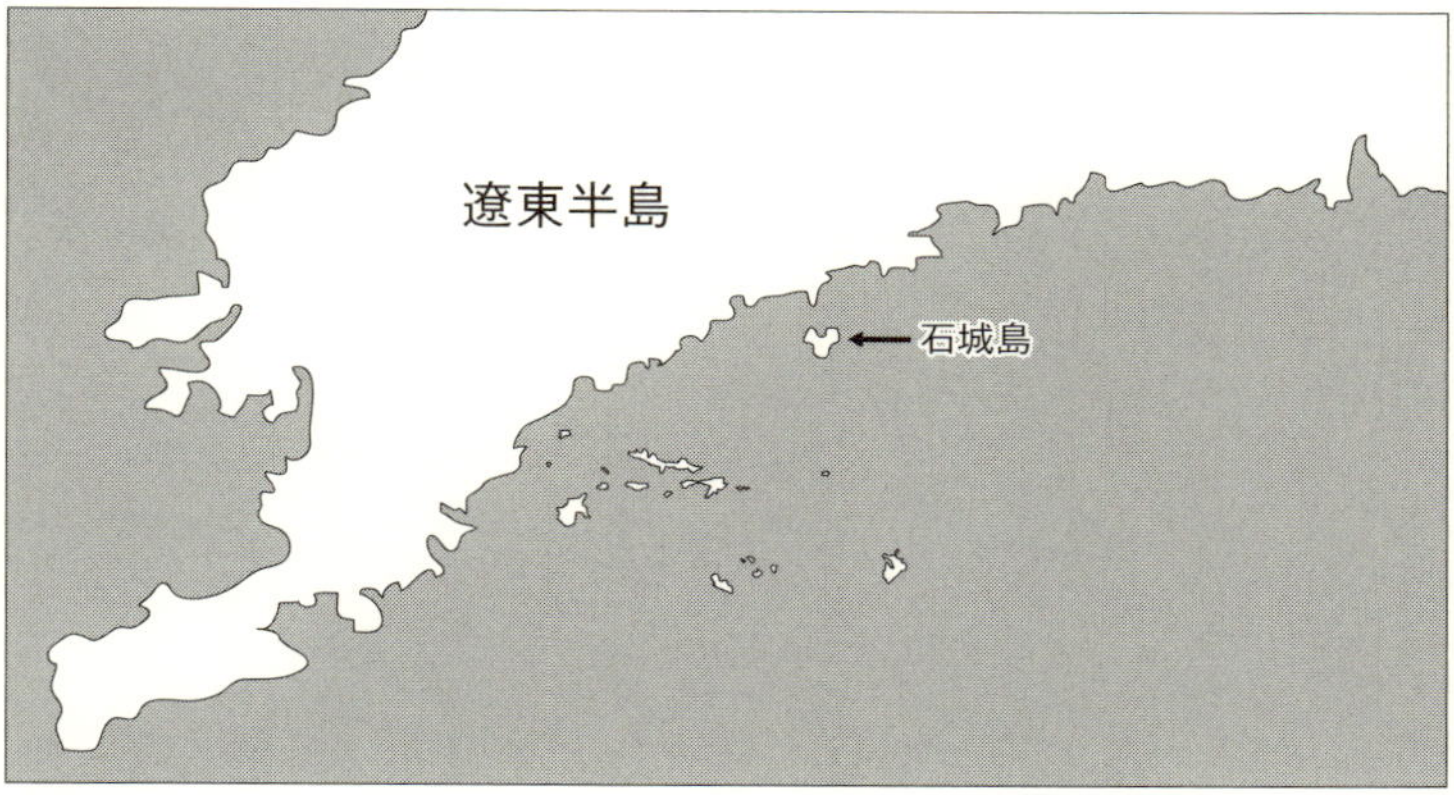

「石城」に「連船」、つまり船を連ねて、と書いてありますから、それは少なくとも水際なり海際であり、内陸のお話ではありません。「石城」という地名は各地にありますが、先ほどからの遼東地方の流れで説明するなら、遼東半島の南方に浮かぶ石城島。ここしかありません（上記の地図参照）。

この地理状況があって初めて、「史記正義　括地志」の次の記述が理解可能となります。

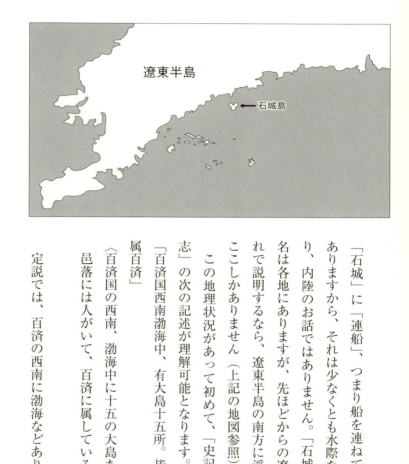

「百済国西南渤海中、有大島十五所。皆邑落有人居、属百済」

〈百済国の西南、渤海中に十五の大島あり。全ての邑落には人がいて、百済に属している〉

定説では、百済の西南に渤海などありようがありません。つまりは、デタラメでした。どちらがと言えば、定説が。
では、隋の高句麗侵攻時に、同じく遼東にあったという百済に触れていないとおかしいじゃないか？　というご指摘もあるかも知れませんが、記述はあります。
「及隋軍度渡遼、百濟亦嚴兵境上、聲言助隋」（『資治通鑑』巻百八十一　隋記五）
〈隋軍が遼水を渡るに及び、百済もまた兵を境上に厳にし、聲言し隋を助く〉

つまり、遼水を渡る隋軍に対して、高句麗と国境を接していた百済は兵をその境に並べて敵襲に備えつつ、声援を送ったという記事です。

さて、歴史教科書の内容が随分改訂されるのがいつ頃かは不明ですが、その隋の煬帝となる楊広の母は、鮮卑出身の独孤伽羅です。中国の隋の文帝楊堅の皇后。諡号は文献皇后。本貫は河南郡洛陽県ですが、「伽羅」ですね。鮮卑ですが、「伽羅」ですね。

いやむしろ、鮮卑だから、「伽羅」なのです。その理由は先に述べました。

しかし、鮮卑が韓半島南端にまで進出したという記録は知られていませんし、私も目にしたことはありません。

韓の南にいたのは、「倭」です。高句麗が遼東の東から北側、百済が南の遼東半島、新羅がその付け根の東辺りにいたとするなら、現在の朝鮮半島の大部分は、「倭」と濊の領域だったのです。

だからこそ、百済は、敵地である高句麗を挟んだ反対側にいる鮮卑ではなく、背後にいる倭を頼ったのです。徹底的な敗北を喫した、その僅か数年後に通じる程に。

この四〇〇年前後の高句麗との争いと敗北を通じて、倭（濊）は、遼東地域での足掛かりを失ったと思われます。さらに鮮卑族慕容部系北朝の前燕・後燕・北燕などが五世紀半ばまでに潰え、遼東地域は高句麗による支配がほぼ確定したこともあり、その周辺地域にいた人々が移住した先が、韓半島南部だったのでしょう（もしくは日本列島北陸沿岸部など。詳細は後述）。

北朝は鮮卑族の拓跋部による北魏が統一しますが、四八八年に北魏が百済に侵攻して敗北したという記録が『資治通鑑』に残っていることもご紹介しておきます。これが遼西の地だったのかどうかは地名を特定していないため不明ですが、高句麗の南だけにいたとしたら、やはり難しかったでしょう。ましてや朝鮮半島の南西部だけだったら不可能です。史実として北魏（三八六年〜五三四年）は遼東すら領有していませんでしたから。

「倭」及び濊がいた領域は、故朝鮮の地から、遼東、そして現在の朝鮮半島のほぼ全域でした。そこに改めて鮮卑族から合流した「加羅」勢力を迎え入れたのが、当時の「倭」国の姿でした。漢も韓も歴史的地理的に相当数混じっていたでしょうから、血統的な民族というよりは、争いをなるべく避けていた人々の集合体とも言えるでしょう。

なぜそう言えるかと言うと、やはり証拠が残っているからです。中国歴代王朝との付き合い方にしても、譲れる部分は譲って協力的にあれば、気をつけてないといけない範囲が広過ぎた中国王朝中枢からすれば、地方自治に関しては基本的に寛容だったのです。

さて、ここで後回しにしてきた「樂浪漢墓」に触れます。現在の北朝鮮平壌近郊の樂浪土城などから出土した樂浪郡遺物などから、樂浪はそこにあり、従って帯方郡はその南にあったのだから、百済も新羅もその近辺及び南部に存在していた筈だというご指摘はあるでしょう。

まず一つ例え話をします。ある日突然、現在の東京都庁が壊滅したとします。生物兵器でも何でもいいですが、とにかく物理的な破壊はほぼ免れたけれども、人はいなくなったか全滅したという状況です。そして数百年後、その東京都庁を遺跡として発掘した人々がいたとして、そこに「東京都」として書かれた遺物が全くないのに、他の都道府県の名前が書かれた遺物だけが出土してきたら、それは「東京都」の遺跡と言えるでしょうか？

言えませんよね。それが日本では有名な「樂浪漢墓」です。樂浪漢墓刊行会が出版した報告書二冊を国会図書館で確認してきましたが、廣漢郡や蜀郡、予同郡などの名前の物は出て来ても、樂浪はおろか帯方ですら、一片も出てきていません。

出土品の銘文に含まれる紀年が漢王朝のものなのだから、どちらにしろ漢王朝の役所的存在だった筈という反論も来るでしょうが、その年代は紀元前八五年から一〇二年と、ものすごく中途半端なくくりになっています。「樂浪漢墓」は五百年の歴史という謳い文句を目にすることもありますが、嘘です。まず前漢の成立から百年程も経ってからようやく衛氏朝鮮を征服したのですから、樂浪郡の成立の紀元前一〇八年から漢の滅亡の二二〇年までは、そもそも三〇〇年程にしかならず、この「樂浪漢墓」にしてみれば僅か約百八十年程の歴史です（墓制の違いなどからは、利用主体が途中から切り替わっている可能性が挙げられます）。

しかし、メインとなる「樂浪土城」からの出土品に関しては、検討を要します。こちらからは「樂浪礼宮」の瓦当や、「樂浪太守章」の印文のある封泥などから、ここ（平壌近郊）に「樂浪郡」の郡治（今の日本で言う県庁所在地のような存在）があったのだとされています。樂浪漢墓はともかく樂浪土城などからの出土品は樂浪の字を持つ出土品が多数出ているし、漢の紀年の範囲も、樂浪漢墓より相当広い範囲をカバーしています。しかし、「樂狼土城」と「樂浪漢墓」の距離はわずか数十キロメートルしか離れていません。『卑弥呼の正体』を書かれた故山形明郷氏は、この一連の遺跡や出土品を百済の物としていましたが、それは無理があり過ぎます。中原高句麗碑や迎日冷水里碑、蔚珍鳳坪碑などの存在も、少なくとも五世紀前半から六世紀頃には新羅が定説のような韓半島南東部に存在していたことを証明しています。

「樂浪土城」といった遺跡や「樂浪郡初元四年県別戸口簿」などの考古学的出土品が現在の北朝鮮の平壌付近から出土する理由は、その付近が拡大した朝鮮の南端部だったからです。「樂浪漢墓」に関して言えば、おそらくは「倭」の民の物だったのではないかと推測します。

その根拠は、先ほどもご紹介した、「濊」の民が、自分達で官僚機構を備え、統治に必要な情報も集積・記録できていたことに由来します。

「漢武建武　從盧弼說六年（紀元三一年）（中略）猶置功曹、主簿諸曹、皆濊民作之」
（『三国志』魏書　巻三十　魏書三十　烏丸鮮卑東夷傳第三十／東夷／東沃沮）

「倭（倭箕）」と「濊」がほぼ同一の存在だったことは既に述べてきた通りです。「濊」「扶余」「倭」それぞれの習俗の史書の記載内容の違いからそうではなかった筈だという反論も頂くでしょうけれども、少なくとも文化レベルという側面については、数百年という長い期間に亘って中国内部からの亡命民を受け入れてきた経緯も併せて考えれば、文盲であったりする筈もなく、中華中枢に比べて若干遅れた程度だったとしてもおかしくはないと考えます。

「倭」がおそらく「箕子侯」の末裔と接触があった点については、また後で詳しく述べますが、魏から晋の時代へと移ろう頃の「倭」の文化程度を示す証拠として、「七支刀」の存在について触れておきます。

6 七支刀銘文を、倭と百済と中国との関係から読み解く

結論から言うと、「倭」王家が、百済王家に対して、魏を継承して成立した「晋」を頼っていきなさいと訓示するために贈った物です。当時の「倭」王は、卑弥呼を継承した壱与でした。つまり『日本書紀』の神功皇后は何も関係ありません。以下、その視点で銘文を独自に読み解きます。

表：**泰初四年**十一月十六日丙午正陽百練銕七支刀出辟百兵宜供供侯王永年大吉祥

裏：先世以来未有此刀**百済王世子奇生聖晋故為倭王旨造傳示後世**

七支刀の銘文解釈も、欠落文字の推測等で一冊の本になってしまうテーマですが、ここではポイントを三点に絞ります。

①年号　②誰から誰に　③何のために贈ったのか

まず、②と③については前段で述べた通り、「倭王」から「百済王家」への贈り物ですが、裏面の太字部分を訳すとこうなります。

「百済王とその世継ぎは、倭王の旨（意向）故に、聖なる晋に寄って生きよ。（その倭王の旨を）後世に伝え示すために造った」

当時の状況を踏まえないと、「聖晋」の意味は解けません。これは、三国志の世を征した魏の跡を継いだ「晋」を指します。「晋」ではなく「音」が仏教用語に由来するという説は、「晋」成立当時に、仏教がまだ「倭」や「百済」のあった遼東から朝鮮半島に伝わっていなかったため否定されます（高句麗に伝わったのも四世紀半ば）。

なぜ晋を頼り、逆らわずに生きよと「倭王」が「百済王世子」に指示したのか。

後に分裂し、五胡十六国時代の南朝となる「東晋」と区別するために、魏から禅譲を受けた「晋」を「西晋」と呼んだりもしますが、魏は二四二年、当時の遼東の雄、高句麗を完全に撃破し、王都を焼き尽くし、高句麗王を遥か北方にまで追いやっています。

その魏の継承者で後に中華統一を成し遂げる「晋」の成立直後の泰始二年、二六六年に「倭」は朝貢しています（晋が呉を滅ぼして天下統一したのは二八〇年）。

以上の②と③の考察から、①の年号は、「晋」が天下を統一していた「西晋」の時の物となります。その成立直後に「倭」が朝貢した時のものです。

銘文冒頭の「泰初四年」は、西晋の元号「泰始」と同義です。「泰」を「太」として、東晋の「太和」とする説も有力ですが、「太」と簡略化できる文字を「泰」と銘する意味はありませんし、一番大きな違いは、東晋が南朝だということです。つまり、北朝をどうにもできない、高句麗とも国境を接していない南朝に朝貢しても、実質的な意味はありません。

「晋」に朝貢し、その様子を確かめ、使者が帰国してから、「倭」の当時の女王であったろう壱与が、百済に訓示の品を贈与した。百済は遼東半島付け根のおそらく北側にあったでしょうから（馬韓が高句麗などとの間の障壁とするため）、高句麗に対抗するためにも、晋を頼れと指示することは状況的に自然な流れと合理性を持っています。

また、この説に従った場合、百済から「倭」に贈られた可能性は皆無です。百済自身の史書に、百済に文字が伝わったのは三七五年のことと明記しているからです。その当時は既に西晋は滅び、東晋の時代になっていました。南朝にいくら朝貢しようが高位の冊封を受けようが、高句麗に対する実質的な歯止めにはなりませんし、それは歴史的にも実証されています。

ではなぜ現代の日本に伝わっているかと言えば、百済に贈ったのと同じ物が写し（予備）として造られ、それが「倭」の日本への移住に伴い持ち込まれ保存されていたと私は解釈します。百済は実際その後滅びているのですし、その大半の活動履歴に伴う筈の考古学的出土品は末期以外ほとんどまだ見つかっていない状態です。そういった状況を見越した上で、歴史の証人となる遺物を予め手元に保存しておく意義の大きさは、計り知れません。

馬韓簒奪前の百済を後押ししていた理由は、馬韓という国の寿命を見越していたからかも知れません。そして百済は馬韓簒奪後、三七一年には高句麗の侵攻を跳ね返し、逆襲して高句麗の故国原王を戦死させるという国際的なセンセーションを起こすまでに至ります。

この一連の流れからすれば、百済が三九一年以前から高句麗に臣従していたという広開土王碑の銘文は疑わしいと言わざるを得ません。その僅か二十年前にも国王が戦死させられている間柄ですし、四世紀半ばに馬韓を簒奪する以前から「倭」に後押しを受けていたという百済の状況があってこそ、三九六年に高句麗に国家全土を落とされたと言って良い敗北を喫した僅か二年後に、百済が「倭」と内通した文脈も自然な流れと言えます。「倭」が百済と新羅のすぐ背後に控えている無視できない勢力であればこそ、四〇〇年に「倭」が高句麗に大敗した二年後に、新羅も「倭」と内通したという史実もうなずけるものとなります。

そして「広開土王碑」銘文と『三国史記』のどちらがより信頼できるかと言えば、圧倒的に、「広開土王碑」です。『三国史記』には、「倭」が百済や新羅に対して影響を及ぼしていた件《くだり》はほぼ全てと言って良いほど削除されているか無視されているのですが、李氏朝鮮の元となった新羅を至上に置くための国威的歴史改竄の一例でしょう。

「倭」の百済への絶対的関与の証拠は、例えば没五二三年の武寧王の棺に日本でしか採れない高野槙が使われていたこと。その陵が発見されたのも、四七五年に実質二度目の滅亡を迎えた百済に、「倭」から譲られた熊津の地であることなどが挙げられます。逆に、百済が日本や「倭」を支配していたという歴史的事実は存在しません。

7 卑弥呼の血統と「倭」が日本への移住を決断した経緯

卑弥呼達「倭」の中枢が、日本という遠く離れた地への移住を決めた理由は明快です。中国という豊かで文明も進んでいる土地は、争いが絶えず、朝鮮半島の先までもいずれその支配は及び免れられない物になると判断したからでしょう。

実際、高句麗は隋の大規模な侵攻を何度も跳ね返しましたが、唐と新羅の連合軍の前に滅びました。新羅は唐を追い出し朝鮮半島統一を成し遂げますが、後の元や清などによる屈辱的な朝鮮半島支配は有名です。

卑弥呼は独身だったと魏書にも記録されているという反論は来るでしょうが、一六〇年頃に即位したとして、二四七年まで生きていたとすると、九十年近くも在位していたことになり、年齢も百歳を超えていたことになります。即位時に年長だったのであれば、尚更有り得ません。

であればこそ、「卑弥呼」という存在を、代々継いでいたと考える方が現実味がありま す。当時の平均寿命からすれば、五十から六十歳前後が普通でしたでしょうから、出産の 適齢期や平均年齢（十代半ば前後）なども考慮して、「卑弥呼」という存在は三代ほどで 担い、人間的にもう生きている筈がないという頃に、壱与という曾孫にバトンタッチした のでしょう。誰も卑弥呼に会えないという環境設定は、代替わりを外に気が付かせないた めの仕組みでもあります（銘を代々受け継がせる仕組みは、伝統芸能などで現代まで受け 継がれている珍しくもない仕組みであることを注記しておきます）。

代替わりのタイミングが、魏が高句麗を討ち、その王が北方に逃げ散っていた時を見計 らって行われたというのも、非常に計算されています。新任の帯方太守が着任してすぐに 使いを出し、呼び寄せ、到着までの間に卑弥呼が死んで埋葬も済ませたことにする。こう することで、百歳を超えていた筈の躯を使者の目に晒すことを避けられ、卑弥呼の後継者 争いの騒ぎも、前回のように長期化することを最小限に防ごうとした。

張政が卑弥呼の死から二十年程も「倭」に滞在したという説が一般的なようですが、有 り得ません。いわゆる『魏志倭人伝』の卑弥呼の死と壱与即位の件《くだり》では、年をまたいだ表 記になっていないからです。

（正始）「其八年、太守王頎到官。倭女王卑彌呼與狗奴國男王卑彌弓呼素不和、遣倭載斯烏越等詣郡說相攻擊狀。遣塞曹掾史張政等因齎詔書、黃幢、拜假難升米爲檄告喩之。卑彌呼以死、大作冢、徑百餘步、徇葬者奴婢百餘人。更立男王、國中不服、更相誅殺、當時殺千餘人。復立卑彌呼宗女壹與、年十三爲王、國中遂定。政等以檄告喩壹與、壹與遣倭大夫率善中郎將掖邪狗等二十人送政等還、因詣台、獻上男女生口三十人、貢白珠五千孔、青大句珠二枚、異文雜錦二十匹」

中国史書では、年をまたぐ場合はその旨明記しますし、元号が改まった場合もそうです。正始八年の二四七年から泰始二年の二六六年までを含めて、嘉平、正元、甘露、景元、咸熙といった五つの元号と三人の皇帝の代替わりをしています。しかしこの文は、正始八年の記載のまま後ろは途切れていますので、当然、文中の出来事は全て、正始八年の間に完了したと読むべきです。

そしてこの時、帯方太守の遣いは、おそらく壱与に直接告諭した筈です（『政等以檄告喩壹與』）。正始八年の間に、新任の太守が着任した後に卑弥呼からの遣いが帯方郡に来て、帯方郡からの遣いの張政が「倭」の女王がいる場所に到着し、混乱の時期があり、収まってから「倭」国からの遣いに送られて還ったという一連の出来事が終わっています。

その場合、邪馬台国まで一万二千里という、まともに記述を追うと太平洋上のどこかという行路の記述はどうしてもたらされたのか、理由は不明ですが、一万二千里の内の過半の七千里は、帯方郡から狗邪韓國北岸まで（『歴韓國、乍南乍東、到其北岸狗邪韓國、七千餘里』）で占められている所に、ヒントがありそうです。まともに考えて、記述通りの行程を辿って行って還ってきたとは、物理的な距離からして有り得ないのは明白だからです。


さて、長くなってしまいましたが、次の章からは、「倭」の人々の日本への移住の履歴となります。卑弥呼の代替わりや血統というのも、「日本神話」の登場人物との整合性から来ています。アマテラスもツクヨミもスサノオも、「天孫降臨」も。

その主体は全て「倭」であって初めて可能だったということを、『古事記』や『日本書紀』をベースに、考古学的出土品や現代にまで伝わる状況的証拠を踏まえた上でお話ししていきます。

■第三章

「倭」が日本にならなかった場合、日本神話はどうなるの？

結論から言うと、日本神話に出てくる天、すなわち天降ってくる神々が元々住んでいた場所が、日本国外にあった「倭」で、彼らの日本列島への移住プロセスを脚色したものが、『古事記』や『日本書紀』に記載された日本神話です。

神話を歴史に置き換えて語る際、いくつかの前提が必要となります。

- 全ての神々は、人に置き換えられる
- 当時の寿命は、五十～六十歳程度。七十代で長生き、八十代は極稀。百数十歳は嘘
- 女性の出産適齢期は、十三～三十五歳程度まで
- 全ての記載や系譜を矛盾なく両立することは不可能

本書序文でも触れた通り、『古事記』と『日本書紀』の天皇の系譜や崩御年は大きく食い違いますし、『日本書紀』の中だけでも「一書によると」という記述が同一対象に対して複数紹介されており、どれが正しいのかは結論付けられていません。各風土記や逸文、神社に伝わる由緒、千数百年以上前から伝わる系譜図なんてものまで含めて、全て両立した上で単一の正解を導くというのは、単純に不可能です。

ですから、なるべく周辺諸国の史書や歴史状況、考古学的遺跡や出土品などに基づき、既述の四つの前提も当てはめた上で、誰が、いつ、どこで、どのように、なぜ、「倭」を日本の地へと移そうとしていったのかを語っていきます。

1 誰が、いつ、どこで、どのように、どうして、「倭」の移住を始めたのか？

例によって結論から書いていきます。

誰が　＝卑弥呼
いつ　＝彼女が存命している間。つまり一六〇～二四〇年頃
どこで　＝出雲経由で、丹波・琵琶湖周辺から畿内へ
どのように＝短期間の軍事的征服ではなく、数十年から百年以上かけて各地に浸透
どうして　＝鮮卑による千家拉致など、中国地域での存続に見切りを付けたから

まず、誰が、については、間違いなく卑弥呼です。弥生時代の終末期から古墳時代幕開けの境目がどこにあるかというと、ほぼ三世紀初頭頃、つまり西暦二〇〇年前後であり、古墳の出現を可能にする広域支配者の出現をもって時代が変わったのが、ちょうど卑弥呼

が「倭」という連合王国の女王となったのと同じ頃なのです。

「いつ」「どうして」については、倭国大乱や鮮卑による千家拉致（一七八年）などの騎馬民族の脅威や高句麗や公孫氏の台頭と後漢の弱体化（二二〇年に滅亡）が無視できない要因です。周辺状況の悪化が最終的に「倭」の日本進出を決定付けた理由でもあります。

「どこで」については、卑弥呼以前の「倭」でも、北九州沿岸地域（紀元前二世紀頃から。おそらく古朝鮮王国の滅亡が契機）や、出雲（紀元〇年頃、前漢の滅亡が契機）などに既に進出し橋頭堡は確保していたと考えられます。つまり、卑弥呼が確保を目指したのはさらにその先の広範な地域となります。

「どのように」についてですが、日本神話の中では「国譲り」として語られています。先行したスサノオが出雲にやってきて、その子孫とされる大国主が国を造り、天孫達に国を譲ったということになっています。スサノオ自身、アマテラスの弟ですから、天で生まれ育った存在です。その子孫が造った国をアマテラスの子孫が譲り受けたのですから、短期の軍事征服だけで終わった話ではありませんが、神話部分の脚色の実態については後述します。

では、それぞれの根拠を提示していきましょう。

卑弥呼がアマテラスという最高神の存在に置き換えられています。

アマテラスは、ニニギに同行して降臨する神々に三種の神器を渡して言います。

「これの鏡は、専ら我が御魂として、吾が前を拝（いつ）くが如く拝き奉れ」

剣でも玉でもなく、鏡です。鏡は魏から送られてきた物も重要なのですが、それ以前の前漢や後漢の鏡も多数日本に持ち込まれていますし、鏡が何故神聖視されたのか、三角縁神獣鏡が中国製か日本製かというような議論は完全に脇に置いたとしても何故重要なのか、後に詳しくご紹介しますが、単なる飾りではなく、祭祀という漠然とした言葉だけでは表現しきれない重要で具体的な用途に使われていた道具だったことは予め明記しておきます。


続けて、「いつ」のお話です。

まず、中国の史書的に、卑弥呼が生きた年代は確定しています。当時に近い後漢書では、倭国大乱と卑弥呼即位を、後漢の桓帝と霊帝の間、一四六年～一八九年に起こった出来事としています（『桓靈閒　倭國大亂　更相攻伐　歷年無主　有一女子名曰卑彌呼』）。

そして『日本書紀』には興味深い一節が存在します。追放されたスサノオは、新羅の国へ降り、そこにいたくないと不平を言って、息子を連れて、東へと海を渡り、出雲の地へ着いたと。

「一書曰。素戔鳴尊所行無狀。故諸神科以千座置戸、而遂逐之。是時。素戔鳴尊帥其子五十猛神。降到於新羅国。居曾尸茂梨之処。乃興言曰。此地吾不欲居。遂以埴土作舟、乗之東渡」


これらは非常に重要な点を示唆しています。

まず、神代の年代が特定できることです。『三国史記』の主張通りだとしても、新羅が存在し始めたのは紀元前を数十年上る程度ですから、紀元前六六〇年には遡りません。

新羅がその以前の斯盧としても卑弥呼の時代であれば、倭は遼東半島付近から朝鮮半島の西側にあったとして、東の新羅へと使節的な存在として送られ、職務を放棄して、さらに東の出雲へと渡ってしまったとすると、地理的・年代的にも合致します。

さらに、「倭」の卑弥呼からの使者が、一七三年五月に新羅を訪れていることも、第八代国王阿達羅尼師今の時のものと『三国史記』に記載されています。その実在性や、『三国志』東夷伝倭人条の景初二年（二三八年）記事からの造作であり、且つ干支を一運遡らせたものという批判もあるようですが、後から卑弥呼の即位時期について述べる時に詳しく述べますが、彼らがこの時点にこの記事を挿入する恣意的な理由は存在しないか薄弱です。

なぜなら、鮮卑に千戸の倭人をさらわれたのが一七八年で、公孫氏が遼東の太守になり支配を広げ始めたのが一八九年。さらに『梁書』には一七八年～一八三年まで倭の大乱があって、男王では治まらなかったので女王を立てて治まったという記事を記していたり、そうでなくても『魏志』や『後漢書』などにも目を通していたのであれば尚更、より確実な時点に使節の訪問時期を設定した筈です。

ちなみに日本のwikiなどでも、『後漢書』の「一〇七年に倭国王帥升が後漢へ使者を出して謁見を願い出た」という記事と、『魏志』の男王の時期が八十年程続いたという記事のつなぎ合わせで、だから卑弥呼の擁立は一七〇～一九〇年頃のどこかと見る意見が大半ですが、それより若干早い時期に卑弥呼は擁立されたと私は推測しています。

男王は、一〇七年の前から続いていたのですから、少なくとも五七年の「建武中元二年、倭奴國奉貢朝賀。使人自稱大夫。倭國之極南界也。光武賜以印綬」という時点から計算しないとおかしいことになります。これは判断の分かれ目の一つでもありますが、『魏志』の成立は『後漢書』よりも数百年単位で早く、それだけ当時の状況に近く書かれたものであり、その信頼性は先に景初二年と景初三年の差で証明した通りです。

その『後漢書』も、桓帝・霊帝の治世の間（一四六年〜一八九年）、「桓靈間　倭國大亂更相攻伐　歴年無主　有一女子名曰卑彌呼」としていますから、六〇年頃から八十年として一四〇年頃から争いが始まり、歴年続いたのですから、一六〇年頃に卑弥呼が擁立されたと考えています。一〇七年の記事は「謁見を願い出た」と書かれ信用されず謁見は実現していない、つまりその帥升が倭王として認知されなかったかの書き方も傍証に挙げられます。

さらに、一四〇年頃から一九〇年頃まで五十年ほども王不在で、戦乱が止むことのない地で乗り切れたでしょうか。一七八年の鮮卑との接触や、一八九年以降の公孫氏の遼東周辺地域の武力制圧などを、経験も実績もない女王が即位直後頃から果たして乗り切れたかどうか、「倭」という連合政権が維持出来たかどうか、かなり疑問です。

それまでにある程度の実績と信頼を積んでいたからこそ、国難の連続を乗り切れたと考える方が、無理がありません。

新羅を後にしたスサノオが、東の出雲へと向かったとしたとしても時代考証的におかしくはありません。当時の出雲は、樂浪郡とも接触があったと、考古学的出土品（田和山遺跡の樂浪の硯や、島根県沖で引き揚げられた樂浪郡の土器など）に裏付けられています。出雲は、「倭」を通じて、樂浪や韓と接していました。その兵は東の海から新羅を襲ったりもしていたと『三国史記』に記録されています（新羅第六代国王祇摩尼師今の時、一二一年四月。その後一二三年三月に倭国と講和）。

なぜ出雲が国譲りの舞台とされたのかについては後で改めてご紹介しますが、唯一完本で現存する『出雲国風土記』のみ、各地の相対距離を道程ではなく座標的に計測して記録している特殊性が、出雲と「倭」の特殊なつながりの証でもある点を挙げておきます（その『出雲国風土記』には、国譲りに関する記述がほぼ一切ない点については別途後述します）。

スサノオという存在以外で国譲りの年代を傍証する物証としては、皇孫の一人とされるニギハヤヒまたはホノアカリ（火明）が、天橋立にある籠神社の奥の真名井神社の地に降臨した際にもたらしたと伝承される前漢鏡と後漢鏡が存在します。つまり、皇孫やその祖先がいたのは空想の天上の世界ではなく、現実の、前漢や後漢が存在した世界であり、後漢成立以降に天孫達が降臨したということも示唆しています。

後漢の成立が、前漢を簒奪した新を滅ぼした後の西暦二五年で、滅亡が二二〇年。しかし、日本の弥生時代が終わり古墳時代が始まったのが二〇〇〇年前後頃ですので、国譲りと天孫降臨が始まったのは後漢末期頃と考えられます。

その他、奈良の東大寺山古墳からは、「中平」という紀年銘文を持つ太刀が出土しており、その年号の時期は一八四年から一八九年に限定されます。古墳の年代的には四世紀中頃とされていますのでしばらく伝世した後に副葬されたと考えられますが、当時日本にはなかった九十九％以上という純金の冶金技術や文字の形その他から、この刀が日本で造られたのではなく中国で造られて日本にもたらされたという点と、それが和邇氏の拠点と思われる地域の古墳から出土した点が後で重要になります。

次に、『古事記』の崩年干支や『日本書紀』の即位年の干支などもヒントに、国譲りや天孫降臨が行われた具体的な年代や天皇の系譜について触れていきます。

2 『古事記』崩年干支と『日本書紀』の即位年干支から系譜をつなぐ鍵は「ワニ」

本書の冒頭で示した『古事記』と『日本書紀』の各天皇の崩御年の違いを改めて提示します。

古代天皇の系譜を読み解く鍵は、倭箕です。古代朝鮮の地に移り住み、箕侯の末裔と接し混じった倭の者達。その読みが、ワジ、あるいはワニであることは前述しました。このワジ・ワニという鍵が欠史八代とも言われる初期天皇系譜の存否を決定するだけでなく、『古事記』崩年がなぜ十代目の崇神天皇の代から記録されているのか、なぜ彼に「御肇國天皇（はつくにしらすすめらみこと）」、初めて国にしらしめす者という称号が与えられたのかという謎を解くのに不可欠な存在でもあります。

さらに、崇神天皇の崩御年を三一八年という一つの基準に置くことが、先に起こった国譲りや天孫降臨の年代の確定にもつながってきます。

天皇		古事記		日本書紀	
代位	諡号	崩年干支	推定西暦年	崩年干支	西暦換算年
1	神武			丙子	紀元前585
2	綏靖			壬子	549
3	安寧			庚寅	511
4	懿徳			甲子	477
5	孝昭			戊子	393
6	孝安			庚午	291
7	孝霊			丙戌	215
8	孝元			癸未	158
9	開化			癸未	98
10	崇神	戊寅	紀元318	辛卯	紀元前30
11	垂仁			庚午	紀元70
12	景行			庚午	130
13	成務	己卯	355	庚午	190
14	仲哀	壬戌	362	庚辰	200
	神功			己丑	269
15	応神	甲午	394	庚午	310
16	仁徳	丁卯	427	己亥	399
17	履中	壬申	432	乙巳	405
18	反正	丁丑	437	庚戌	410
19	允恭	甲午	454	癸巳	453
20	安康			丙申	456
21	雄略	己巳	489	己未	479
22	清寧			甲子	484
23	顕宗			丁卯	487
24	仁賢			戊寅	498
25	武烈			丙戌	506
26	継体	丁未	527	辛亥	531
27	安閑	乙卯	535	乙卯	535
28	宣化			乙未	539
29	欽明			辛卯	571
30	敏達	甲辰	584	乙巳	585
31	用明	丁未	587	丁未	587
32	崇峻	壬子	592	壬子	592
33	推古	戊子	628	戊子	628

ステップ1

ホヲリ＝ホホデミ＝神武、そしてワニの妃達

初代天皇とされる神武の前には、ニニギ、ホヲリ／ホホデミ、ウガヤフキアヘズという、いわゆる日向三代とされる先祖がいて、ニニギが天孫降臨の主役として記紀には書かれています。神武天皇の父がウガヤフキアヘズ、祖父が山幸彦の名で知られるホヲリ又の名をホホデミとされる存在なのですが、不思議なことに、神武の諱《ただのみな》（実名）は、彦火火出見《ヒコホホデミ》と神武紀の冒頭に明記されています。彦は尊称ですので、名を示す部分は祖父と同名のホホデミとなり、つまり、ホヲリ／ホホデミ＝神武となります。

このホヲリの妻とされる豊玉姫は、お産の際に覗くなと明言したのに覗かれてワニであることが夫にばれてしまい、二人の間の子供の養育を妹に託して国に帰ってしまいますが、その子供であるウガヤフキアヘズは、自分の養育役であった叔母、つまり母の妹ということは彼女もワニと知っていて妃にして、神武達四人の子供を成したことになっています。

つまりここで重要なのは、初代天皇とその子供の母は両方ともワニだったと明言されていることです。実際のワニ、ここでは出雲地方の古語でサメを指すのですが、人間とサメの間で子供が作れる筈がありません。

神武紀の中には、その兄弟達が「私の母も叔母も海神である」と言っていたり、正妃は貴族から求めたという記述もありますから、ワニは、特定の高い身分にある人々や部族を指していました。それが倭箕であり、より一般的には、和邇・和爾・和珥・丸部氏などとして知られており、奈良の天理市の和邇下神社付近（先述の東大寺山古墳のすぐ隣）から東大寺隣の春日山近辺までや、琵琶湖西南岸の大津市北部の周辺がその拠点として有名です。また、ワニは土師（ハジ・ハニ）でもある点も重要ですので、ここで強調しておきます。

神武天皇の母は玉依姫とされた上で、その正妃はヒメタタライスズ姫（『古事記』はヒメタタライスケヨリ姫）、二代目の綏靖天皇は、その母の妹、つまり叔母にあたるイスズヨリ姫を娶ったとも書かれています。彼女達の父親は大物主とも事代主とも三島溝咋とも諸説ありますが、事代主が八尋のワニになって彼女達の母と交わって彼女達が生まれたという記述も『日本書紀』にあります。

事代主は一般的に出雲の大国主の子とされていますが、『出雲国風土記』に一切その名が現れないことから、出雲の神ではないと考えられますが、この点については後述します。

ステップ2　ワニつながりで系譜をさらに圧縮

古代天皇家の系譜を辿っていくと、ワニの妃達を、初代の神武と二代目の綏靖（カムヌナカワミミ）と同じように、母とその妹とされるワニの姉妹を娶った者達がいることが判明します。それが、九代目とされる開化天皇と、その子の日子坐《ヒコイマス》（彦坐）です。日子坐は皇位に就いていないという指摘が来るでしょうけれども、一端それは脇に置いておきます。

和珥・丸邇臣の祖、姥津《ハハツ》命・日子國袁祁津都命の妹、姥津姫・袁祁津姫が開化に、その妹の弟《イロド》袁祁津姫が日子坐に嫁いだとされています。

つまり、この圧縮によって、開化＝神武＝ホホデミの図式が浮かび上がります。これが単なる当てつけや嵌め込みでないことを、記紀の記述を主軸に立証していきます。

重要な鍵となるのが、開化の父、孝元天皇（オオヤマトネコヒコクニクル）の子供達、特に、オオヒコとスクナヒコです。

『日本書紀』

1．大彦

2．開化（ワカヤマトネコヒコオオヒヒ）
3．倭迹迹姫命《やまとととひめ》

『古事記』
1．大彦（大毘古）
2．少彦男心命（少名日子建猪心）
3．開化

大彦は、埼玉の稲荷山古墳から出土した鉄剣の銘文に顕れる「意富比垝」と同一人物と目されています（意富比垝の八代孫がその鉄剣を造ったとされています）。

さらに、彼の弟の少彦＝スクナヒコですが、彼が、大国主と国造りをしたとされるスクナヒコナ（少彦名）と同一人物です。その最大の根拠は、同名とされる人物が記紀上他に存在しないことと、彼が実在したであろう年代に依ります。

まず、スサノオが出雲に渡ったのが一七三年として、その子か孫世代に生まれたのが大国主・オホアナムヂなどと呼ばれる人物で、国譲りされる前の国を造ったとされており、スクナヒコナや大物主が彼に協力したとされています。スクナヒコナが常世の国に去ってから顕れたのが大物主で、結論から言うと、これは大彦を指します。

大国主には多くの兄達がいたとされているので、彼が一八〇年以降に生まれたとして、その子供達が成人するのは、二一〇〜二二〇年頃。そして三一八年におそらく六十八歳で没した崇神天皇の生年が二五〇年頃で、オオヒコは崇神の治世下で四道将軍としても息子と共に活躍していますので、おそらく当時は中年から老年にさしかかっていた頃でしょう。

次に、それらの年代を確定する鍵を『古事記』と『日本書紀』から拾い出します。

ステップ3　女性の出産適齢期から、年代の幅を制限する

現代では、百十歳前後生きる人も稀にいますが、百六十歳まで生きた人はギネスにも存在しません。これを紀元前六六〇年に合わせるために引き延ばした結果だとか、半分にすればとかいう説もありますが、どちらもその根拠と合理性に欠けます。

崇神天皇の崩年干支を三一八年に設定した『古事記』の記述を根拠がないとする説にも出合ったりしますが、その先代の開化天皇の没年齢が『古事記』では六十三歳、先々代の孝元天皇の没年齢が五十七歳と、非常に自然な範囲かつ、古墳時代の始まりに孝元天皇の

治世がかかってきているというタイミングの重なりの良さも見せています。

　そして孝元と開化という天皇の間で一つのくくりとなるのが、孝元の死後に開化に嫁ぎ、その双方と子供を残しているイカガシコメという妃の存在です。神話を歴史に置き換える際、女性の出産適齢期も一つの強制的な縛りとして機能します。おそらく十三歳頃に嫁いで、孝元の別の妃、ウツノシコメとの間の子の開化にも嫁いでいるのですが、つまりその期間は長くても三十年程と考えられるのです。

　さらに、開化とその子の日子坐とは、ワニの姉妹の姉と妹とをそれぞれ娶っていて、各々が子供を残しているのですから、ワニの姉姫が開化に嫁いでから子供を残し、そこから十五年から二十年程の間に日子坐がワニの妹姫を娶ったことになります。崇神は開化とイカガシコメとの間の子供ですので、日子坐とは異母兄弟の関係に当たり、近しい年代の存在です。

　孝元が五十七歳で死んだ時、その妃とすぐに子作りが出来る程に開化は成人していた筈ですし、開化の母のウツノシコメの兄のウツノシコオの娘がイカガシコメとされていますので、崇神の生年は孝元の没年から最大でも二十年程度しか離れていないでしょう。

　神武＝ホホデミ＝開化とするなら、その父である孝元が、ホホデミ達の父であるニニギに該当します。国譲り後の天孫降臨の主役とされる人物です。そのニニギの降臨が二二〇年頃にあったと仮定した場合、そこから二十年後の二四〇年頃に五十七歳で死亡し、既に成人年齢（以上）を迎えていた開化が即位し、父の妃の一人であったイカガシコメを娶り、崇神が生まれ、成人・即位したのは、二六〇～二八〇年頃と推定できます。

孝元＝ニニギや、開化＝神武の年代を特定するのが何故大事かというと、それが彼の兄達である大彦や少彦の生年や活動年代を、延いては彼らと協力したと思われる大国主というスサノオの子孫の生年や活動年代と、国譲りや天孫降臨が行われた時期の特定にもつながるからです。そこで次は、国譲りという物語の実態について触れていきます。

ステップ4　大国主と国譲りの実態に迫る

大国主は、スサノオの子（紀）か六世の孫（記）とされていますが、スサノオの娘の一人のスセリ姫と結ばれたという話が残っていることからも、六世の孫というのは単純に有り得ません。

スサノオが、息子を連れて一七三年に出雲に渡ってきたというのであれば、一六〇年以前には遅くとも生まれていたことになります。

その姉に当たるアマテラス＝卑弥呼は、間にツクヨミ（月読）という弟がいましたので、そのさらに数年前には生まれていたことになります。後に卑弥呼の宗女とされる壱与が卑弥呼が即位したのと同年齢くらいの十三歳で即位したとされていますので、一五〇年頃に卑弥呼が生まれていた場合、その即位は一六〇年代半ば頃と推定されます（つまり倭国大乱はその前の十年くらいの間となります）。

大国主には多くの兄達がいて、その兄達とヤガミ姫の寵愛を競った話の件《くだり》が因幡の白（素）兎の逸話に残っており、そこにもワニが出てくるのですが、ここでのワニは海神、つまり国津神の系譜でなく、渡来の神々の系譜に連なる者を指します。

大国主が生まれたのがおよそ一八〇年頃、成人したのが二〇〇年頃、ヤガミ姫やスセリ姫を勝ち取って、スクナヒコナ＝少彦や大物主＝大彦と国造りを始めて終えたのは、さらにその後のお話となります。少彦や大彦は開化と同じ母から生まれた兄達なので、その年齢差は十〜二十年未満程と推測できます。

ニニギも皇孫、つまりアマテラスの孫世代に当たりますので、一五〇年頃に生まれた卑弥呼の二世代後であれば、一八〇〜二〇〇頃には生まれていたと考えられます。

少彦＝スクナヒコナと大彦＝大物主が、大国主に協力したのは、「倭」の移住に備えた国土の事前調査のためでした。大国主の国造りは、実際に何をしたのかほとんど触れられていません（一部の北陸地方の乱を鎮めたという逸話はともかくとして、但馬で新羅の王子アメノヒボコと領地を争ったというのは、新羅側の記録に一切残っていませんし年代が合いません）。

国譲りや天孫降臨に係わる登場人物達の生年代を簡単にまとめると次のようになります。

一五〇年代：卑弥呼＝アマテラス、月読、スサノオ

一六〇年代：五十猛（スサノオの子）

一八〇〜二〇〇年代：大国主、孝元＝ニニギなど

二〇〇〜二二〇年代：大彦＝大物主、少彦＝スクナヒコナ、開化＝ホホデミ＝神武

二二〇〜二四〇年代：日子坐、崇神

ここでは、大国主が生まれたのが一八〇〜一九〇年頃、彼が異母妹のスセリ姫を娶って出雲の覇権を握ったのが二〇〇〜二一〇年頃、少彦＝スクナヒコナや大彦＝大物主と国造りをしたのが、二一〇〜二二〇年頃と仮定します。

いわゆる国造りの実際の作業は、国土の計測作業です。その成果は特に『出雲国風土記』にのみ（継承されて）表面化していますが、「倭」全体の移住なのですから、より広範囲が対象だったことは言うまでもなく、各国風土記や逸文などに顕れる大国主とスクナヒコナの逸話がその姿を今に伝えています。具体的な手順や方法などは別途章を設けますが、殷の箕氏侯の末裔と接していたからこそ可能だったことは予め明記しておきます。

さらに、国土の地図作成は江戸期の伊能忠敬まで時代を下らないと作られていないのではないかというご指摘もあるでしょう。地図は現代においても、本来は重大な軍事機密です。Googleマップで北朝鮮の内側の地図も衛星写真も近年まで公開されていなかったのが好例です。「倭」の王族の中枢のみが利用するために情報を収集し、彼ら以外には一切情報を洩らさなかったので、ヤマト朝廷やそれ以降の権力者達には伝わらなかったのです。その精度や根拠などは追って詳細に触れていきます。

その国造り作業がどうして国譲りへと発展していったのか。

一つの手掛かりが、伊予国の風土記逸文の中に紹介されています。

「伊豫の國の風土記に曰はく、湯の郡。大穴持命《おほなもちのみこと》、見て悔い恥ぢて、宿奈比古那命《すくなひこなのみこと》を活かさまく欲《おもほ》して、大分《おほきだ》の速水の湯（別府温泉）を、下樋《したび》より持ち度り來て、宿奈比古那命を漬し浴《あみ》ししかば、蹔《しまし》が間《ほど》に活起《いきかへ》りまして、居然《おだひ》しく詠《ながめごと》して、「眞蹔《ましまし》、寝ねつるかも」と曰《の》りたまひて、踐《ふ》み健《たけ》びましし跡處、今も湯の中の石の上にあり。凡て、湯の貴く奇しき事は、神世の時のみにはあらず、今の世に疹痾《やまひ》に染める萬生《ひとびと》、病を除《い》やし、身を存《たも》つ要藥《くすり》と為せり」

大穴持命とは大国主の別名とされています。「見て悔い恥ぢて、宿奈比古那命を活かさまく欲して」とは、不慮の事故か故意かはわかりませんが、動かなくなってしまった状態のスクナヒコを「見て悔い恥ぢて」、つまりその状態に至るまでの過程に、何らかの形で大国主が関わっていたことを示唆しています。

また、「宿奈比古那命を活かさまく欲して」とは、死んでしまっている状態を指しています。温泉に浸けてたらまた動き出した（活起《いきかへ》りまして）という、温泉を神秘化するための逸話である可能性もありますが、スクナヒコナは国造りの作業の途中で常世の国へ去ってしまったことになっており、自然死ではなく死んだということを暗示していることと符合します。

開化の兄の少彦も、系譜が残されておらず、子供を残さずにおそらく若くして死んだことを示していますし、神武の四人兄弟の二番目の兄（稲飯命）も、やはり海で溺れて死んでおり、三番目の兄の三毛入野命に「我が母も叔母も二人とも海神なのに、どうして波を立てて溺れさすのか」と嘆かれたりしています。

そうして不審な死を遂げた弟の代わりに派遣されてきたのが、大物主であり、実在としては少彦の兄、大彦です。

大物主は、大国主の幸魂《さきみたま》であり奇魂《くしみたま》ともされ、つまり同一人物を指すとされていますが、SFでもない限り、一人が二人ということは有り得ません。大物主は海を渡ってやってきた、大国主とは別の人です。

大物主が大彦であるという点だけでなく、おそらくは少彦の死因をある程度突き止めた大彦＝大物主が、後に大国主としての立場も簒奪したのが、大国主＝大物主とされた経緯です。

かなり入り組んだ証明になりますので、順を追って説明していきます。

証明A：建御名方《タケミナカタ》と事代主は、両方とも出雲の神ではない。

↓つまり大国主の子ではなく、特にタケミナカタは大彦の子である可能性が高い。

証明B：『出雲国風土記』には国譲りの場面がほぼ一切登場しない。

↓国譲りは出雲では発生しなかったか、記紀とは全く違う形で行われたと推測される。

まず、証明AとB、両方に関わることですが、『出雲国風土記』には、タケミナカタも事代主も、その名前が一度も出てきませんし、各郡の神社を網羅した一覧の中にその片鱗を見つけることも出来ません（美保の郷では、ミホススミノミコトで事代主とは書いていません）。

また、七一六年に初めて奏上されたという『出雲国造神賀詞』の中で、大国主が自分の子孫に触れているような件《くだり》があるのですが、その中に事代主は出てくるものの、タケミナカタはやはり出てきません（出雲国造は、出雲国の祭祀を取り仕切る存在でもあり、この中で語られる国譲りの主役は、アメノホヒと、その子のアメノヒナトリ／ヒナテルで、記紀とはだいぶ食い違います）。

さらに、『出雲国風土記』の成立は七三三年であり、『日本書紀』の成立七二〇年より一〇年以上後なのですから、その記載を編纂者達が読んでいた可能性は低くないのですが、記紀双方と食い違う叙述を残しており、『出雲国造神賀詞』の内容もまた『出雲国風土記』には書かれていません。

そして、大国主に嫁いだとされる沼河姫・奴奈川姫《ヌナカワ》がタケミナカタの母ともされているのですが、大彦の子の一人に、武渟川別《タケヌナカワワケ》が存在します。

このヌナカワというのが、現在の糸魚川《いといがわ》市の姫川で、その流源地には、世界的に稀有な翡翠（硬玉）の産地があり、タケミナカタがタケミカヅチに負けて追われてもうそこから出てこないといった諏訪湖は、その川の源流の翡翠の産地のさらに先に位置しています。

縄文や弥生の頃から日本で出土する翡翠のほとんどを産出したと言われる重要な地のすぐ近くに、降伏したばかりの相手を封ずる筈もありません。山地の合間の入り口（諏訪湖）と出口（糸魚川の河口地域）を塞げば、翡翠を独占できるのですから。

当時の玉製品がどれだけ貴重な物とされたかは、中国皇帝が使う玉璽（伝国璽）という存在からも明らかですし、その材質のランキングは上から、玉・金・銀・銅とされていました。翡翠の産地は地球上で僅か数か所しかなく、中国にも一か所（敦煌近辺）しか存在しません。

タケミナカタの兄弟は事代主ということに一般的にはなっており、タケヌナカワの母の名は記紀に記載されていないのですが、タケヌナカワワケの母がヌナカワ姫だと考えるのは年代的系譜的にも無理がなく、タケミナカタの兄弟であると推定できます（逆に、事代主がタケヌナカワという根拠は皆無ですし、別系統の神と考えられます）。

大彦もタケヌナカワも、崇神治世下に四道将軍として活躍したり、出雲で騒動を起こした人物を誅したりしていますので、崇神と対立していた構図は見受けられません。大彦の娘のミマツ／ミマキヒメが崇神（ミマキイリヒコ）に嫁いで、次代天皇となる垂仁の母ともなっています。

これらの推論から導ける結論として、記紀に書かれたような国譲りは、おそらく発生しなかったのだと考えられます。日本の地で大きな地歩を獲得していた大彦とその子孫達が東（辺境）の守りとなり、出雲にはアメノホヒとその子ヒナトリ／ヒナテルが留まったと考えられます。

進出に伴って強硬に抵抗した者達は、経津主《フツヌシ》らが率いた兵によって平定されたと思われます。その際、降伏した大国主の子孫達が奈良の地に移封された可能性も『出雲国造神賀詞』に書かれていますが、まだ脆弱な現地行政府の所在地を、降伏した現地部族に取り囲ませる政策が実施されたとは考えにくいでしょう。

大国主が指示した三か所は、葛城：奈良盆地の南西、三輪：南東、飛鳥：南の要衝の地であり、それぞれ大阪や和歌山、三重（伊勢）、伊賀や山城などに通じており、どこの地点の要が裏切っても進出直後の現地政府の存続を危うくします。

大彦＝大物主やその子孫達が、出雲からさらに東の地へと積極的に進出していき、その後背地を丹波（丹後）、北陸と東海とを結ぶ中継地点として琵琶湖東岸の「三諸山」が選ばれたことなどは、初期ヤマト朝廷の成立過程と系譜の整理で改めて記しますが、その前に、国譲りと天孫降臨というイベントが実施された年代をさらに特定する丹という水銀朱の材料、辰砂の存在について触れておきます。

ステップ5　「倭」の朝貢品に「丹」が加えられたのは魏が登場してから

『魏志』倭人伝の中の記載の中には、遺体に朱を塗る風習があったこと（『以朱丹塗其身體』）、丹の山があること（『其山有丹』）や、献上物に丹が含まれていたこと（『鉛丹各五十斤』）などから、卑弥呼が「倭」の女王で魏に貢献した二三八年までには、日本国内の朱の産地（当時は奈良と阿波のみ：『日本民俗文化大系3』収載「水銀―民俗と製造技術市毛勲」）を押さえていたことになり、国譲りや天孫降臨として位置づけられるイベントがそれ以前に終わっていたと考える傍証になります。

前漢の地理志や『後漢書』の倭の貢物には丹が含まれていないことからも、一〇七年以降、二三八年までの間に、「倭」の日本進出が行われたと考えられます。

逆に、中国産の朱の利用が確認できるのも弥生後期の墳墓（出雲の西谷二号墳や丹後の大風呂南遺跡）で留まっており、同時代やそれ以降の墳墓や古墳からは、日本国内のみの朱か、少なくとも中国産朱のみを利用したと確認できる例は検出されていません。混ぜて使った可能性は指摘されていますが、これは複数の重要な点を示唆しています。

現在の通説では、各地の有力な地方の王達が、それぞれ個別に大陸や朝鮮半島と交易して先進的な文物（鉄や中国製鏡その他）を入手していたとされていますが、もしそうなら、全国でほぼ全く同一のタイミングで中国産の朱の利用が止まるわけもありません。これを翻して言うなら、同一主体が大陸や半島と日本との間の交易をコントロールしていない限り不可能な筈です。それはもちろん当時まだ成立していないヤマト朝廷などではなく、

「倭」以外には有り得ません。

弥生末期から古墳初期にかけては、割竹形木棺や舟形木棺と竪穴式石室の登場のタイミングも重なっています。北九州に「倭」の中心がなかったことは、北九州地域でのみ甕棺の利用が弥生末期まで続いていたことが挙げられます。もし北九州が日本国内の文化などの最先端で中心であったのなら、その流行は他地域に遅れて伝播していったでしょうが、実際にそれは起こっていません。

横穴式石室は四世紀後半頃に北九州にまず伝わって、五世紀から六世紀にかけて全国的に広まったことになっていますが、これは北九州に日本の中心があったわけではなく、日本にいなくて横穴式石室を築いていた人々がそれぞれのタイミングで北九州やその他の地域に移り住んできて、その時々で自分達の墓制を築いただけのお話です。主体が誰かと言えば、大陸や半島で「倭」やその隣人であった人々です。彼らの移住プロセスについては、古代天皇系譜の整理の中でまた触れます。

ステップ6

出雲大社が遥拝している東の方角の先にあるものの意味

日本神話や歴史に詳しい人でなくても、出雲大社や、そこに祀られている大国主の名前は聞いたことがある人は少なくないと思います。しかし明治時代になるまで、出雲大社が杵築大社と呼ばれていたことはあまり知られていませんし、本殿の中の大国主を祀る内殿が、東へ遥拝する構造になっていることはほとんど知られていません。

出雲大社の伝承の中では、アマテラスを特に遥拝することになっていませんし、本殿内部の客座五神（天之常立神、宇麻志阿斯訶備比古遅神、神産巣立日神、高御産巣立日神、天之御中主神）の中にも含まれていませし、境外社（下宮）という非常に低い扱いをされています。

建物の配置上からすると、本殿の背後にある出雲神社（素鵞社《そがのやしろ》。父あるいは祖先のスサノオを祀る）を拝しているような構造なのですが、本殿の内部で拝む方角を変えているのです。

本殿の東隣りにあるのは、正妻ともされているスセリ姫の御向社なのですが、国譲りが虚構の出来事であることを示唆する象徴の一つです。また、後に全く別の場所でやはり、

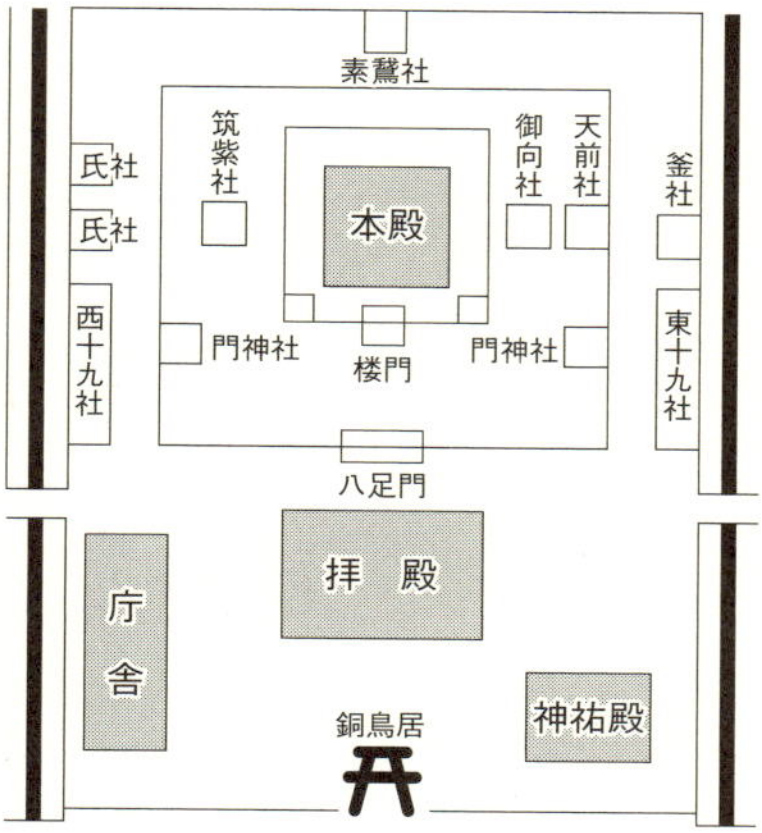

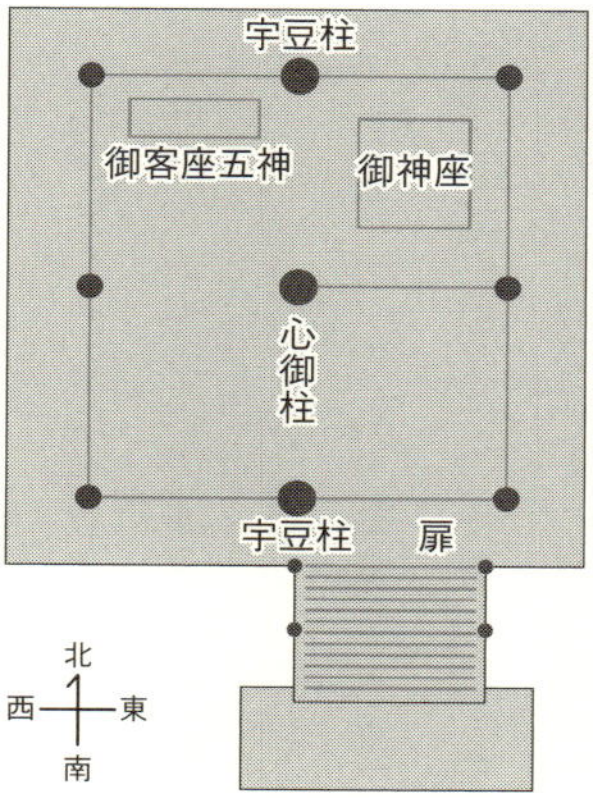

言い伝えられているのと全く別の方角を遥拝する施設をご紹介する際にも、この出雲大社の例は重要になります。

出雲の真東の方角には、松江市南部の意宇郡（出雲国造もいた国庁跡もある古墳の集中する地域、現在は八束郡）や、その先の米子市の東にある日吉津《ひえづ》村の周辺にある青木遺跡、副市遺跡、妻木晩田遺跡（吉野ヶ里遺跡の五倍の面積を持つ弥生中・後期から古墳初期の大遺跡）などもありますが、大彦＝大物主が大国主という存在を乗っ取ったという過程において、丹波（丹後）が、出雲大社が実際には東を拝する主要因です。

現在までの歴史教育において、丹波は全くと言って良い程に重視されていませんが、古代天皇系譜の整理過程においても、丹波とそこに関わる人々の存在は最重要レベルにあると言えます。

加えて、古代系譜に連なる名前の命名規則のような物を解説するにも打ってつけの好例が揃っています。特に大国主の子として有名な、アジスキタカヒコネとタカヒメ＝下照姫という二人と、大国主と大彦と少彦と丹波の絡みを次に解説していきます。

ステップ7　アジスキタカヒコネ・竹野姫兄妹の名前の由来から解ける謎

アジスキタカヒコネの名前の由来は、味＝アジが切れ味の良い、鋤＝スキで、鍛冶と農耕の神という解説がされているのを良く見かけますが、タカヒコ（ネ）の部分は尊称だろうくらいにしか解説されず、タカヒメがなぜ下照姫と呼称されるかについても不明です。

名前は、人物を特定するために付けられます。その基本の一つが、どこの、誰か、ということであり、学校内であれば何年何組の○○さんとか、有名人でもアメリカ大統領のオバマやトランプとか、現代でも通じる規則性です。

まず記紀を通して言えるのは、兄弟姉妹に関しては、同じ命名規則が適用されることが多いという普遍性です。奥津姫や奥津彦、袁祁津彦や袁祁津姫といった具合にですが、どこで生まれ育った者かという解説にも、これが適用される場合があります。それが、アジスキであり、タカヒコやタカヒメであり、二人ともアジスキタカまでは共通項で、ヒコとヒメは性別で異なります。

アジは丹波の大縣主の拠点であった湯江《アジエ》から、周枳（スキ／シキ）は京丹後市にある大宮賣神社のある地名から取られた地名姓で、タカは当地を流れる竹野川《たかのがわ》から取られたものです。それぞれ全て、母親である奥津姫（つまり大宮賣）や、父親である大彦＝大物主＝大国主の伝承や考古学的出遺物などにも裏付けられています。

『播磨国風土記』には、お産を控えた奥津姫が網野という地名の近くで産み月を迎えてしまったという逸話が残っています。そして先述の大宮賣神社のすぐ北西には網野町があり、そこから大宮賣神社の方角へ向かう途中に生王部神社という創建の由緒不明な神社が存在し、その僅か二百メートルほど東には、弥生終末期の赤坂今井墳丘墓が存在しています。

大宮賣神社のある周枳はそこから道沿いに八キロ程南東に位置しており、その境内からも弥生時代の遺物が発見されています。竹野川はその両地区を結ぶ道沿いを流れています。大宮賣神社は、籠神社の元の眞名井神社の真西の方角にあり、直線距離にして九キロ程、中国朱の利用が認められる大風呂南遺跡からは北西に五キロ、丹波の古墳が集中する加悦《かや》町の湯江からはほぼ北に十キロと、極めて近距離内に位置します。

湯江の東には大虫神社があり、ここの創建伝承には、大彦＝大国主も、少彦＝スクナヒコも、ヌナカワヒメも登場します。

「かつては温江字小森谷の小虫神社とともに大江山中腹の池ケ成《いけがなる》という地に鎮座し、『虫《むしの》宮《みや》』と呼ばれていた。往昔大己貴命が沼河姫と当地に居住している時、槌鬼という悪鬼が現れ、その毒気に当てられた姫が病気に罹り大己貴命が嘆いていると、小虫神社の祭神である少名彦命が八色の息を吐きかけて槌鬼を追い出して姫は回復したが、今度はその息のために人や動植物が虫病に苦しむようになったため、少名彦命は「小虫」と名乗ってそれぞれの体内から害源である悪虫を除くことを、大己貴命は「大虫」を名乗って体外から病を治すことを誓い合い、鏡を二面作ってそれぞれ分け持ったことから、「大虫」「小虫」の神として崇められるようになったという」（Wikipedia。この二面の鏡が籠神社に伝わる物の由来なのかも知れませんし、大田南古墳群から出土したものかも知れません。次頁参照）

ここで特に重要なのは、大国主（大己貴命）が丹波の湯江に妃（達）といたということであり、それが直接的に開化天皇やその子の日子坐の系譜と結びついている点です。

開化天皇は、丹波の大縣主の由碁理《ユゴリ》の娘、竹野姫を娶って、比古由牟須美《ヒコユムスミ》をもうけてい

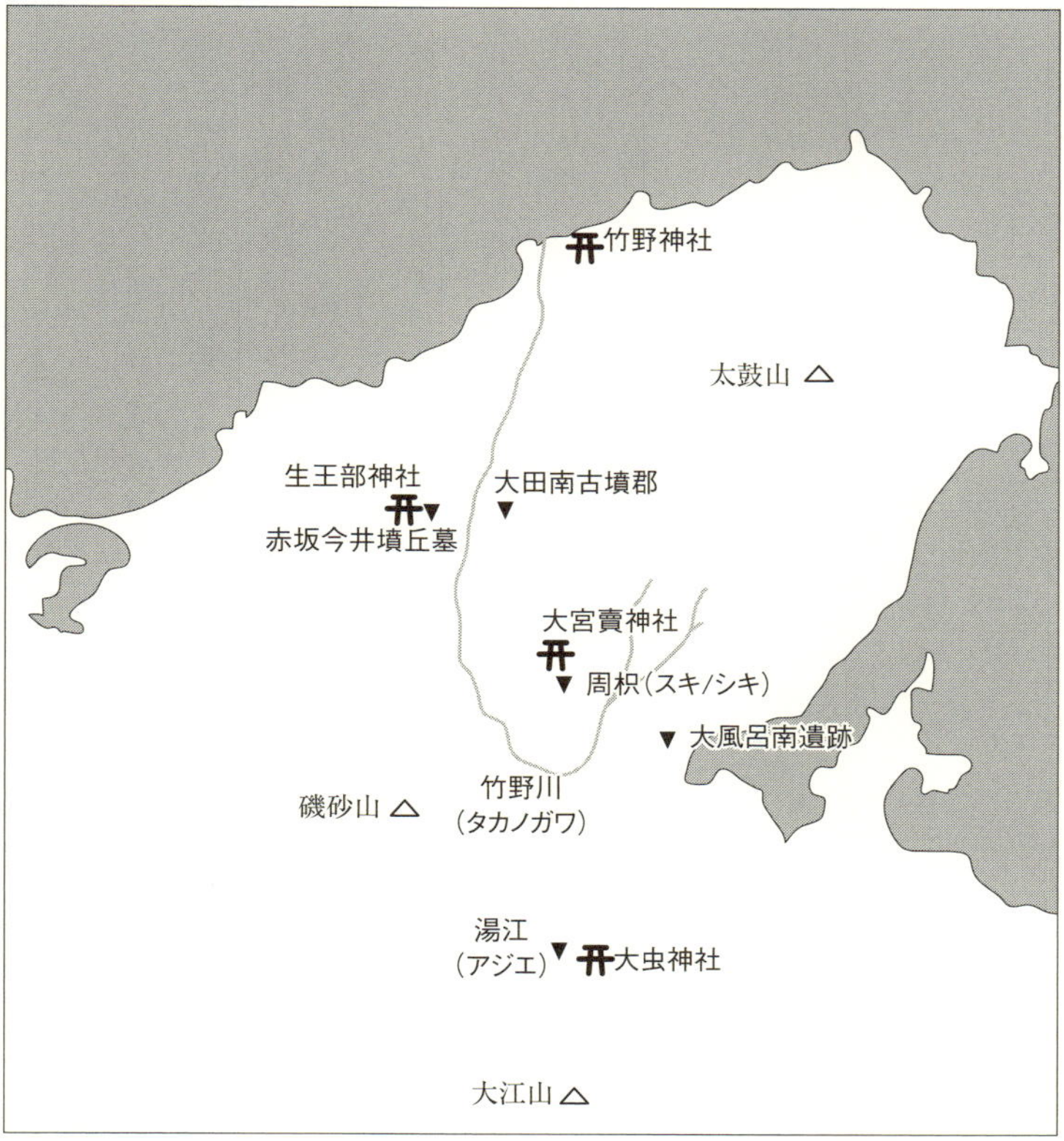

大田南２号墳からは中国後漢時代（２世紀後半）に華南地方で製作されたと考えられる鏡が出土。鈕に龍の文様をもつ。同様の鏡は、中国・朝鮮半島で出土例が知られている以外は国内で初めての出土。大田南５号墳からは、紀年銘鏡としては、日本最古となる方格規矩四神鏡が出土。銅鏡の銘文中に刻まれた年号は、中国・魏の年号「青龍三年」（235年）。

ます。このユ・由は湯で、ゴリは凝りあるいは郡です。湯江は温泉郷でもありますから、ユムスミは、湯産霊と解釈できます。つまり、丹波の湯郡（ユゴリ／ユゴオリ）＝湯江《アジエ》であり、六百を越す古墳が集中する地域の主、大縣主だったからこそ、大国主と呼ばれたのです。大虫にヌナカワヒメが滞在していたのであれば、そこから十キロほど離れた周枳に奥津姫は滞在していたのでしょう。大宮賣神社に祀られている大宮賣（女）が奥津姫、若宮賣が娘のタカヒメ＝竹野姫ということになります。

竹野川の河口付近には竹野神社があり、竹野姫が年老いた後にアマテラスを祀るために創建したと伝えられています。その二百メートル西南には日本海側で最大級の前方後円墳の神明山古墳も存在します（古墳は五世紀の築造と見られているので、子孫の物と思われます）。

大国主の娘であるタカヒメ（竹野姫＝下照姫）が、父の大国主ではなく、アマテラスを祀る神社を建てたというのも象徴的です。下照姫は大国主の娘とされていますが、彼女の名もまた『出雲国風土記』に一切現れません。兄とされるアジスキタカヒコネは出てくるのと対照的です。下照姫の夫は、国譲りの中に出てくる天若日子《アメノワカヒコ》で、彼は下照姫を娶って八年も復命しなかったために結果暗殺されて終わったことになっています。開化天皇に関してそのような逸話は残っていませんが、彼の又の名は、ワカヤマトネコヒコオオビビでした（父の孝元がオオヤマトネコヒコクニクル）。また、日本に着任し倭に八年も復命しなかったというアメノワカヒコの在所について、「天若日子の門《かど》なる湯津楓」と『古事記』に言及があります。この湯津は前述の湯江《アジエ》と同一地域を指すでしょう。

アジスキタカヒコネとアメノワカヒコは仲が良く、非常にそっくりで肉親が見間違える程と記紀に書かれていることからも、二人の年が近く、非常に近い血縁関係であったことを示唆しています。開化＝ワカヒコとした場合、アジスキタカヒコネが大彦の子ならば、伯父と甥の関係になります。記紀の系譜そのまま通りだとすると二人の間はもっとずっと離れた関係になります。

アジスキタカヒコネはアメノミカジヒメと結婚して、タキツヒコを設けたとされていますが、丹波湯江の南方五十キロの地点にある篠山市はかつての多紀郡所在地であり、四十八滝という名所も存在します。丹波地方有数の大きさを持つ五世紀前半の丹波の雲部車塚古墳も篠山市には存在するのですが、四十八滝の東約十二キロの地点には、園部黒田古墳という三世紀初頭から前半に造られた古墳が存在し、龍鳳文鏡という後漢の鏡も副葬されていました。多紀郡は大阪方面から、園部は京都方面から丹波（丹後）地方へと向かう中間地点にあります。

古い遺跡や古墳が発見されると、脊髄反射的に「すわヤマト朝廷との結びつきが」とか言い出す向きが多いのですが、それは視点の置き方が誤っています。奈良に「倭」の現地行政府庁が設置されたのは、三世紀の纏向遺跡以降のことで、それまでは単なる田舎、地方の一つでした。東京という現在の首都もかつては単なる地方だったのと同じことです。「倭」の中枢が置かれていたのは、大陸であり半島方面だったのですから、そこからより遠い地点がより田舎だったことは言うまでもなく、奈良と丹波のどちらが近いかと言えば、明らかに丹波でした。

丹波は多くの皇妃を輩出した地域でもあり、奈良の政争から皇族が身を隠したと伝えられる地域でもあり（オケ・ヲケ王子兄弟や、倭彦王など）、「倭」が出雲付近から東へと伸ばした足がかりの地でもありました。

ここからさらに、「倭」の先鋒である大彦＝大物主や、日子坐達は、滋賀の琵琶湖の東岸や西岸近辺にまで進出し、そこを「倭」の東の境、青垣と定めます。これは天智天皇の頃まで変わらず、大「倭」国の東の関はいずれも、琵琶湖東岸（東北、東、南東）の地に置かれていることからも、本当の「倭」の中心がどこにあったのか、守るべき中枢がどこに移されたのかを窺い知ることが出来ます。それは関の置き方からも、奈良ではありませんでした。景行天皇の末期や成務天皇の頃に志賀高穴穂宮、天智天皇の近江大津宮などが琵琶湖西岸の地に設けられたのも、大物主が「三諸山」に居を構えたのも、その子らが加茂君や大三輪君やヒメタタライスズヒメなどとされたのも、全てが系譜の整理につながってきます。

ステップ8　奥津姫の子孫の兄妹達は、ワニの袁祁都兄妹達であり、玉依兄妹達

なぜ大彦や大物主や大国主の系譜の圧縮に拘るかと言うと、そこに一番大きくて重要な鍵が隠されているからです。神武＝ホホデミ＝開化であり、開化とその子の日子坐の妻がワニの姉妹、オキツ／オケツヒメとその妹であることは先述しましたが、その兄のオケツヒコがアジスキタカヒコネであり、妹の一人オケツヒメ（開化に嫁いだ方）がタカヒメ＝竹野姫です。加茂神社の由緒や『山城国風土記』逸文などでは、玉依日子と玉依姫の兄妹として、姉の玉依姫は「豊玉姫」として説明されています（父は加茂建角身、母は丹波の神伊加古夜姫）。

まず、記紀の系譜の中で、開化に嫁いだ丹波の竹野姫の子がヒコユムスミ、ワニ姉姫の子がヒコイマスとされ、そのそれぞれの子が、オオツツキタリネ王、山代のオオツツキマワカ王とされていますが、このツツキとは現在の山城（京都府）の綴喜郡を指す、同一の地名姓なのです。

タカは普通「高」と解釈されるのに、なぜ下照と名付けられたのか、それは姉妹の姉が高照、妹が下照とされたからでしょう。そしてなぜ姉姫が豊玉姫とも称されたかと言えば、それはやはり地名姓です。

大虫神社が拝する方角は、南東約一〇九度程ですが、その先にあるのが、琵琶湖東岸の豊郷近辺にある神郷亀塚古墳で、やはり三世紀前半の築造とされています。そのすぐ近くには乎加《オカ》神社があり、その祭神は豊遠迦／豊岡／豊受姫で、ウケは食べ物のことを指していると言われています。敦賀市の祭神の気比《ケヒ》大神は、笥飯《ケヒ》、つまり神に供える御食《ミケ》の神でもあり、豊受姫は伊勢神宮の外宮に祀られている程の神でもあります。

豊玉姫とは、御食／御笥《オケ》の神（の一族）であり、豊《とよ》郷の乎加《オカ》／遠迦《ウカ》の玉依、おそらくは占いを司る者だったためについた名前かと思われます。

そして次に、もう一人の玉依姫である、イロトオケツ姫が、系譜の中で水依姫とされている存在であることの証明から、大物主＝天之御影を証明し、伝承されている三諸山が、奈良の三輪山ではなく、琵琶湖東岸の三上山であること、天孫降臨の地「高天原」が琵琶湖西岸の比枝山であることなどを証明していきます。

ステップ9　日子坐＝丹波道主から、天之御影＝大物主、三上山＝三諸山を導き出す

崇神の時代に、各地方の平定のために遣わされた将軍の中で、丹波地方に派遣されたのが、日子坐（記）であり、丹波道主（紀）です。丹波道主王は、『古事記』の系譜によると、「近つ淡海の御上《みかみ》の祀《はふり》がもち拝く、天之御影神の女、息長水依比賣を娶して生める子は、丹波比古多多須美知能宇斯《たにはのひこたたすみちのうし》王」、その他となっています。

つまり、日子坐＝丹波道主王なのであれば、天之御影の娘、息長水依姫が嫁いだ相手も、丹波道主ではなく日子坐となり、水依姫は玉依姫姉妹の妹の、水依姫となり、彼ら兄姉妹達の父の天之御影は、大物主＝大彦＝大国主ともなります。

『古事記』には、日子坐に嫁いだイロトオケツ姫の系譜は、水依姫も別途書かれていますので、単なる当て込み以上の根拠として、大物主自身の言葉を提示します。

「『吾をば倭の青垣の東の山の上に拝き奉れ』と答へ言りたまひき。こは三諸山の上に坐す神なり」（『古事記』）

『日本書紀』でも同様の記述に続けて、大三輪や加茂／賀茂／鴨君や姫蹈鞴五十鈴姫の祖が彼であり、姫蹈鞴五十鈴姫は先述の通り神武の妃であると書いてあります。つまり、ワニの姉姫＝豊玉姫であり、オケツ姫であり、開化に嫁いだ竹野姫です（記紀には姉妹の記載なし）。

「吾欲住於日本國之三諸山。故即営宮彼處、使就而居。此大三輪之神也。此神之子。即甘茂君等。大三輪君等。又姫蹈鞴五十鈴姫命。又曰。事代主神、化為八尋熊鰐。通三嶋溝橛姫。或云、玉櫛姫。而生児姫蹈鞴五十鈴姫命。是為神日本磐余彦火火出見天皇之后也」（『日本書紀』）

加茂／賀茂／鴨君ともされるカモが何に由来するのか、古より論争が続いてきましたが、アジスキタカヒコネと天之御影と結びつけることによって初めて理解可能となります。

アジスキタカヒコネは、別名、迦毛大御神とされています。通説では、『出雲国造神賀詞』による記述と奈良葛城の高鴨神社の祭神として、カモと迷いなく呼ばれて（読まれて）いますが、カモという言葉が何に由来するのか不明のままですし、記紀には鳥としての鴨が神聖視されて登場する場面は一切ありません。

唯一の例外として、『山城国風土記』逸文や、『秦氏本系帳』に登場する賀茂建角身を、神武東征を案内した八咫烏であるとして、賀茂／加茂／鴨と彼を強引に結び付けようとしていますが、誤りです。

「迦毛」は、カゲと読むからです。カゲは当然、影を意味します。カモとされたのは、隠語であり、本来の読みを隠されたからです。迦毛をカゲと読んで初めて、アジスキタカヒコネと賀茂建角身、さらには天之御影と大物主とがつながるのです。

賀茂建角身は丹波の神伊加古夜姫を娶り、玉依比古と玉依比女が生まれたことになっています。玉依兄妹が誰に該当するかはもう繰り返しませんが、つまり、賀茂建角身はアジスキタカヒコネの父である大物主であり天之御影で、神伊加古夜姫は奥津姫です。なぜ丹波なのかは既に述べた通り、彼女の嫁ぎ先が丹波だったからです。

アジスキタカヒコネの剣がなぜ大量《おおはかり》や、神度《かむど》の剣と呼ばれたのか、それは彼らの測量手段などに使う道具などに由来していると思われます。

カゲ＝影は、彼ら「倭」の座標計測手法の中でも最重要に位置づけられる程重要な存在です。その詳細については別章にて詳細にご紹介しますが、記紀の中において、神々の単位は常に、「柱《はしら》」で数えられました。柱が何故重要なのかは、そこに日の光を当てた時に出来る影の長さや方向などで、彼らが各地の緯度経度などを計測していたからです。

カモとカゲの結び付けが強引な付会だとか、三輪山は絶対に奈良でしか有り得ない。だから大物主と琵琶湖東岸の三上山の結び付けも系譜の圧縮も全て出鱈目という指摘は間違いなく来るでしょう。

しかしカモタケツヌミやカモタマヨリの最も中心的な神社である上下カモ神社には、それぞれ御影山・御蔭山とのつながりが示唆されています。

「『名所都鳥』にも、『ある説に賀茂の明神はじめて、此処にあらはれ給う。さるによって御生所《みあれ》の山とも、御影山《みかげ》とも、いふなりと、又賀茂山ともいふと也』とある」

「『小右記』寛仁二年（一〇一八）十一月二十五日条には、（中略）皇御神初天二降‐給小野郷大原御蔭山一也云々（後略）」

（『日本の神々5　神社と聖地　山城・近江』谷川健一編　p.28とp.34より）

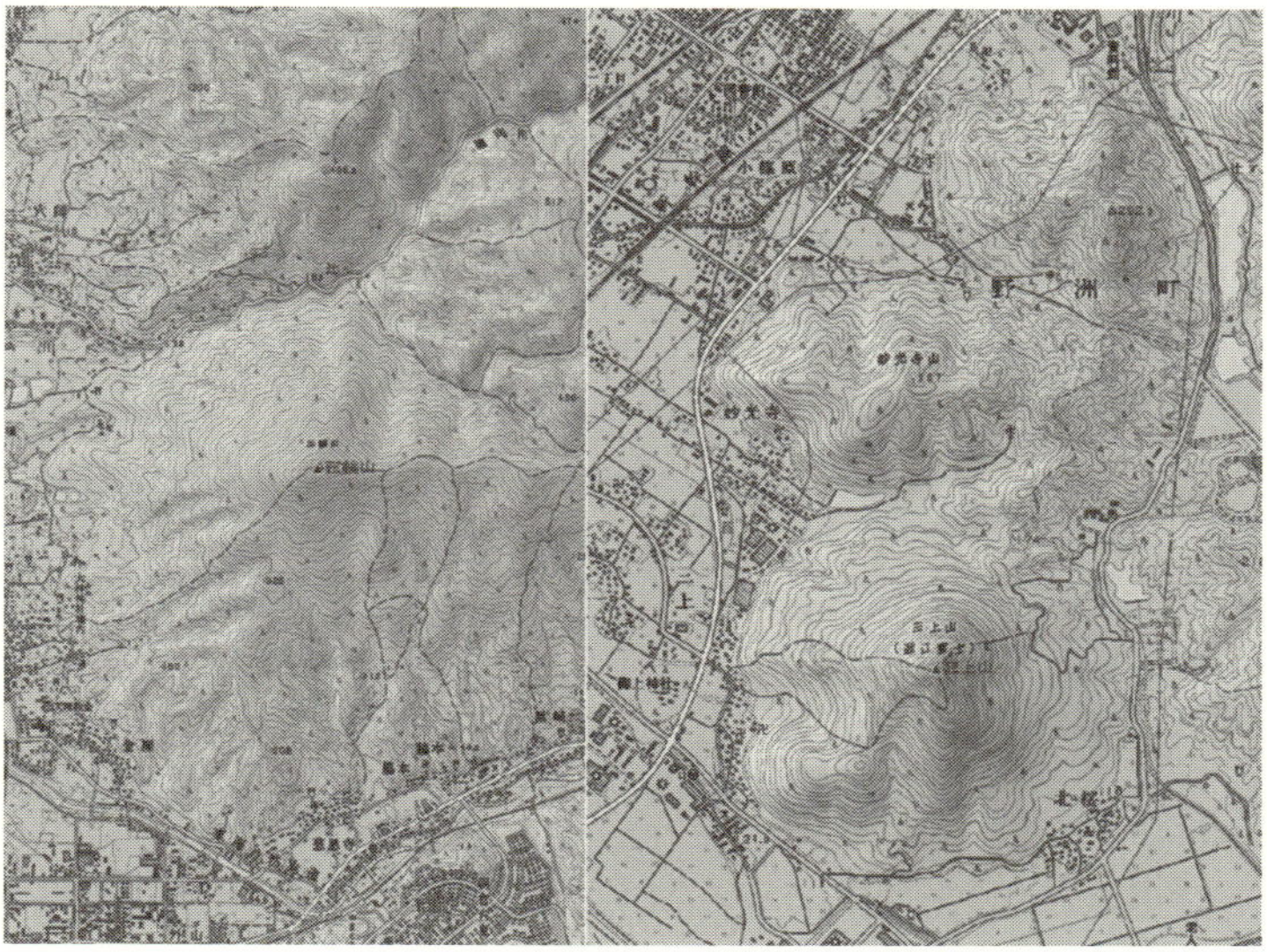

カシミール3Dにて作成（http://www.kashimir3d.com）

御影・御蔭《みかげ》と賀茂を両立させる読みは「かげ」しかありません。御蔭は貴族の頭の飾りの関連で云々という御託や、葵を取りに行った時の云々という指摘が取るに足らないものなのは、後の緯度経度の観測の部分で詳述しますが、なぜ奈良の地で三輪山が「三諸山」の代役として選ばれたのか、下カモの祭神が本来カモタケツヌミでなく大山咋＝日枝山だった可能性も前出の引用元の中で指摘されていることも踏まえて、上の二つの等高線を比較して下さい。

「三諸」とは、三つの峰、高い場所を持つ山だから、「三諸」山なのです。

どちらが三諸なのか一目瞭然です。三輪山は円錐形の山に過ぎません。二上山がかつてなぜ二上山と呼ばれ、三上山がなぜ三上山と呼ばれるのか、それは物理的形状に由来します。単なる地形の差だけではないことは、日本最大の銅鐸の出土地であることも傍証に挙げておきます。そして大比叡から三上山（三諸山）を眺望することで倭の青垣＝琵琶湖が眺望できます。倭という国の代表的な関がどこに設けられてきたか？　奈良周辺ではなく滋賀周辺なのも歴史的事実です。

そして降臨した神々（人々）は、決定的な鍵を言います。

「此地は韓國に向ひ、笠沙の御前を眞来通りて、朝日の直刺す國、夕日の日照る國なり」

「向韓國　眞来通笠沙之御前而　朝日之直刺國　夕日之日照國」（『古事記』）

笠沙とは、笠の沙＝渚の砂という意味で、現在の琵琶湖畔では、南草津駅付近の南笠町に、「笠佐」という名を留めていますが、左下の地図をご覧頂ければわかる通り、「笠」の字を冠した地名が多い場所です。

この渚というのも重要な点で、『日本書紀』にはこうあります。

「自槵日二上天浮橋　立於浮渚在平処」

カシミール3Dにて作成（http://www.kashimir3d.com）

カシミール3Dにて作成（http://www.kashimir3d.com）

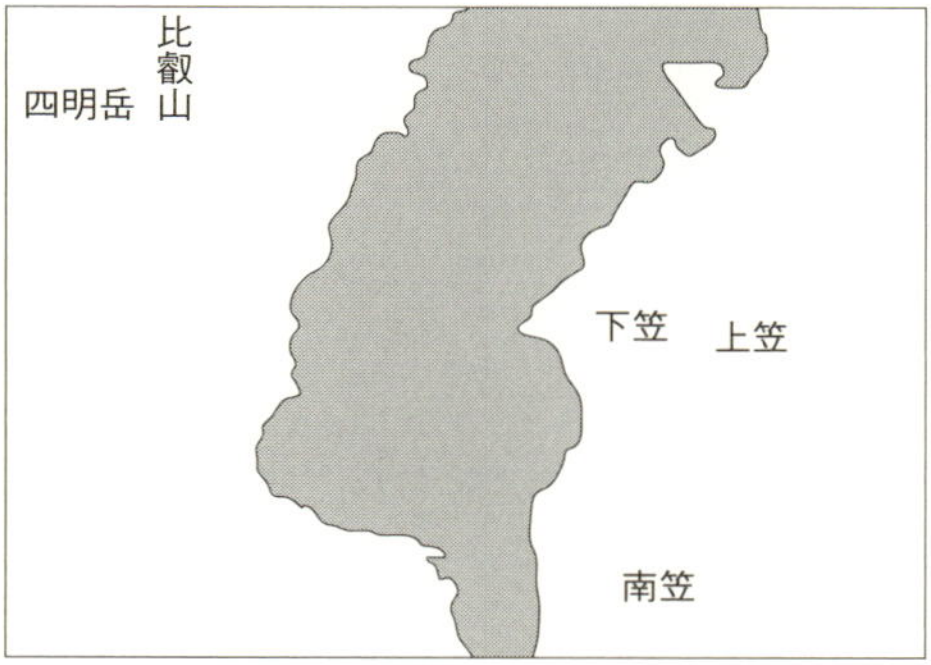

笠沙は、比叡山から見てやや南寄りにありますので、笠沙の（手）前を通って朝日がさすことになります

難解な文とされていて、訳もばらけてることが多いのですが、渚は、波打ち際です。つまり、どうがんばっても、渚を持たない奈良盆地や高千穂峰などの内陸地は該当しません。「韓国に向ひ」「笠沙の御前を眞来通りて」「朝日の直刺す国」なのですから、当時の韓国が朝鮮半島から遼東半島になったことを念頭に置くなら、日向の高千穂つながりで宮崎から鹿児島付近の東から朝日が射せば、それは絶対に中国本土の方に向いてしまい、「韓国」には向かいません。

三輪山が三諸山の代役に選ばれたのは、三輪山が比枝山の真南に位置しているからです。下カモ神社の御蔭祭に関わる御蔭神社がある御蔭山は比叡山の西側の峰の一つですが、ほぼ同一経度という点が重要です（元あった位置から多少ずれていても同程度）。

『播磨国風土記』の中にある父親を知らない子供と酒席と天目一命（天目一箇神）を巡るエピソードはカモ神社のそれと類似しており、三上山（三諸山）麓にある御上神社の祭神天之御影とも目されていることにも触れておきます（『御上神社沿革考：近江国野洲郡三上村鎮座』大谷治作編／出版 太田治左衛門）。

カゲや座標計測の重要性については別章で詳しく触れますので、どうしても三輪山が三

諸山だと言い張りたい方々のために、例えば三輪山の近くには纏向遺跡があるが三上山にはどうなんだと言う意見に対して、さらに傍証を積み重ねておきます。
三諸山＝三上山のすぐ傍の守山市では、弥生時代後期の一世紀末から発達し二世紀末頃に衰退したと言われる伊勢遺跡があるのですが、三〇ヘクタールという面積や東西南北方向に沿った大型建物や楼観、方形区画だけでなく五角形や六角形の住居跡、楼観を中心に直径二二〇メートルの円周上に、桁行五間（四・五メートル×九メートル）の建物をそれぞれ一八・四メートル間隔で並べていることから、数百メートル単位で正確に距離や角

度を測れる技術を持っていたと推測され、国内の他の弥生遺跡には例が見られません。

また、二〇〇三年二月に発見された建物は、一辺が一三・六メートル×一三・八メートル、床面積が約一八七平方メートルに及ぶ国内最大級の規模の大型竪穴式建物で、床面から出土した土器から弥生時代後期後半の住居跡と推定されていますが、住居を造るのに先立ち、深さ八〇センチ以上掘り込み、次に厚さ約二五センチの粘土を床面に貼り、その上面を焼いて整え、さらに約八センチの精良な粘土を貼り高温で焼いて固めています。こうした床を焼床《やきどこ》といい、従来にはなかった建築工法です。

一方、壁際には四〇センチ×三〇センチ、厚さ約八センチのレンガと思われる建築部材が少なくとも五個以上見つかっています。日本で出土した焼成の最古のレンガは白鳳時代の七世紀後半とされてきましたが、その歴史が五百年もさかのぼることになります。

なぜ、琵琶湖東岸の三上山の一地域にのみ、こんな技術が伝来していたのでしょうか？

言うまでもなく、焼きレンガの技術は中国から渡来した物です。日干しでなく焼成するレンガ、磚《せん》は周の時代（紀元前八〇〇年頃）から開発され、漢代に発展、建材として、城壁・墓室などにも用いられました。倭人達が中国沿岸部を転々と移住した先でももちろん使われていましたが、中でも注目すべき事例があります。

中国安徽省亳州市所在の曹氏宗族墓群の中の「元宝坑村一号墓」から、「有倭人以時盟不」（『倭人有り。時を以て盟する事あるや否や』）という一文を持つ字磚が出土しているのです。築造年代から曹胤《そういん》の墓と言われ、築造年代は後漢の建寧年間（一六八～一七二年）とされ、「建寧三年四月」と書かれていたものもあり、これは一七〇年に該当します。

三国志の魏を建国する曹操の一族の根拠地の墓地から出土していることは着目に値します。一七〇年は曹操がまだ一五歳で出仕していない（二十歳から）頃であり、夏侯氏の出の父、曹嵩が、後漢の宦官で権勢を振るった大長秋・曹騰に養子入りし、賄賂を贈って太尉になったのが一八八年。曹操が黄巾の乱で功を立てたのは一八四年ですから、一七〇年頃にはまだ国の中枢で台頭し始めるより前か、かなり初期と言えます。その頃の夏侯嬰の子孫達（おそらくは汝陰侯としての領地に留まっていた人々）が、当時中国にいた倭人達と同盟を組むかどうか、その墳墓の字磚に書き遺している意味は小さくありません。少なくとも一定の兵数と財を動かせる立場にいる倭人勢力が、彼らと協力関係を結べる程近くに存在していたことを窺わせるからです。

さらに一七〇年というのは守山市の伊勢遺跡が存続していた時代でもあり、奈良東大寺山古墳に納められていた金銘文の「中平」（一八四～一八九年）という年号の曹操が活躍し始めた頃から一世代程しか離れていません。その両者を繋ぐのはやはりワジ／ワニです。

守山市の名の由来は定かでないとされていますが、守山とは文字通り山を守る、です。対象の山としては、後に日枝山＝比叡山も含まれますが、琵琶湖西岸の比良山です。

比良とは、比羅、つまり比の民の国を意味するからです。比の民の男性だから、比子／比古＝彦と呼ばれ、比の民の女性だから比女／比賣＝姫と呼ばれ、比の民の巫女《みこ》だから比巫女＝卑弥呼なのです。卑の字は、比／毘の字を貶めたものでしょう。中国語の発音的にはヒミコとは読まずピミフと読むそうなので、その場合、弥は彌、呼は巫《フウ》、比の弓（軍権）と爾（璽、国の象徴、権威）を持つ巫（占いを司る者）の意かも知れません。

　そして比良山の山麓には、「大物」という地名が存在します。大物主とはつまり、大物の主、この比良山のすぐ南には、和邇氏縁《ゆかり》の和邇やその氏族の小野氏の地や和邇大塚山古墳を始めとする曼陀羅山古墳群があり、そのさらに先が天智天皇が大津京を開いたとされる大津の

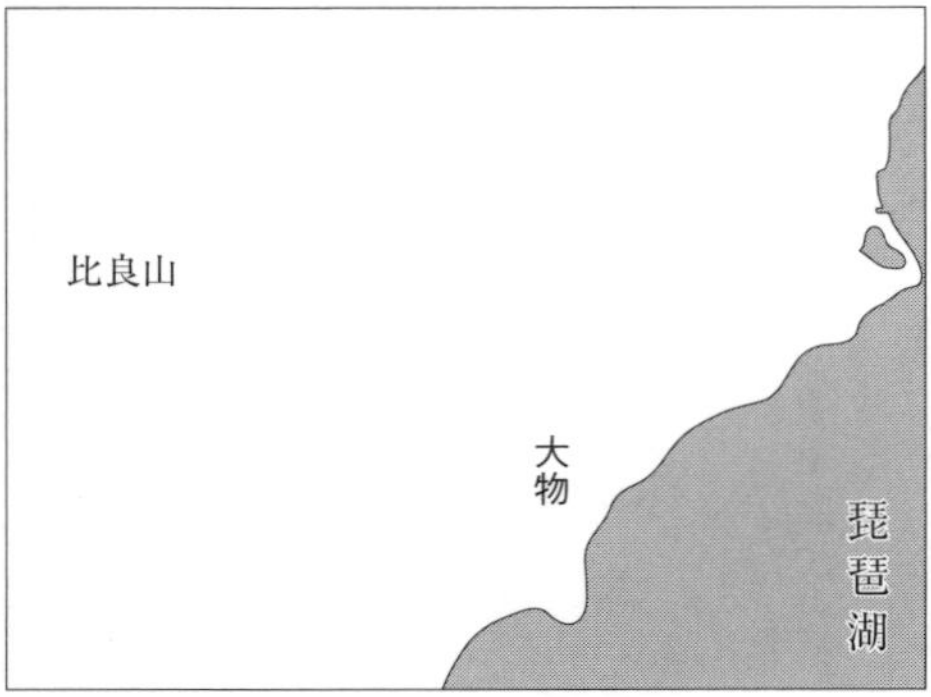

中心部があります。比良山の背後の西側には日野＝比野、葛川＝桂川が北上し安曇川となり、北側には鴨川が安曇《あど》川町に流れ込み、宿鴨や出鴨という地名や鴨稲荷山古墳といった、大物主＝賀茂建角身ゆかりの地名などが遺されています。

また、この安曇川町は、後の継体天皇ゆかりの地でもあります。安曇のアドの曇の字は本来の読みならクモやズミと読む方が一般的で、その場合、安クモ＝ヤクモ＝八雲、安ズミ＝墨→住＝安住の地、安曇川のアドとはだから安住の地を指し、安土《あづち》（アドとも読める）ももしかしたら同じ意味・願いで付けられた名前かも知れません。

この比良山沿いには、年代不明の鉄滓・鉄鋼石・木炭・炉壁体などの製鉄跡（オクビ山遺跡、後山・畦倉遺跡、金刀比羅神社遺跡他）を持つ遺跡が数多く見つかっています。丹後も鉄滓（たたら製鉄で、砂鉄と木炭を炉にいれて燃焼し、砂鉄を還元して鉄を製造する際に排出される不純物）の発見量では全国有数の地なのですが、一般的には六世紀後半頃に吉備（温羅）で製鉄は始まったと理解されていました。守山市の焼床や焼成レンガなどの技術と同じく、周囲より数百年早く技術が伝えられていた可能性を指摘しておきます。

なぜこの地だけが特別なのか。それは地名にやはり残されています。大物の地、現在の大津市の北の部分は、志賀町であり、それ以前は近江国の滋賀郡でした。つまり、志賀＝

滋賀であり、シ／ジは、和邇の邇＝爾／璽、あるいは倭箕の箕や姫などが当てはまるのかも知れません。邇賀、箕賀、姫賀など。そして志賀といえば、「漢委奴国王」の金印が発見された島の名前でもありますし、その地の近く、北九州でも最も古くから栄えた現在の博多駅周辺にもやはり「比恵」という地名が残っています（比恵＝比江、おそらくは比の江の意）。

また、滋賀／志賀（シガ）という地名は、比羅《ヒラ》や比賀《ヒガ》が訛ったか隠語で暗喩されたものとも考えられます。

大物＝比羅山の琵琶湖西岸は、琵琶湖と山際に挟まれた耕作面積の狭い地であり、大規模な居住地には不向きなため、他の地へと展開していったと思われます。

さらに、崇神天皇やその前後の皇族、さらにオケツヒコやオケツヒメなどの実在性についても疑義は当然差し挟まれる余地はありますが、記紀の記述とワニ氏族と地名姓の絡みからその実現性について捕足しておきます。

3 崇神紀の四道将軍とワニとの関連と文字と琵琶湖と

崇神天皇から実在性が窺われるとされるのは、埼玉県の稲荷山古墳出土の鉄剣に刻まれた「意富比垝《おほひこ》」銘文からです。鉄剣に銘を刻ませた古墳埋葬者の乎獲居臣はオホヒコの八代孫と名乗り、その系譜も遺しています。

①上祖名：意富比垝（オホヒコ）
②其児：多加利足尼（タカリのスクネ）
③其児名：弖已加利獲居（テヨカリワケ）
④其児名：多加披次獲居（タカヒ〈ハ〉シワケ）
⑤其児名：多沙鬼獲居（タサキワケ）
⑥其児名：半弖比（ハテヒ）
⑦其児名：加差披余（カサヒ〈ハ〉ヨ）

⑧其児名：乎獲居臣（ヲワケノシン）

オホヒコ＝オオヒコとして、二〇〇〜二二〇頃に生まれ六〇〜八〇歳くらいで亡くなっていたとすると、おおよそ二六〇〜三〇〇年頃が没年となります。子作りは二二〇〜二四〇年頃から行われて代々続いていったとするなら、八代孫が当時の天皇に仕えていたとして、江田船山古墳の鉄剣銘にある「治天下獲□□□鹵大王」の該当先として有力なのは第二十一代の雄略天皇（古事記崩年は四八九年）。

稲荷山鉄剣に刻まれた辛亥年と合わせるのなら五三一年よりは四七一年の方が自然な収まりとなりますが、どちらであったとしても、無理のない範囲で合致します（二三〇年頃から平均して六〇歳平均で一〇〇年を三、四世代程で経過）。出土した稲荷山古墳は五世紀後半の築造らしいので、この鉄剣を遺し副葬させた乎獲居臣もそれまでに亡くなっていたと考えられます。

一般的には大彦は崇神紀に記載されたいわゆる四道将軍の一人として知られていますが、これもおそらくは崇神の崩年と同じく、『日本書紀』側は起こった時期を把握していません。記紀間の相違も挙げておきます。

『日本書紀』崇神天皇十年九月九日条
「大彦命は北陸、東海に武渟川別、西道に吉備津彦命、丹波に丹波道主命」

『古事記』
「大彦命は高志（北陸）、建沼河別を東の方十二道、日子坐を旦波に遣わして玖賀耳之御笠を殺させた」

両書ともオオヒコが不思議な少女から（タケハニヤスの）反乱を示唆されて、ワニの祖とされるヒコクニフクと共に戦う場面が出てくるのですが、この名もなき少女も後でかなり重要なポイントとなるので、仮に「歌姫」と名付けておきます。

両書を比較して一番の違いは『古事記』には吉備への遠征がないこと。そして日子坐と丹波道主の違いですが、これは系譜の圧縮の中で説明した通り同一人物のヒコイマスです。

タケハニヤス軍に対して、オオヒコとヒコクニフクの軍は那羅（奈良）山を越えて、和訶羅川（後の木津川）を挟んで対峙。ヒコクニフクがタケハニヤスを射殺したことで敵は壊走し、北に逃げる敵を追ってその半数以上を殺したようです。その死体を屠った場所を波布理曾能《はふりその》といい、現在の京都府相楽郡の祝園が該当地とされています。

さて、記紀ではどの氏族でも誰それがその祖であるなんていう記載がそれこそ何通りも出てくるのですが、開化天皇の妃とその兄として名が出てくるのが、ワニの姥津命とその妹の姥津媛、あるいは意祁都彦とその妹の意祁都姫です。

『日本書紀』側の読みはハハツノミコトとヒメ、『古事記』側の読みはオケツヒコとヒメです。当てている漢字表記は違っても読みは似通っていることの方が多いのに、何故この例だけこんなにも違っているのでしょうか？　読み方を工夫しても絶対に重なりません。

実は、この二つの鍵が、ワニが倭、そして日本の歴史を語る上で必要不可欠と言い切れる程に重要なのです。

その詳細に触れる前に、先述のタケハニヤスとオオヒコ・ヒコクニフクの戦いが起こった場所の名前や位置関係などを地図上でもご

和訶羅・輪韓川は現在の木津川（ワカラの意は倭加羅だったと推測）。
歌姫神社は那羅山にあり、南側の平地には数多くの大型古墳がひしめく。
柞ノ森《ハハソ》の中に祝園神社がある。ワニのヘラ坂は奈良山の東。
交戦地点はおそらく印Ａ付近。
戦いに敗れ殺された兵士達を屠《ハフ》り屍を捨てた場所がハフリ園、現在の祝園。

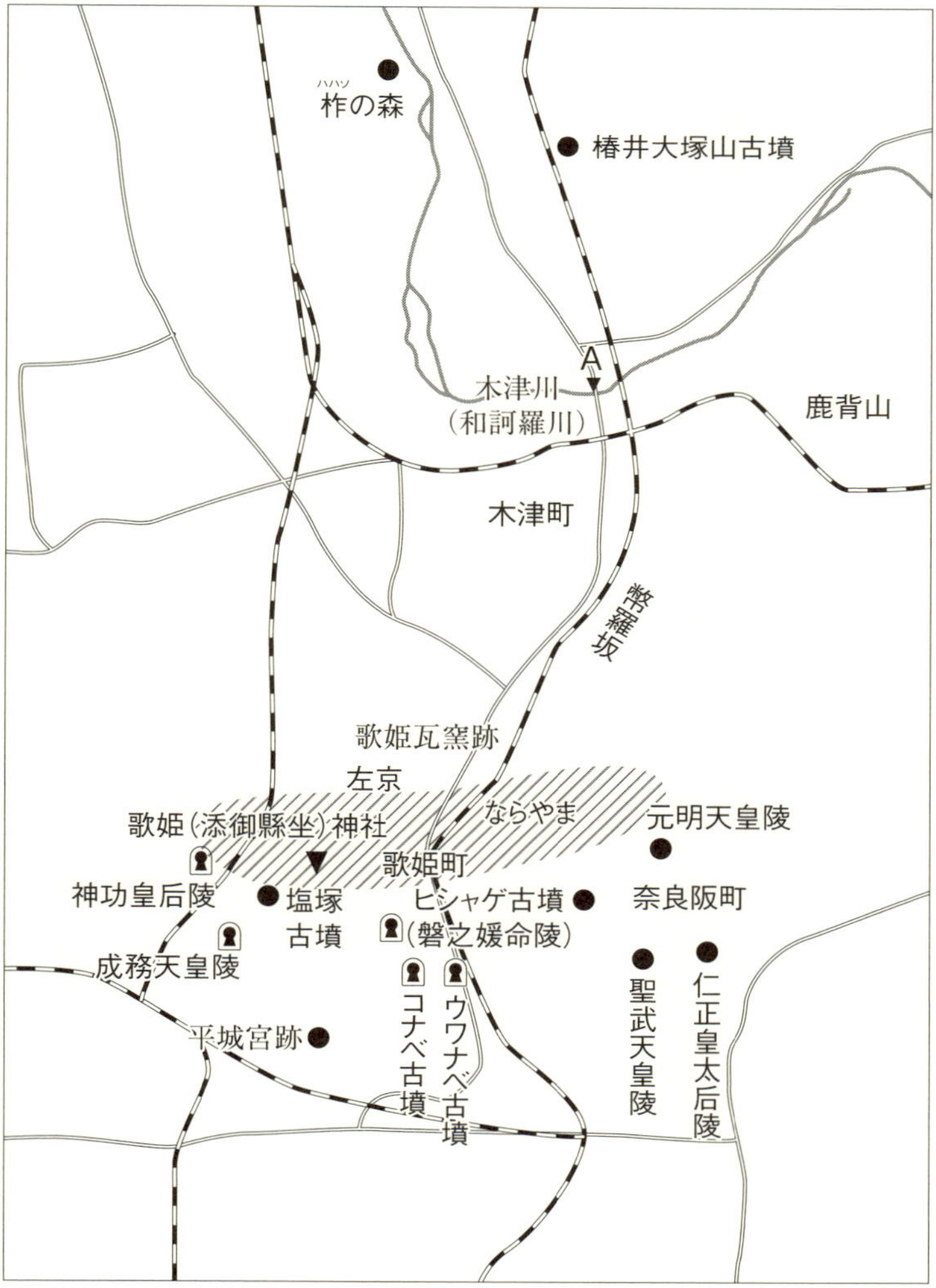
柞《ハハソ》の森
椿井大塚山古墳
A
木津川
（和訶羅川）
鹿背山
木津町
幣羅坂
歌姫瓦窯跡
左京
ならやま
元明天皇陵
歌姫（添御縣坐）神社
歌姫町
神功皇后陵
塩塚古墳
ヒシャゲ古墳
奈良阪町
（磐之媛命陵）
成務天皇陵
聖武天皇陵
仁正皇太后陵
コナベ古墳
ウワナベ古墳
平城宮跡

紹介しておきます。

まず史実として、オオヒコの副指揮官として添えられたワニのヒコクニフクが皇族でもある敵の司令官タケハニヤスを倒しています。その敵を屠ったとされる場所に建てられた神社を囲む森は柞《ハハツ》の森と呼ばれてきました。

これが、ワニのハハツヒコ・ハハツヒメの名の由来だと私は考えます。

そして多くの鉄剣や鉄鏃、鉄の冠のような物までも副葬されていた椿井大塚山古墳は、三世紀後半に築造され、これが当時戦いに参加し勝利したオオヒコまたはヒコクニフクの陵だと推測することは地理的時期的にも全く無理がありません。

次にワニのオケツヒコ・オケツヒメの呼称についてです。

ワニ姉姫の説明で食器などを意味する御饌（ミケ、オケ）などは既にご紹介しましたが、もっと直接的な証拠がありました。それはなぜ琵琶湖（淡水湖）のある場所が降臨の場所に選ばれたのかとも関わりがあるかも知れません。

琵琶湖西岸の小野の地は、ワニゆかりの小野氏が古くから在住した地で古墳なども数多くあります。遣隋使として有名な小野妹子も近江国滋賀郡小野村の出自とされています。

この小野にあるワニ氏の祖とされることの多いアメタラシヒコクニオシヒトを祀る小野神社、そしてそのすぐ南にある小野道風を祀る小野道風神社などでは、一月十四日をオケチ（御結鎮）と呼び、小野道風神社で昔はドンドの火祭が行われ、南町の子供が村の東にある文殊神社で弓射をしたそうです（『小野粢祭覚書』橋本鉄男著『まつりと芸能の研究第1集』抜刷　p.239）。この「オケチ」が「オケツ」と直結していると言えます。

付会ではなく、さらに有無を言わせない証拠が同じ地にあります。

小野神社で行われる粢《しとぎ》祭。ここでは訛ってヒトギと呼んでいますが、粢餅を祭の神饌とすることに由来しています。粢餅は新米を水に浸し臼で搗《つ》いて作り、藁苞に入れて（形を）整える（『日本の神々5　神社と聖地　山城・近江』谷川健一編、小野神社　橋本鉄男著　p.340）。たかが米の餅がどうしたと言われるかも知れません。しかしこれが数千年の時を越えて離散させられた百越の子孫達に共有されているのです。

以下、少し長めになりますがそのまま引用します（太字強調は本書著者による）。

「雲南省紅河哈尼族彝族自治州の元陽県に住む哈尼族は棚田での水田稲作をおこなう。水田ではコイの幼魚を入れて養殖し、イネの収穫とともに成長した魚を取り上げて利用する稲田養鯉がおこなわれている。元々哈尼（**著者註：ハニ**）族は焼畑農耕民であるが、水田農業と養殖を組み合わせた生業の一環としてナレズシも作られる」(須藤護『雲南省ハニ族の生活誌　移住の歴史と自然・民族・共生』ミネルヴァ書房、二〇一三年)

この他、『みんなで語る「ふなずし」の歴史』(滋賀県ミュージアム活性化推進委員会アジアのナレズシと魚醤の文化　秋道智彌 p.94～95)からの引用。

「貴州省の黔東南苗族・侗族自治州の台江県施洞区に居住する苗(ミャオ、モン)族の調査を行った佐々木高明によると、この地域の苗族は祖先祭祀などの儀礼ナレズシ(ザシュウ)を食べる。水田や川で獲れた淡水魚や養殖コイから内臓を取りさり、腹部に塩をすり込み、いろりの火で半月ほど燻製したのち、蒸したモチゴメとともに甕に漬けこんで保存する。(58)ナレズシに使用する魚を脱水する方法として、塩漬けおよび火に炙る方法を用い、漬け床として糯米(自註:もちごめ)に麹を使って発酵させる方法と、生の米粉(糯米粉)を発酵させた「しとぎ」に漬ける方法があった。鎮遠県報京郷における侗族の家庭では、甕に「しとぎ」を入れて発酵させていた。この「しとぎ」は貴州省では日常的に調理して食べられていた。(59)

同地方の瑤(ヤオ)族の場合は、蒸したモチゴメと生魚を木桶に交互に並べて保存する日本のナレズシと似た製法をもっている。侗（トン）族もコイなどの川魚を生のまま使って、唐辛子・塩・モチゴメ飯と交互に詰めて発酵させたナレズシ、つまり侗郷腌魚を製造する。腌魚は「塩蔵した魚」の意味である。侗郷は貴州省三江県にある侗族中心の郷であり、侗族の間では、家の新築祝いや新居引越しの儀礼の酒宴でモチ、おこわ、モチゴメの酒などとともにナレズシが提供される。また、儀礼の贈答品としてもナレズシが使われる。ナレズシは子どもが生まれると作り、結婚式のさいに相手の家に贈与する慣行があるため、どの家でも製造することが知られている。苗族も祖先祭祀の儀礼にナレズシを使う。（60）

布依（プイ）族は貴州省に分布し、壮（チワン）族とおなじ系統に属する。かつての古代中国における百越（江蘇、浙江、福建、広東一帯）の民族に属する。

註58　佐々木高明『照葉樹林文化の道　―ブータン・雲南から日本へ』ＮＨＫブックス、1982年

註59　秋永紀子「中国貴州省の伝統的食文化―大豆の加工食品（豆腐）および発酵食品について」『日本食生活学会誌』vol.13 No.4（2002）、293 ~ 299頁

註60　鈴木正崇・金丸良子『雲南中国の少数民族―貴州省苗族民俗誌』古今書院、1985年、周達生「中国の高床式住居　―その分布・儀礼に関する研究ノート」『国立民族学博物館

研究報告』11巻4号、1986年、901～978項

雲南省も貴州省も中国西南部に位置します。日本の滋賀県でもフナのナレズシは広く家庭的に作られており、日本の寿司の原型の一つとしても知られています。この本の中国南西部の少数民族におけるナレズシの項に引用部分は書かれていますが、その前に、

「さらに、ナレズシと魚醤の問題を縄文・弥生時代における日本の基層文化との関連で考察する場合にも、大陸からの文化伝播の問題は重要な課題となっている。なかでも、中尾佐助や佐々木高明らが指摘する照葉樹林文化論の仮説のなかで、照葉樹林帯に共通する文化要素としてナレズシ、納豆などの発酵食品が注目されてきた。中国の雲南省・貴州省・広西壮族自治区などの地域は東南アジア大陸部とともに、水田農業と淡水・水田漁撈が重要な生業とされており、ナレズシの伝播や起源を考察するうえで注目されたのである」

（『みんなで語る「ふなずし」の歴史』p.92～93）

小野神社のシトギ（ヒトギ）はそのまま百越末裔の苗族のシトギに通じます。藁苞で粢を包むのは、元は発酵させて作っていたものが外側だけ残ったものと思われます。

水田で鯉などを養育する漁撈もまた琵琶湖畔で古くから行われています（国立歴史民俗博物館研究報告　第162集　二〇一一年一月『コイ科魚類咽頭歯遺存体から見える先史時代の漁撈と稲作との関係に関する一考察』中島経夫著）。

百越の離散も、鮮卑による（水産資源獲得のための）倭の千家拉致も、樂浪漢墓で何故中国西南部の蜀の辺りとのつながりが残っていたのかも、全て、中国から移ってきた「倭」人という一本の線でないと説明が付きません。

哈尼族に関しては、やはり倭人は元々中国南方に住んでいたのが百越の離散とともに山東地方などから九州などへと渡っていったものとする研究者の論文の中でも、次のように触れられています。

「（中国は西双版納の瀾滄江〈その下流がメコン川〉景哈哈尼族を訪れて村の初老男性に）『倭』という字の意味を問うと、『アカ』と答えた。哈尼族は自らを『阿卡（ake）』すなわちアカ人といい、ミャンマー・タイ・ラオスにおいてはアカ族の名で知られる。この『阿卡』の意味は『远方的客人（遠くからの客人）』であり、哈尼族は瀾滄江の源流とされる大江源頭（西蔵自治区の拉賽貢瑪《ラサイゴンマ》とされるが定かではない）からやってきたといわれている。村の住居は『干栏《カンラン》』と呼ばれる高床式住居で、別地方の哈尼族の村の屋根には日本の神社建築によくある千木（神社本殿の屋根上にある交叉した木）が見られた。彼らは、納豆や蒟蒻や餅を食べることも聞いた。近くの店で、もち米と紫米からなる赤飯やちまきを食べたが、ほとんど日本のものと変わらなかった。また、同じ哈尼族の隣村の入口には、鳥の木彫が両側に飾られた門が見られた。この門は日本の神社の鳥居の原型と見てよい。私は、これらのことから、哈尼族が日本列島に住む倭人と同じ出自の民族であることを確信した」

（立命館大學白川靜記念東洋文字文化研究所　第七號抜刷『「倭」「倭人」について』張莉　二〇一三年七月発行）

後述していく観測や測量もそうなのですが、文字の伝播も当然ながら、ワニの人々がもたらしました。

おそらくは記紀に書かれた時期よりは相当に早かった筈ですが、ともあれ記紀にある王仁（『日本書紀』では王仁、『古事記』では和邇吉師《わにきし》）は、これまでの流れで説明してきた通り、ワニです。

『論語』はとにかく『千字文』は六世紀初頭に生まれた物なので、記紀で応神天皇の代の出来事として（紀は没年を三一〇年、記は三九四年）、四世紀中には遅くとも伝わってい た筈ですが、日本の文字記録がふんだんに残されるようになるのはもっとずっと後のこと です。百年から二百年以上の単位で。

なぜこのようなタイムラグが生じたのか？ それは、各種技術も含めてヤマト朝廷には伝えられなかったからだと私は考えています。なぜそう言えるのかというと、先ほどのオオヒコ達の四道将軍の話でも、文字が伝えられたとされる応神紀の中の記述でも、ヤマト朝廷はまだ生まれてなかったか、ほとんど何の権限も情報ももたらされていなかったと推測できるからです。

タケハニヤスの反乱の後、十月末近くに各軍は奈良を出発し、四月末に帰還したとあります。北陸を担当したオオヒコとその息子で東海を担当したタケヌナカワワケと会津で合流したゆえに地名の由来ともなったと書かれていますが、未開で勢力下にない地域を制圧するためとはいえ、深い雪に閉ざされる地域に冬のとばぐちに進発するでしょうか？ 本州太平洋側を移動していた別働隊と連絡手段もないのに、またその中間地理も不明な筈なのにどうやって合流したというのでしょうか？ （会津近辺の最も古い古墳でも四世紀後半から末頃らしいので実際にはその頃までに制圧されたと考える方が無理がありません）

さらに文字を伝えたとされるワニが来訪した同じ年の『日本書紀』の応神紀の記述の中で、百済の阿花王（阿莘王・阿芳王）が崩じたので天皇は長子の直支王（腆支王）を国を継ぐべく東韓に遣わしたとあります。阿花王の崩年は四〇五年で、腆支王の帰国と即位も同年です。

応神天皇の崩年を『日本書紀』は三一〇年、『古事記』は三九四年ですから、どちらにせよ合致しません。崩年を二運＝百二十年遅らせるという無理矢理な力技を行ってさえ合致しません。

文字が伝わったという大イベントで、しかも当の百済からとされているのに、なぜこのような錯誤が発生しているか。それはヤマト朝廷の実体は当時まだ発生していなかったか、発生していたとしても歴史を留める能力を持たず、内政や外交の主体でもなかったからです。

もし自らが担当し歴史も自らが書き残していたとしたら、文字が伝わったという記録の直後の国際的な一大イベントを、遥か以前に死んだことになっている天皇の時の出来事として史書に刻むわけがありません。それは自らの無能だけでなく、その主体でもなかったと告白しているに等しいのですから。

しかしイベントの内容そのものとしては大まかにしろ実態を捉えていたとすれば、当時の主体であった存在が、わざと誤った情報を残したと考えられます。なぜそんなことをしたのかと言えば、自分達の立場を継がせたいわゆるヤマト朝廷が全ての功績を簒奪することが目に見えていたので、そっと事実と異なる情報を忍ばせておいたのでしょう。主体であったり記録を正確に書き残せたり確認する能力があれば引っかからないことにヤマト朝廷はものの見事に引っ掛けられたと言えます。

その主体が誰かと言えば、「倭」以外にいません。だからこそ、「倭」はヤマト朝廷では有り得ないのです。

妄言だというぼやきが聞こえてきそうですが、さらに時が経って初めて隋からの使者が日本に訪れた時も、ヤマト朝廷は素通りされました。後でまた触れますが、中国側と日本側の当時の記載はほぼ全く合致しません。もっと言えば遣隋使として遣わされた小野妹子の記録も隋側には残っていませんし、そもそも日本側は「大唐國」へ遣いしたと記載しています。六〇〇年の一回目が隋側にしか記録が残っていなかったり、全体の回数も合致していません。

七世紀に入ってからの重大記録でさえこの有様なのです。当時は倭が統治の主体をヤマト朝廷へと移管・引継ぎしていた時期でもあったと私は考えていますし、女王を認めないかも知れない中国側にヤマト朝廷側が配慮してという苦しい言い訳もどこからか聞こえてきそうですが、もしそれが隋使裴世清に推古天皇を会わせなかった理由だとしたら、その工作をしたのも当然ヤマト朝廷ではなく倭でしたでしょう。そしてそれは第一回目からを含め全体の記録が合致しないことの言い訳にはなりません。

天孫降臨の地として琵琶湖畔を、三諸の山として三上山を、古代日本の政治主体が比やワニであったことなどを論じてきましたが、後のヤマト朝廷が置かれたのは奈良でしたし、彼らが三諸として拝したのは三輪山でした。

ただ、この第三章の締めくくりとして改めて強調しておくと、倭とヤマト朝廷との間には雲泥の差が付けられていたことを記しておきます。それは天皇を暗殺されても相手に復讐できないくらいのものでした。

先述の歌姫神社が置かれている那羅山の南側麓平地には歴代天皇や皇族などの大規模古墳が数多く存在しますが、古墳は本来なら高い場所に造られる方がその地位も誇示出来、かつ造成に労力もかからない筈が、どうして那羅山の上に築かれなかったのでしょうか？

それから各国の風土記にもワニやワシ、あるいは荒ぶる神が山などにいて、通行人の半分を取り（殺し）半分を通したという記述があちこち（摂津国風土記逸文や肥前国風土記他）に出てきますが、神武記や神武紀などのように従わぬ者達に対し軍勢を向かわせて殺したということはなく、神として祀り宴などで気を和らげたとあります。ワニやワシが倭人を指していたであろうことは容易に推測出来、彼や彼女らが現地統治機構（ヤマト朝廷やその支部）の上位に置かれていたことが窺えます。

先にご紹介した『「倭」「倭人」について』の著者は、同書の中で鳥越憲三郎氏の説を引用し、

「鳥越氏は『その「越」と倭人の「倭」とは、ともに上古音で「wo」といい、それは類音異字に過ぎず、越人も同じく断髪・分身の倭人であった』と述べる。越の上古音を『を（wo）』と発音し、古代豪族越智氏は『オチ』と発音される。すなわち、越（wo）の発音が忠実に日本に伝わっているのである」

と述べています。

このオチが訛じて「オニ」となり、ワニやワシなどの言い伝えの継承者となっていったとも私は受け止めています（時代が下ったせいか退治される存在となりましたが）。

それでは語りを次に進めて参りましょう。

系譜整理参考図

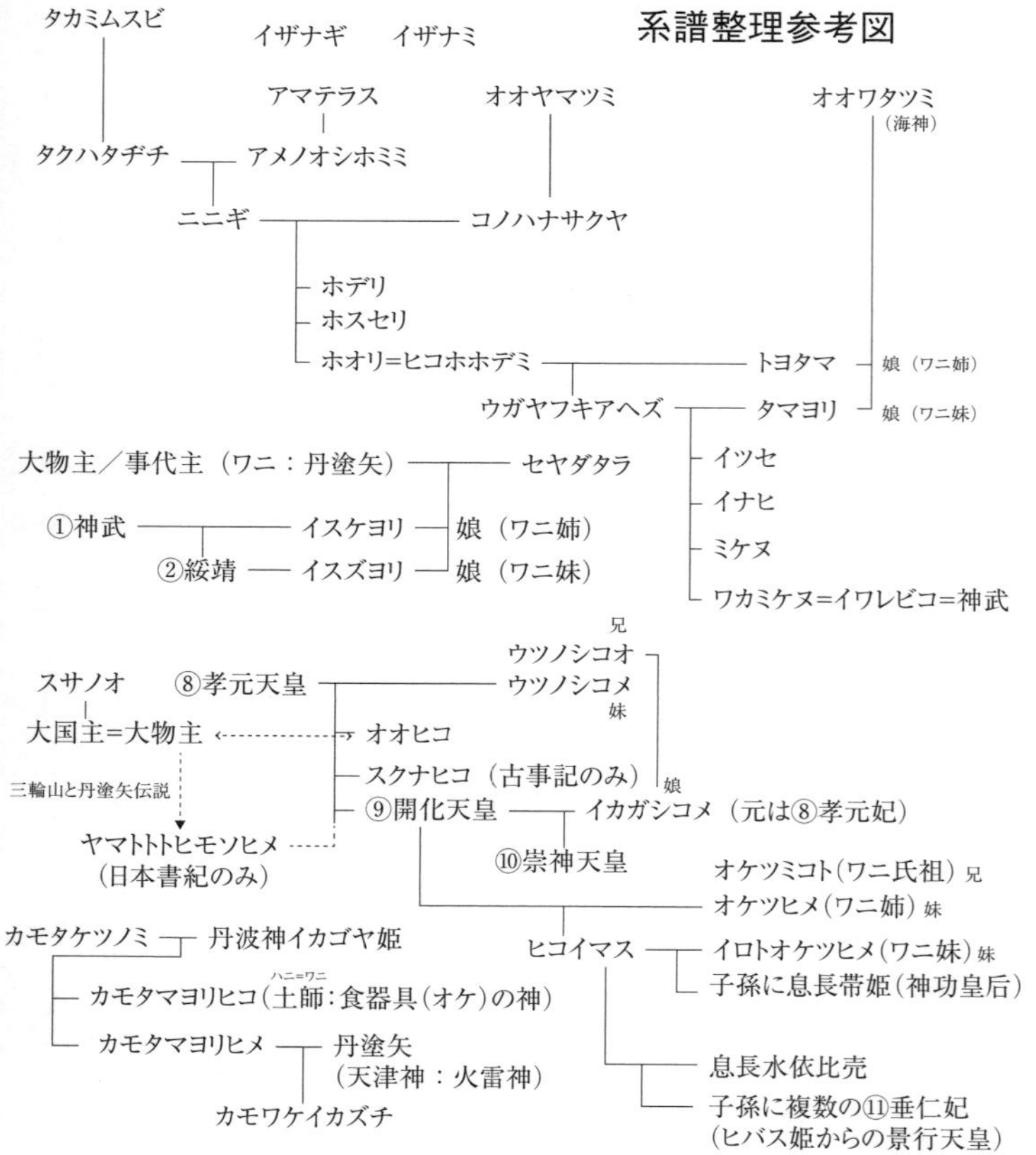

※アジスキタカヒコネ=雷神=迦毛大御神、妹がタカ(シモテル)ヒメ

→アジスキタカヒコネ=オケツミコト(ワニ兄)

→ワニ姫姉=竹野姫は開化の妃、つまりヒコイマス=ヒコユムスヒ(記紀の四道将軍記載の違いからも合致)

→ワニ姫妹のイロトオケツ=息長水依

→つまりオケツ兄妹達の父親は、大物主=天之御影=カモタケツミ

(カモ)トヨタマ／トヨオカヒメ=オケツヒメ(ワニ姉) —— ホオリ=ヒコホホデミ=①神武=⑨開化

カモタマヨリヒメ=イロトオケツヒメ(ワニ妹) —— ②綏靖=ヒコイマス?

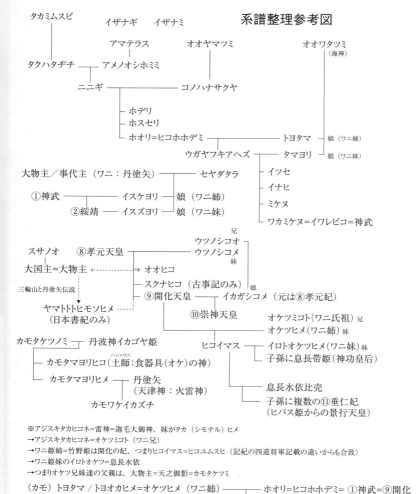

第四章

倭とヤマト朝廷の在り方について

第三章で展開した系譜の圧縮などから、その後の系譜の連続性が保たれないではないかという指摘は少なからず来るでしょう。しかし、ほぼ全く気にする必要はありません。

なぜそう言い切れるのか？

万世一系、皇統二千六百年と謳われるその系譜の二代綏靖から九代開化までを欠史八代としてカウントしなかったりしますが、西暦六〇〇年頃までの系譜は信頼に値しないからです。

では開化や崇神の件《くだり》は何だったのかというと、記述されていたイベントはおそらく起こり、崇神や開化、オオヒコやスクナヒコやヒコイマス達に比定されるべき人物がいて、その痕跡も中国大陸との数千年の時を越えたつながりがあったことは言えるけれども、それらをもって開化や崇神以降の天皇達が確実に存在したとは全く言えないからです。

その一例を崇神の子垂仁と、その子景行と、その子ヤマトタケルなどから証左します。

1 崇神前後の系譜から読み取れる『日本書紀』の不正確さ

『日本書紀』では古めの天皇達が先代天皇治世何年の時に、何歳で立太子されたか記述されていたりします。何故かその後代では失われたりするのですが、以下、単純計算で話を進めます。

⑨開化：在位六十年　⑧孝元二十二年の時十六歳で（孝元五十七年崩御時五十一歳で即位）
⑩崇神：在位六十八年　⑨開化二十八年の時十九歳で（開化六十年崩御時五十一歳で即位）
⑪垂仁：在位九十九年　⑩崇神二十九年に生まれ、崇神六十八年崩御　即位時三十九歳
⑫景行：在位六十年　⑪垂仁三十七年の時二十一歳で（垂仁九十九年崩御時八十三歳で即位）

欠史八代の直後でこの有様です。没年齢は、崇神百二十歳、垂仁百四十歳、景行百六歳とされているのですが、おかしくありませんか？　例えば景行は、垂仁三十七年の時二十

一歳なら、垂仁九十九年で崩御時には八十三歳となり、在位六十年を足せば没年齢は百四十三歳となる筈です。

治世ではなく、垂仁三十七歳の時に生まれたとすると、垂仁百四十歳で死亡時には景行は百三歳に達していることになり、百六歳とされる没年齢までには三年しかなく、景行十三年に生まれた筈のヤマトタケルは生まれていないことになります。

垂仁三十七歳の時に景行二十一歳で立太子されたとすると（まだ崇神在位中ですが）、垂仁百四十歳で死亡時に、景行は百二十四歳で即位したことになり、百六歳で死亡という記載とも合致せず、六十年という治世を加算するなら百八十四歳まで生きたことになります。

ちまたでは二運遅らせればとか、宝算や太陽年と春秋年（一年を二年換算）を組み合わせれば計算に合うとするような見解を見受けたりもしますが、それら全てが小手先の誤魔化しに過ぎないことは明白で、これらが何を意味するかというと、ヤマト朝廷が歴史の主体でもなかったしその記録を留めていたものでもなかったという証明です。

もっと言うなら、八世紀に入ってようやく国史を編纂する段になってさえ、こんな単純な足し算での確認作業すら怠っていたという能力の欠如ぶりです。⑫景行の子とされるヤマトタケルは景行四十三年に三十歳で死亡したことになっているのに景行五十一年に⑪垂仁の娘の一人と⑭仲哀らを残したという無茶苦茶な記述は頻繁に指摘される点ですが、その相手の妃もおおよそ百歳に達するくらいになる計算で、本書で指摘してきた女性の出産可能年齢からすると、単純に、有り得ません。

⑫景行や⑭仲哀以降の系譜が全て造作、信頼に値しないとするなら、⑭仲哀との間に⑮応神を生んだとされる神功皇后の存在もまた造作となります。景行・成務・仲哀・応神・仁徳の五代に仕えたという武内宿禰の存在もまた造作か、比定されるべき人物がもし実在したのなら、景行・成務・仲哀・応神・仁徳の五人の治世が合わせても最大七十年前後に過ぎなかったことになります。その場合の記紀の記述や系譜が現在のまま成り立つわけがありません。

⑫景行以降の天皇も、⑬成務百七歳、⑭仲哀五十二歳、⑮応神百十歳と、仲哀を除いて現実味を欠き、⑯仁徳と⑱反正は生年も没年齢も不明。⑰履中は⑯仁徳三十一年に十五歳で立太子されたとありますが、⑯仁徳八十七年で崩御時には⑰履中は七十一歳で即位したことになり、没年齢として記載されている七十歳と一致せず整合性を欠きます。

紀元前六百六十年に神武即位年を合わせるために各天皇の寿命が引き延ばされたにして

もお粗末過ぎます。二運繰り上げればとか、寿命を半分で計算すればとかというレベルにすらありません。太陽年でなく春秋年（一年を二年計算）というのも、『日本書紀』は冬何月などと季節も併記しているため却下されます。それら全てはご都合主義の計算合わせに過ぎません。

『日本書紀』が正史で『古事記』が偽史とする見解に頻繁に出合いますが、偽史扱いするならば両方でしか有り得ないし、『古事記』と『日本書紀』のどちらがまだ信頼性が高いかと言えば本書を読んで頂ければ察せらるだろう通り『古事記』の方がまだしもというレベルです。

それは何度か書いている通り、『日本書紀』は「倭」の功績を簒奪しようとして失敗した醜態を晒しているからでもあります。

記紀に記述のない「倭の五王」を天皇系譜から「讃」→履中天皇、「珍」→反正天皇、「済」→允恭天皇、「興」→安康天皇、「武」→雄略天皇等に比定する説もありますが、根拠に欠けます。それまでの系譜が信頼性を欠くのに、その五王だけぴたりと該当する筈もありません。

それは、神功皇后がなぜ造作されたのかという理由とも絡みます。中国史書に刻まれてしまった卑弥呼の存在を天皇の系譜からは全く説明出来なかったための苦し紛れの産物です。

彼女による三韓征伐なども存在しませんでした。当該する時代の周辺諸国の史書に記録が残っていないのですから。もし有り得るとするなら、広開土王の存命時に倭の女王的な存在がもしいたのならという程度です。

話を造作するにしても先の足し算程度の確認をしていない程に出鱈目で、話のつじつま合わせにも完全に失敗しています。こんな体たらくで皇統二千六百年とか、古代から全国の有力豪族達を糾合統率していたと良くも言い張れるものだと呆れるしかありません。

七、八世紀に入れば、という意見すらも怪しいのです。

ここでその好例と言える隋からの使者来訪について触れておきます。

2 六〇八年の隋の使者は誰に会っていたのか

「倭」と「大和朝廷」が別個の存在だったとする象徴的なイベントが、六〇〇年と六〇八年に記録されています。

六〇〇年の第一回遣隋使は、「倭」によるもので、『古事記』にも『日本書紀』に記されていません。しかしこれだけでは、都合の悪い出来事を記録せずにおいたのだという言い逃れが発生します。六〇〇年の時の遣隋使は「アメタリシヒコ」とはっきり男王であることを宣言しただけでなく、後宮の存在にも触れています。数百人の妾は誇張だとして、当時の天皇は女帝の推古天皇なのですから、いわゆる後宮など不要です。

男性しかいない中国の皇帝に、女王では不都合があると思われたから男王として遣いを出したのでしょうか？　以前魏に遣使していた卑弥呼も、その跡を継いで帯方郡太守の使者張政から直接告諭された壱与もまた女性指導者だったのですから、女王の場合女性とわかるよう記録されていた筈です。隋側の使者は以前の王朝史書の倭の記録から、倭の卑弥呼や壱与の名も見ていたでしょう。

そして問題の六〇八年。六〇七年の遣隋使小野妹子が帰りの船に隋（『日本書紀』では唐）からの使者を乗せて、日本へ向かったとされています。六〇八年三月に百済の南路を通ったと百済の『三国史記』に残っており、六月十五日に難波津（港）に着いたと『日本書紀』にあります。


問題はここからです。

まず原文を載せ、それから異なる点を列記していきます（日本語文はwikiから転載）。

『隋書』によれば、俀王多利思北孤は大業三年（六〇七年）に第二回遣隋使を派遣した。煬帝はその国書に立腹したが、翌大業四年（六〇八年）、文林郎である裴清（世については太宗〈唐朝の二代目皇帝李世民〉の諱世民のため避諱された）をその答礼使として派遣した。大海の都斯麻國（対馬）、東に一支國（一支国）、竹斯國（筑紫）、東に秦王國（中国人の国）他十余国をへて海岸に着いたという。竹斯國から東はすべて俀であるという。

俀王は小徳（冠位十二階の位）阿輩臺を遣わし数百人で迎え、十日後に大礼の哥多毗が二百騎で警護した。王と会った清は王の歓迎のことばに皇帝の命を伝えた。その後清は使者とともに帰国した。

「明年上遣文林郎裴清使於俀國度百濟行至竹嶋南望𨈭羅國經都斯麻國逈在大海中又東至一支國又至竹斯國又東至秦王國其人同於華夏以爲夷州疑不能明也又經十餘國達於海岸自竹斯國以東皆附庸於俀俀王遣小德阿輩臺從數百人設儀仗鳴鼓角來迎後十日又遣大禮哥多毗從二百余騎郊勞既至彼都其王與清相見大悅曰我聞海西有大隋禮義之國故遣朝貢我夷人僻在海隅不聞禮義是以稽留境内不即相見今故清道飾館以待大使冀聞大國惟新之化**清答曰皇帝德並二儀澤流四海以王慕化故遣行人來此宣諭**既而引清就館其後清遣人謂其王曰朝命既達請即戒塗於是設宴享以遣清復令使者隨清來貢方物此後遂絶」

（『隋書』巻八十一 列傳四十六／東夷／俀國 ※太字強調は著者による）

三国史記

『三国史記』巻第二十七 百済本紀第五 武王九年三月によれば「九年春三月 遣使入隋朝貢隋文林郎裴清奉使倭國 經我國南路」とあり裴清は百済南部を経由したことが記述されている。だが『日本書紀』が主張するような国書が盗まれたというような大事件は書かれていない。

日本書紀

『日本書紀』では次のとおり裴世清と記されている。その十二人の一行は小野妹子とともに筑紫に着き、難波吉士雄成が招いた。難波高麗館の上に館を新しく建てた。六月十五日難波津に泊まった。船三十艘で歓迎、新館に泊めた。八月三日に京に入った。「鴻臚寺の掌客」である裴世清の「皇帝問倭皇」という書を阿倍臣が大門の机の上においた。九月五日に難波大郡に、十一日に帰った。

「即大唐使人裴世清 下客十二人 従妹子臣 至於筑紫 遣難波吉士雄成 召大唐客裴世清等 為唐客更造新館於難波高麗館之上 六月壬寅朔丙辰 客等泊于難波津 是日 以飾船三十艘 迎客等于江口 安置新館 於是 以中臣宮地連烏摩呂 大河内直糠手 船史王平為掌客（中略）秋八月辛丑朔癸卯 唐客入京 是日 遣飾騎七十五匹 而迎唐客於海石榴市衢 額田部連比羅夫 以告禮辭焉 壬子 召唐客於朝庭 令奏使旨 時阿倍鳥臣 物部依網連抱 二人為客之導者也 於是 大唐之國信物置於庭中 時使主裴世清 親持書 兩度再拜 言上使旨而立之 其書曰 皇帝問倭皇 使人長吏大禮蘇因高等 至具懷 朕欽承寶命 臨養區宇 思弘德化 覃被含靈 愛育之情 無隔遐

邇 知皇介居海表 撫寧民庶 境内安樂 風俗融和 深氣至誠 遠脩朝貢 丹款之美 朕有嘉焉 稍暄比如常也 故遣鴻臚寺掌客裴世清等 稍宣往意 并送物如別 時阿倍臣出進 以受其書而進行 大伴囓連 迎出承書 置於大門前机上而奏之 事畢而退焉（中略）丙辰 饗唐客等於朝 九月辛未朔乙亥 饗客等於難波大郡 辛巳 唐客裴世清罷帰」（『日本書紀』推古天皇条）

■それぞれの記載の差異■（隋＝隋書、紀＝日本書紀）

〔出迎えの様子〕

隋：港で数百人が出迎え、都までは二百騎が警護

紀：三十艘の船で出迎え、都までは七十五騎が警護

〔出迎えた人々〕

隋：港：小徳・阿輩臺《アハイダイ》、都まで：大礼・哥多（田比）（カタヒ）

紀：港：中臣宮地連《なかとみのみやどころのむらじ》烏摩呂《をまろ》、大河内直《おおこうちのあたい》糠手《あらて》、船史《ふねのふびと》王平《おうへい》

京：（飾騎七十五匹で出迎え）額田部連《ぬかたべのむらじ》比羅夫《ひらぶ》

朝庭：阿部鳥臣《あべのとりのおみ》、物部依網連《もののべのよさみのむらじ》抱《いだき》

※隋側は官職付きで記載しているのに対し、『日本書紀』側は名前だけを記載

※漢字の表記だけでなく、音（読み方）で合わせようとしても無理がある
※中国側の別の記録では、日本側の表記とほとんど変わらない氏名で記載しているものもあり、今回出てきた人達の官職を併記していることもあり、この時だけ音（読み方）で記載したのに何も一致しないという完全な誤記を犯した可能性は考えられないし、全ての内容を捏造する理由もまた（隋側には）存在しない
〔都入りの時期〕
隋：（港に着いてから）十日以内に都入り
紀：四月に筑紫、六月十五日難波津（港）着、八月三日に京で出迎え、八月十二日に
　　朝廷入り
〔使者が会った相手〕
隋：王
紀：推古（隋側は女王と記していない）
〔会った時の様子〕
隋：王から話しかけられて、使者が応える
紀：国書が読み上げられたのみ（言葉は交わしていない）

宮廷で出迎えた時の様子は、小野妹子が国書をなくしたと書いたすぐ後に、隋の使者がその国書を読み上げているちぐはぐさを除けば、書紀の方が詳細に書いており信憑性がありそうな印象も受けます。

しかし、百済が国書を奪ったというような百済側の記録は当然残っていませんし、そんなことをされたら隋側の記録にも残されたでしょうが、残されていません。

天皇にとってよろしくない内容が書かれていたので破棄したのだとすれば、使者が読み上げているものは何でしょうか？（それでもいろいろ言い逃れている解説も多いですが）

両者の記録を読んで、同一の相手同士の面会の様子とするのは無理があります。出迎えの様子も、都入りから帰国までの日数も、出迎えた人々の名や官職も、会った時の様子も、何もかも違うのです。

特に、会見時に言葉を交わしている点です。隋側の記録では、第三者を間に挟んでという様子も見受けられません。相手が女王であれば、当然その時に気付いて記録にも反映された筈です。

小野妹子が国書をなくしたか破棄したというなら（それはそれで国際問題になりそうな

ものですが）、隋側の国書を読み上げる場面がない方がむしろしっくり来る気すらします。これらの二つの記録を比較して、隋側が会ったのは推古ではなく別の人物であり、それは男性の王だったと考える方がよほど自然です。

倭の指導者に接する重要な訪問な割には、短い記述で終えられていますので、『日本書紀』側の方がそれらしく見えなくもありませんが、六〇〇年の時の遣使が「王」と名乗っていた相手が女性だったりしたら、日本側に説明が求められていたでしょうし、当時の使者の記録がヤマト朝廷にないのであれば、その正当性などを含めて紛糾もした筈です。

しかしそういった諍いが一切なかったというのであれば、印象の齟齬を受けるような相手とは、隋側の使者は会わなかったと考えるのが自然です。

よって、私の結論を言えば、隋の使者は推古天皇とは会わず、「倭」王家の者とだけ面会し、帰国したと解釈します。だから『日本書紀』側の記述はおそらく、捏造です。

中国王朝から日本入りした初の使者を出迎えたのがヤマト朝廷の主ではなく、「倭」王家の者で、そんな屈辱をヤマト朝廷側は受け入れざるを得なかった。それだけ立場の差が隔絶していたとも推測できます。

『日本書紀』側の記録が捏造だと断言できる材料は、これまで遣隋使訪問時の詳細から論じてきましたが、遣隋使全体から見ると、呆れるくらい決定的な物がいくつもあります。

•遣隋使小野妹子は隋側から蘇因高と名付けられ呼ばれたと『日本書紀』には書かれているが、隋側の関連記録には、小野妹子も蘇因高の名のどちらも一度も出てこない

•『隋書』倭国伝（巻八十一　列傳第四十六／東夷／俀國）と煬帝紀（巻三　帝紀第三煬帝上）とに分かれていますが、倭国伝の方の原文は、六〇七年の使節が倭から来た後に「明年」は一度しか記載されていない。倭に行って使節が倭から返礼の使節を随伴して帰国した後「此後遂絶」と使節や献貢が途絶えたと書き切っている

特に後者が重要で、倭国伝と煬帝紀の間で齟齬を発生させていますが、推古二十二年に遣いし翌二十三年に帰国したという記録が隋側の両伝にないので造作が確定します。

整理してみましょう。

六〇〇年　倭王から最初の遣隋使（倭国伝のみ）

六〇七年　倭王から二度目の遣隋使（倭国伝と『日本書紀』。ただし注意事項あり。後述）

六〇八年三月　倭王から三度目の遣隋使（煬帝紀のみ。倭国伝にも『日本書紀』にも記載なし）

六〇八年　隋帝から倭王への使者来訪。倭王と面会し、倭王の使者を随伴し当年中に帰国

六一〇年一月　倭王から四度目の遣隋使（煬帝紀のみ）

六一四年　ヤマト朝廷から隋への遣使（『日本書紀』のみ）

六一五年　ヤマト朝廷から隋への遣使帰国（『日本書紀』のみ）

先述したように、隋側に記録のない推古二十二年と二十三年の記録が造作確定するだけでなく、六〇八年の隋からの使者は、倭からの使者を随伴して行ったとは一文字も書いていないのです。六〇七年の二回目の倭王からの使者の記事に続けて明年（年が明けて＝翌年）上遣文林郎裴清使於俀國と書いています。倭王からの使者を随伴してとは書いていません。

これは非常に重要な点で、裴（世）清の帰国時、復路に「以遣清、復令使者隨清來貢方物。此後遂絶」と復令（礼）の使者が随伴したと断り書きしているのに、往路には昨年来

た使者を伴って倭に赴いたとは書いていないのです。つまり、小野妹子が六〇七年に遣わされて六〇八年に隋の使者を伴って帰国したというストーリーそのものが崩壊しているのです。

隋側の記録も倭国伝と煬帝紀とで齟齬が発生しているため信頼性に疑問符が浮かぶ部分もありますが、もしも六〇八年の倭王への遣いに伴うとしたら、煬帝紀に書かれた六〇八年三月に来たという使節の方が自然でもありますが、こちらは日本側に記録がありません。疑義の発生する『日本書紀』と煬帝紀の記載を無視するなら、六〇〇年と六〇七年、そして六〇八年の使者往還だけが史実となります。

隋滅亡が六一八年、隋書成立（本紀五巻、列伝五十巻）が六三六年なので、六三〇年以降の遣唐使往還でその記述を見て、『日本書紀』のヤマト朝廷の外交実績として遣隋使の記録を造作した。だからこその来訪時やその前後の詳細については様々な食い違いが発生しているものと考えられます。しかし推古二二年（六一四年）に送った遣いが翌年に帰国したという『日本書紀』の記録からすると、隋側記録を部分的にでも読んでいてこの内容を残したのであれば程度が低いにも程があります。その低能ぶりはまた後で何度も顔を出します。

ちなみに『古事記』の推古天皇治世時の記録はどうなのかというと、欠史八代以上に簡素に、小治田宮（小墾田宮）で三十七年執政したことや、陵が大野の丘の上から科長《しなが》の大きな陵に移されたことしか書いていません。そのあまりにも簡略な書かれ方から、せっかくの隋との使者交換という一大イベントに言及したくて『日本書紀』は造作してしまったとも考えられます。

七一二年に完成した『古事記』、七二〇年に完成した『日本書紀』の両方とも、わずか百年前の出来事を正確に捉えていないのです。

そこまで言うなら白村江の戦いはどうだったかというとこれもヤマト朝廷ではなく倭国軍の戦いでした。次に『日本書紀』の捏造の酷さを余すところなくご覧頂きます。

知れば知るほどに信じられないほどの厚顔無恥ぶりに驚かれると思います。

3 白村江で戦ったのは倭国軍でヤマト朝廷は無関係

さすがに大法螺吹き過ぎという方はいらっしゃるでしょうが、大法螺を吹くというより出来事そのものを捏造しているのは私ではなく記紀を編纂したヤマト朝廷です。なぜそうしたかといえば、倭が日本国の前身である＝だからその歴史も自分達の物であると簒奪しようとして、実際にそれは千数百年以上成功してきました。が、それもここで終わりです。

手始めに言うなら、旧唐書は倭国と日本国を別個の存在として書き分けています。それが実態でしたから、当然の処置です。『日本書紀』側ですが、白村江関連イベントの紀年付けも間違っています。時は斉明天皇から天智天皇へ切り替わるタイミングで、記紀が編纂される頃からわずか五、六十年程しか昔でありません。その内容を追っていきましょう。

この部分の気付きを与えてくれたのはいくつかのウェブサイトからです。リンクが切れてしまっているため、そのままの引用は出来なくなっていますが、以下その記述をなるべく活かしつつお伝えします。

ステップ1　百済王豊璋（『旧唐書』では扶余豊）は六六一年三月までに帰還していた

『日本書紀』

（斉明天皇）

①六年〔六六〇〕

冬十月、百済の佐平鬼室福信は、佐平貴智らを遣わして（中略）援軍を乞い、同時に王子余豊璋を頂きたいと言い、「唐人はわれらの身中の虫（新羅）を率いて来り、わが辺境を犯し、わが国を覆し、わが君臣を俘《とりこ》にしてしまいました」と告げた。

（中略）

――王子豊璋及び妻子と叔父忠勝らを送った。その発った時のことは七年の条にある。ある本に、天皇が豊璋を立てて王とし、塞上（豊璋の弟）をその助けとし、礼をもって送り出したとある。

②七年〔六六一〕

夏四月、百済の福信が使いを遣わして表《ふみ》をたてまつり、百済の王子糺解（豊璋）をお迎えしたいと乞うた。

（天智摂政）

③七年〔六六一〕

九月、皇太子（天智）は長津宮にあって、織冠を百済の王子豊璋にお授けになった。また多臣蔣敷の妹をその妻とされた。そして大山下狭井連檳榔・小山下秦造田来津を遣わし、軍五千余を率いて、豊璋を本国に護り送らせた。この豊璋が国に入ると、鬼室福信が迎えにきて、平伏して国の政をすべてお任せ申し上げた。

④元年〔六六二〕

五月に大将軍大錦中阿曇比邏夫連らが、軍船百七十艘をひきいて、豊璋らを百済国に送り、勅して豊璋に百済王位を継がせた。

続いて百済と唐側の記録です。

『三国史記』百済本紀

武王従子福信嘗將兵、乃與・屠道琛據周留城叛、迎古王子扶餘豊嘗質於倭國者、立之爲王。

西北部皆應、引兵圍仁顔於都城。詔起劉仁軌檢校帶方州刺史。將王文度之衆、便道發新羅兵、以救仁顔。〔中略〕仁軌御軍嚴整、轉鬭而前、福信等立兩柵於熊津江口以拒之。仁軌與新羅兵合撃之、我軍退走、入柵阻水、橋狹墮溺及戰死者萬餘人。福信等乃釋都城之圍、退保任存城。新羅人以糧盡引還。時龍朔元年〔六六一〕三月也。

『旧唐書』劉仁軌伝

〔顯慶〕五年〔六六〇〕〔中略〕百濟爲僧道琛舊將福信率衆復叛、立故王子扶餘豐爲王、引兵圍仁願於府城。詔仁軌儉校帶方州刺史、代文度統衆、便道發新羅兵合勢以救仁願。轉鬭而前、仁軌軍容整肅、所向皆下。道琛等乃釋仁願之圍、退保任存城。

『旧唐書』百済伝

顯慶五年〔六六〇〕〔中略〕百濟僧道琛、舊將福信率衆據周留城以叛。遣使往倭國、迎故王子扶餘豐立爲王。其西部、北部並翻城應之。時郎將劉仁願留鎭於百濟府城、道琛等引兵圍之。帶方州刺史劉仁軌代文度統衆、便道發新羅兵合契以救仁願、轉鬭而前、所向皆下。道琛等於熊津江口立兩柵以拒官軍、仁軌與新羅兵四面夾擊之、賊衆退走入柵、阻水橋狹、隍水及戰死萬餘人。道琛等乃釋仁願之圍、退保任存城。新羅兵士以糧盡引還、時龍朔元年〔六六一〕三月也。

『日本書紀』の記録①から④と、百済と唐側の記録を合致させて言えることは、倭にその身を預けられていた百済王子豊璋（旧唐書では扶余豊）を福信が迎えに来て王として立て帰国したのは遅くとも六六一年三月までの出来事となります。

日本側の①から③の記述が何重にも重複しているのですが②と③は六六一年三月までの記述ではないので造作となります。③と④も重複した内容を含むのですが、④の豊璋の護送はともかく船団と兵を送ったのが六六二年五月として拾えます。

さらに百済が王子を迎えに行き増援を乞うたのも日本ではなく倭国と書かれています。

ステップ2　白村江（唐側記録は白江）の戦いは六六二年八月

ステップ1の情報を踏まえた上で、旧新唐書の記録をご覧下さい。

旧唐書

（顯慶五年＝六六〇年、龍朔元年＝六六一年、龍朔二年＝六六二年）

文度濟海而卒。百濟僧道琛、舊將福信率衆據周留城以叛。遣使往倭國、迎故王子扶余豐、立爲王。其西部、北部並翻城應之。時郎將劉仁願留鎮於百濟府城、道琛等引兵圍之。帶方州刺史劉仁軌代文度統衆、便道發新羅兵合契以救仁願、轉鬥而前、所向皆下。道琛等於熊津江口立兩柵以拒官軍、仁軌與新羅兵四面夾擊之、賊衆退走入柵、阻水橋狹、墮水及戰死萬餘人。道琛等乃釋仁願之圍、退保任存城。新羅兵士以糧盡引還、時龍朔元年三月也。於是道琛自稱領軍將軍、福信自稱霜岑將軍、招誘叛亡、其勢益張。使告仁軌曰、「聞大唐與新羅約誓、百濟無問老少、一切殺之。然後以國府新羅。與其受死、豈若戰亡。所以聚結自固守耳」。仁軌作書、具陳禍福、遣使諭之。道琛等恃衆驕倨、置仁軌之使於外館。傳語謂曰、「使人官職小、我是一國大將、不合自參」。不答書遣之。尋而福信殺道琛、並其兵衆、扶余豐但主祭而已。

二年七月、仁願、仁軌等率留鎮之兵、大破福信余衆于熊津之東、拔其支羅城及尹城、大山、沙井等柵、殺獲甚衆。仍令分兵以鎮守之。福信等以真峴城臨江高險、又當沖要、加兵守之。仁軌引新羅之兵乘夜薄城、四面攀堞而上、比明而入據其城、斬首八百級、遂通新羅運糧之路。仁願乃奏請益兵、詔發淄、青、萊、海之兵七千人、遣左威衛將軍孫仁師統衆浮海赴熊津、以益仁願之衆。時福信既專其兵權、與撫余豐漸相猜貳。福信稱疾、臥於窟室、將候扶余豐問疾、謀襲殺之。扶余豐覺而率其親信掩殺福信、又遣使往高麗及倭國請兵以拒官軍。孫仁師中路迎擊、破之。遂與仁願之衆相合、兵勢大振。於是仁師、仁願及新羅王金法敏帥陸軍進、劉仁軌及別帥杜爽、扶余隆率水軍及糧船、自熊津江往白江以會陸軍、同趨周留城。仁軌遇扶余豐之衆于白江之口、四戰皆捷。焚其舟四百艘、賊衆大潰、扶余豐脱身而走。偽王子扶余忠勝、忠志等率士女及倭衆並降。百濟諸城皆復歸順。孫仁師與劉仁願等振旅而還。詔劉仁軌代仁願率兵鎮守。乃授扶余隆熊津都督、遣還本國、共新羅和親、以招輯其餘衆。

新唐書

永徽六年、新羅訴百濟、高麗、靺鞨取北境三十城。顯慶五年、乃詔左衛大將軍蘇定方爲神丘道行軍大總管、率左衛將軍劉伯英、右武衛將軍馮士貴、左驍衛將軍龐孝泰發新羅兵討之、自城山濟海。百濟守熊津口、定方縱擊、虜大敗。王師乘潮帆以進、趨真都城一舍止。虜悉衆拒、復破之、斬首萬餘級、拔其城。義慈挾太子隆走北鄙、定方圍之。次子泰自立爲王、率衆固守、義慈孫文思曰、「王、太子固在、叔乃自王、若唐兵解去、如我父子何？」與左右縋而出、民皆從之、泰不能止。定方令士超堞立幟、泰開門降、定方執義慈、隆及小王孝演、酋長五十八人送京師、平其國五部、三十七郡、二百城、戸七十六萬。乃析置熊津、馬韓、東明、金漣、德安五都督府、擢酋渠長治之。命郎將劉仁願守百濟城、左衛郎將王文度爲熊津都督。九月、定方以所俘見、詔釋不誅。義慈病死、贈衛尉卿、許舊臣赴臨、詔葬孫皓、陳叔寶墓左、授隆司稼卿。文度濟海卒、以劉仁軌代之。

璋從子福信嘗將兵、乃與浮屠道琛據周留城反、迎故王子扶餘豐於倭、立爲王。西部皆應、引兵圍仁願。龍朔元年、仁軌發新羅兵往救、道琛立二壁熊津江、仁軌與新羅兵夾擊之、奔入壁、爭梁墮溺者萬人、新羅兵還。道琛保任孝城、自稱領軍將軍、福信稱霜岑將軍、告仁軌曰、「聞唐與新羅約、破百濟、無老孺皆殺之、畀以國。我與受死、不若戰」仁軌遣使齎書答說、道琛倨甚、館使者于外、嫚報曰、「使人官小、我、國大將、禮不當見」徒遣之。仁軌以衆少、乃休軍養威、請合新羅圖之。福信俄殺道琛、并其兵、豐不能制。二年七月、仁願等破之熊津、拔支羅城、夜薄真峴、比明入之、斬首八百級、新羅餉道乃開。仁願請濟師、詔右威衛將軍孫仁師爲熊津道行軍總管、發齊兵七千往。福信顓國、謀殺豐、豐率親信斬福信、與高麗、倭連和。仁願已得齊兵、士氣振、乃與新羅王金法敏率步騎、而遣劉仁軌率舟師、自熊津江偕進、趨周留城。豐衆屯白江口、四遇皆克、火四百艘、豐走不知所在。

偽王子扶餘忠勝、忠志率殘衆及倭人請命、諸城皆復。仁願勒軍還、留仁軌代守。

龍朔二年＝六六二年の間に白村江（白江）の戦いが終わったことが明記されています。『日本書紀』側は天智二年（六六三年）八月の出来事として戦場の有様などを綴っていますが、その内容がもし事実から語られていたとしても、起きたのはその一年前でした。

これは白村江の戦いの描写だけでなく、百済将福信が謀反の疑いをかけられて殺された事件が旧唐書にも新唐書にも六六二年七月の出来事として書かれ、中心的な将がいなくなったことで新羅軍が動いたという記事が白村江の前段としてありますが、『日本書紀』側は福信が殺されたのは六六三年六月、新羅が動いたのは八月の出来事として書いています。

これらだけでは、斉明から天智への変遷時の空位期に伴う紀年間違いという言い逃れが発生するかも知れません（実際には六六〇年の或る本という注記や、唐書を見ていればわかった筈のことなのですが、それは一旦脇に置いて先に進みます。新羅本紀は六六三年説、百済本紀は六六二年説を取っていることは書き添えておきます）。

ステップ3　日本軍と倭国軍、現地で戦っていたのは？

例えばパールハーバー（真珠湾奇襲攻撃）の年を一九四一年ではなく、一九四二年と現在の日本国が言い張ったら、当事者の自覚が疑われるだけでは済みませんよね。過去の日本がしているのは正にその行為なのです。自分達が関わったと詳細に記録している日時には、全てが終わって一年ほども経過しているのですから。

先ず、当時の『日本書紀』派兵記録などを要約して拾い出してみます。

白村江敗戦までの日本軍の派遣記事（豊璋の護送ではないと見られるものも含む）

①六六一年八月　前将軍大花下阿曇比羅夫連・小花下河辺百枝臣、後将軍大花下阿倍引田比羅夫臣・大山上物部連熊・大山上守君大石らを派遣し百済を救援。ある本には、別に大山下狭井連檳榔・小山下秦造田来津を派遣し百済を守護させた、とある。

②六六一年九月　皇太子（天智）は百済王子豊璋に織冠を授け、多臣蒋敷の妹を妻とし、大山下狭井連檳榔・小山下秦造田来津に軍五千余りを与え本国に護送。

③六六一年是歳　高麗救援の将が百済の加巴利浜に泊まる。

④六六二年三月　唐と新羅の軍が高麗を討った。高麗から救いを求められ、疏留城（都々《つつ》岐留山《きるのむれ》）に備えた。

⑤六六二年五月　大将軍大錦中阿曇比邏夫連らに水軍百七十艘を与え、豊璋らを百済に送り、その位を継がせた。

⑥六六三年三月　前将軍上毛野君稚子・間人連大蓋、中将軍巨勢神前臣譯語・三輪君根麻呂、後将軍阿倍引田臣比邏夫・大宅臣鎌柄に二万七千人の軍を率いさせ、新羅を伐《う》たせた。

⑦六六三年六月　前将軍上毛野君稚子らを遣り、新羅の沙鼻・岐奴江の二城を取った。

⑧六六三年八月　廬原君臣と一万余の水軍が白村江で唐の水軍と合戦し大敗した。

以下、①から⑧は『日本書紀』の一年紀年間違いという前提で話を進めます。

先ず、信じがたい事実ですが、唐軍の白江（白村江）での戦闘記録以外、高句麗本紀にも新羅本紀にも、倭国軍との戦闘記録はありません。百済本紀にのみ、六六二年七月の条の中に、「（扶餘豊は）使者を高句麗と倭国に派遣し、援軍を求め、唐軍を防いだが、孫仁師は途中で迎え撃って（その軍を）破り、（劉）仁願の軍隊と合流し、（唐軍の）士気が大いにあがった」とあります。

その次に倭軍が出てくるのは、白村江で四百艘の船を焼かれる敗戦の場面です。①から⑧までで該当しそうなのは⑧の盧原君臣と一万余の軍ですが、⑥の二万七千という大軍が新羅と戦っていないのであれば、唐軍の孫仁師に破られた軍勢でしょうか？　高句麗側には百済から援軍が求められたとも送ったとも書かれていませんし、新羅本紀ともども白村江の戦いについての記述さえありません。『日本書紀』側に合致しそうな記述を求めるのなら④天智天皇元年三月の条の、高麗から救援を求められ、疏留城（都々岐留山）に将兵を構えたため、唐の南進と新羅の西進を防いだという一文くらいです。

ただしこれも戦闘を行ったとも負けたとも書いていませんし、そもそも高麗は救援を要請していません。新羅側に交戦記録があればともかく、『旧唐書』の劉仁軌伝に求めるなら、「**俄而餘豐襲殺福信、又遣使往高麗及倭國請兵、以拒官軍**。詔右威衛將軍孫仁師率兵浮海以為之援。仁師既與仁軌等相合、兵士大振。於是諸將會議、或曰、『加林城水陸之衝、請先擊之』。仁軌曰、『加林險固、急攻則傷損戰士、固守則用日持久、不如先攻周留城。周留、賊之巢穴、群凶所聚、除惡務本、須拔其源。若克周留、則諸城自下』。於是仁師、仁願及新羅王金法敏帥陸軍以進。仁軌乃別率杜爽、扶餘隆率水軍及糧船、自熊津江往白江、會陸軍同趣周留城。仁軌遇倭兵於白江之口、四戰捷、焚其舟四百艘、煙焰漲天、海水皆赤、賊众大潰」という太字強調した部分にしかありません。

そこから白江（白村江）の唐新羅連合軍の勝利までの間に倭軍数万との大規模戦闘があったとも書いません。

新羅本紀にも先ほどの『旧唐書』劉仁軌伝にも言及がある周留城に百済軍の主力が駐留していてこちらの方が主目標だったようですが、これが『日本書紀』側に書かれた疏留城（都々岐留山）だとすると、三万に及ぶ倭兵がいたのなら言及されていて然るべきですが、されていません。白村江の方の倭兵さえ、「仁軌遇倭兵於白江之口」と遭遇したような書かれ方をしています。

倭軍に唐軍側のような大型船はなく、四百艘に分乗していた兵として該当するのは⑧の廬原君臣と一万余の水軍と考えるのが自然です。もし本当に派兵されていたとしたらですが。

これらの話を統合すると、どのような結論が導かれるのでしょうか？

■確定事項■（白村江の戦い前後において）

・高句麗には、倭に援軍を求めたり、送ってもらった記録は残されていない

- 新羅には、倭国軍と明確に戦ったという記録は残されていない
- 百済は倭にいた王子を王として迎え入れ、援軍も送ってもらい共に戦ったが敗れ滅んだ
- 唐がその主力を注ぎ込んだのは高句麗。百済は六六〇年に実質的に滅ぼしており、六六二年の戦いはその残党勢力の叛乱鎮圧のため。倭国軍と対峙したのは、豊璋（扶余豊）が福信を殺した後。はっきりと戦ったと書かれているのは白江（白村江）の部分のみ

この四者の記録と『日本書紀』の記述の整合性を求めるのなら、

- 旧唐書も新唐書も龍朔二年（六六二年）七月の出来事として百済王豊璋（扶余豊）の福信殺害を書いているため、天智元年（六六二年）五月に日本から百済へ送り届けたという事実は起こりえない
- 天智二年の三月と六月に援軍を送ったという記述が実際は一年前の物だとしても非常に疑わしく、戦闘に参加した可能性も限りなく低い（先述の⑥と⑦には具体的な戦闘記録がなく、相手側の記録もないため）

・百済が救援を求めたこと、現地に百済軍ではない兵力がいたこと、白村江で四百艘の舟を焼かれ軍勢を失ったのは「倭」であること

わざわざ船で兵を送っているのですから、陸続きでない現在の日本に位置するどこから か兵力を送ったのは確かでしょう。盧原君は先述の参考にしたサイトも指摘している通り、明確に天皇が派遣したと書かれていません。

わざとらしく大日本国救援将軍と天智二年八月十三日条に百済王の言葉として書かれてはいますが、肝心の白村江の戦闘の場面では一言も言及されていません。されているのは朴市田来津《えちのたくつ》の個人的奮戦くらいで、直近で派遣されて現地で戦っていておかしくない阿曇比邏夫（水軍百七十艘を与えられた将）や、前将軍上毛野君稚子・間人連大蓋、中将軍巨勢神前臣譯語・三輪君根麻呂、後将軍阿倍引田臣比邏夫・大宅臣鎌柄ら二万七千人の兵を率いたとされる将達もまた白村江や周留城の戦いで名前を覗かせません。百済からの亡命者達が国を去る時の場面にも。さらに言えばこれだけ重要な戦で敗れた将達なのに、その後の敗戦処理の顛末は『日本書紀』に書かれていません（間人連大蓋のみ天武天皇四年四月条に名前だけがひっそりと出てくるだけです）。

一度しか登場しない人物は使いきりの存在として架空物語には打ってつけでしょう。しかし捕虜となり八年後に戻れたり三十年後にも戻れないでいた人達について言及する人もいるでしょう。次にはその戦後の部分について触れますが、先に結論を書いておくと、やはりそれらも造作であり捏造です。

ステップ4　白村江後の出来事について

先ず、天智三年五月条に、（唐の）百済鎮将劉仁願が朝散大夫郭務悰らを遣わして、表函（上奏文を収めた函）と献物をたてまつったとありますが、それが六六三年にしろ四年にしろ、有り得ません。勝った側が負けた側になぜ貢ぐのでしょうか？　対高句麗戦で倭に敵に回らないでいて欲しかったからという解説サイトも見かけますが、唐側にそんな遣使をした記録はないこともあり、捏造が確定しています。

さらに天智十年（六七一年）対馬国司からの報せ、沙門道久・筑紫君薩野馬・韓嶋勝裟婆・布師首磐の四人が、唐国の使節の郭務悰六百人、護衛の沙宅孫登等千四百人、合わせて二千人が四十七隻の船でやってきて比知島に停泊しているとありますが、こちらも唐側に該当する記録がありません。

「對馬國司、遣使於筑紫大宰府言、月生二日、沙門道久・筑紫君薩野馬・韓嶋勝娑婆・布師首磐、四人、從唐來曰、『唐國使人郭務悰等六百人・送使沙宅孫登等一千四百人、總合二千人、乘船卌七隻、倶泊於比智嶋、相謂之曰、今吾輩人船數衆。忽然到彼、恐彼防人、驚駭射戰。乃遣道久等、預稍披陳來朝之意』」

九州にヤマト朝廷とは別政権があったのだという人達のwebサイトでは、この筑紫君薩野馬を倭国王と見なし、この二千人の大半は白村江で捕虜になった兵士達が送られてきたイベントではないかという推測を立てられています。

またそうでなくとも、劉仁軌伝の「麟徳二年、封泰山、仁軌領新羅及百濟、耽羅、倭四國酋長赴會、高宗甚悦、擢拜大司憲」という六六五年の記事から、この儀式に参列した新羅、百濟（既に滅んでいるので亡命していた扶余隆か。熊津都督として現地入りしたのは同年八月）、耽羅、倭の四酋長の一人が筑紫君薩野馬（薩夜馬）で、斉明七年（六六一年）の百済救援戦で捕虜になっていたのが戻されたのだと、持統四年（六九〇年）十月二十二日の記事と合わせて推測されたりもしていますが、土師連富杼・氷連老・筑紫君薩夜麻・弓削連元寶の児らの名前は派遣された将の間にも記載がありませんし、顯慶五年＝六六〇年（百済という国が実質的に滅びた年）にしろ、翌年にしろ、中国側に倭との戦闘記録はありません。つまりこれら一連の記事もまた捏造ということが確定します。

「詔軍丁筑紫國上陽咩郡人大伴部博麻曰、『於天豊財重日足姫天皇七年、救百濟之役、汝爲唐軍見虜』。泊天命開別天皇三年、土師連富杼・氷連老・筑紫君薩夜麻・弓削連元寶兒、四人、思欲奏聞唐人所計、緣無衣粮、憂不能達。於是、博麻謂土師富杼等曰、『我欲共汝、還向本朝、緣無衣粮、倶不能去。願賣我身、以充衣食』。富杼等、依博麻計、得通天朝。汝獨淹滯他界、於今卅年矣。朕、嘉厥尊朝愛國、賣己顯忠。故、賜務大肆、幷絁五匹・綿一十屯・布卅端・稻一千束・水田四町。其水田及至曾孫也。免三族課役、以顯其功」

（『日本書紀』持統四年十月二十二日）

当然、相手側に記録されていなければ全て捏造なのかという反論は来るでしょう。それは例えば六〇八年の隋使の帰国と共に留学し、三十三年後に帰国しその後業績を残した高向玄理や南淵請安といった人物、あるいは孝徳・斉明紀などで引用されている「伊吉博徳書」には注意が必要でしょう。

伊吉博徳には、斉明天皇五年（六五九年）七月に難波を立ち十月には天子（皇帝）のお目にかかったと書かれています。九月二十二日に越州の余姚県を経て、閏十月一日に越州の州衙について十五日から馬に乗り二十九日に（長安に寄ってから）洛陽の都に着いたとあり、越州南側地域から約一五〇〇から二〇〇〇キロ以上をその日数で駅馬だろうと移動出来たのか強い疑いが残ります。唐側の官に案内されてという記述もありません。しかも彼は単身ではなく、蝦夷達も同行しており、現地の地理にも不案内であれば、不可能であったと推測出来ます。

さらには、唐側に六五九年の倭国からの遣使は記録されていません。旧唐書には完全になく、蝦夷を随伴して皇帝にお目通りさせたという記事は新唐書にはありますが、天智即位の翌年のこととして書かれています。天智即位年の翌年は六六三年。斉明没年六六一年で相手方に伝えていたとしても、六五九年には該当しません。舒明天皇元年から基本的に紀年が一年ずれているとしてもです。

伊吉博徳の名も、これから朝鮮を攻めるので拘留されたということも、囚われてきたという百済の王族（扶余隆）に居合わせたという話も、それから釈放されたという話も、唐書のどちらの高宗伝にも出てきません。六五四年の遣唐使は記録されているのと大きな違いです。

伊吉博徳の話で唯一信憑性を増す話があるとしたら、百済が滅びたという年を、一年紀年がずれている筈の斉明・天智の記載の中で六六〇年のことと正しく捉えていることくらいです〈斉明天皇六年七九月条の中の『ある本によると、今年七月十日〈以下略〉』の記述〉。

ただし別の白雉（孝徳）五年二月条（六五四年）の中で、「定恵、以乙丑年、付劉徳高等船歸」と、定恵は天智四年（六六五年）劉徳高らの船に乗って帰って来たとあるため、前傾の信頼性は相殺されます。この劉徳高らが唐から遣使されたり日本の天皇に会ったという記録もまた唐側にはありません。天智六年唐の熊津都督府から送られてきたという司馬法聡らの記録も同じです〈白雉〈孝徳〉五年二月条〈六五四年〉に定恵は天智四年〈六六五年〉劉徳高らの船に乗って帰ったとの伊吉博徳の証言がありますが、道観については言及なし〉。

ではどの記録なら唐側に記録されているのかというと、本当に驚く程少ないのです。先にご紹介した物なども含めて、非常に重要な物事が判明します。

大半の物が唐側に記録がないことが一目瞭然です。さらに日本と唐の両側にあっても内

#	日本書紀				唐側記録				備考
	出発		帰国		旧唐書		新唐書		
1	舒明2年	630年	舒明4年	632年	貞観五年	631年	貞観五年	631年	唐使高表仁来日。これ以降22年途絶えたと明記
2	白雉4年	653年	白雉5年	654年	永徽五年	654年			道観（後の粟田真人）留学はこの時
3	白雉5年	654年	斉明元年	655年					
4	斉明5年	659年	斉明7年	661年			天智即位翌年	662年?	伊吉博徳が随伴した蝦夷の皇帝目通りはこの時
	天智3年	664年							郭務悰の遣使記録無し
5	天智4年	665年	天智6年	667年					劉徳高（注1）・郭務悰らの遣使記録無し
6	天智6年	667年	天智7年	668年					司馬法聡の遣使記録無し
7	天智8年	669年	不明						
8							咸亨元年	670年	高麗平定祝賀使。国号変更を伝えたのはこの時
9	大宝2年	702年	慶雲元年	704年	長安三年	703年	長安元年	701年	粟田真人他。武周への国号変更知らず現地で知る

※唐の高宗が封禅の儀を泰山で行って、麟徳三年を乾封元年（666年）に改元した際に倭の遣いが臨席した記録なし（高宗伝）
※劉仁軌伝には、
旧唐書「麟徳二年（665年）、封泰山、仁軌領新羅及百濟、耽羅、倭四國酋長赴會、高宗甚悦、擢拜大司憲」

新唐書「及封泰山、仁軌乃率新羅、百濟、儋羅、倭四國酋長赴會。天子大悦、擢為大司憲」

とあるが、旧唐書高宗伝（上）には、

（麟徳二年）「冬十月戊午、皇后請封禪、司禮太常伯劉祥道上疏請封禪。癸亥、高麗王高藏遣其子福男來朝。丁卯、將封泰山、發自東都」

とあり、高麗王の遺児が来朝したことには触れているが倭については記載なし
※倭国伝などにも、664～666年に倭国使が来た記録はないので、この時列席した倭国酋長はヤマト朝廷からの使者とは言えない
※新唐書の倭・日本伝の中の、儋羅＝耽羅に関する記述には「麟徳中、酋長來朝、從帝至太山。後附新羅」と明記されているのとは対照的
※持統紀に書かれた671年の薩夜馬ら捕虜返還も唐側に遣使等の関連記録がないため、封禅の儀に参列したとは言えない（筑紫君薩夜麻が王家の身分であるという記述は記紀に存在しないし、系統もその後も不明）
（注1）道観（後の粟田真人）帰国は、定恵と同時だとすると664年か665年となるが不明

容やタイミングに食い違いがある物も多いです。中でも一番重要なのが、六七〇年唐側に記録された「倭」からの遣使です。

目的としては高麗平定（六六八年）の祝賀と記録されています（『遣使賀平高麗』新唐書 倭国伝）。

さらにこの使者は、国号が倭国から日本国に変わったことも告げてしまっていますが、天智紀にそんな重大な決定を下した記載は存在しません。

天智紀の紀年が全体で一年ずれていることもあり、天智八年（六六九年、実質六六八年）十二月に河内直鯨が送られているものの、高麗が滅ぼされたのが六六八年九月としても、そんな一大事が起こったという知らせは当該するタイミングで記載されていません。

天智紀の紀年は一年ずれている筈が、天智七年（六六八年）十月条に「大唐の大将軍英公は、高麗を打ち滅ぼした」と書いてしまっています。一年ずれているのならここに記述される筈がありません。平壌辺りで起こった最終的な戦闘と結末をわずか一ヶ月後に知れる筈もありません。ヤマト朝廷の情報収集能力は、唐の国号変更（武周革命）が起きても、その十年以上後の遣使が現地に到着するまで知らなかったくらい酷い物なのですから。

白村江後、倭と唐は国交断絶状態にあったという見解もあるようですが、もしそうなら百済が滅んだ六六〇年頃前後を含めて何度も遣使をやり取りしていたという特に日本側の記録は何なのでしょうか？

時期的に有り得ない合致を個別のイベントに対してだけ載せているのは、つまり起こった当時は把握していなかったと告白しているに過ぎません。七〇二年以降の遣使で得た情報を『日本書紀』編纂時に書き込んだのでしょう。つまり天智八年（六六九年）に送ったという使節が高麗平定の祝賀使節であった可能性も消えます。

高麗からの使節で知ったかも知れないという指摘も無効です。そもそも高麗（高句麗）側の記録に残っていませんし、問題の十月条の直前の七月にも来ているという割に切迫した状況も援軍を求められることもなく、完全に滅んだ後の天智十年にも何故か朝貢してきています。

これは高句麗に限らず百済もですが、存在していない国からの遣使をずっと記録してきているのがヤマト朝廷の実態です。存在している国からも存在しなかった遣使をもずっと記録してきていた実態をたった今ご覧頂きました。白村江前後の戦闘記録が相手側にないことにもこれは通底しています。

さらに、これら一連の不整合性からもっと深刻な事実も浮かび上がります。

4　「倭」から「日本」への国号変更は誰が決めたのか

結論から先に言うと、日本の天皇の誰も、当時の朝廷の誰も該当する人物がいません。

先述した通り、倭の国号を日本に変えたという六七〇年の倭国からの使者の情報が旧唐書に記録されているのですが、天智天皇の治世時にも国号を変更するというような議論を朝廷に下問したという記録はありません。前後の斉明や天武や文武まで下っても、です。『日本書紀』には、そんな議論があったという言及の一言もないのです。続日本紀の文武紀も同じです。誰かが独断で決めたという記録さえありません。

一般的には、七〇二年に最終的に出立した粟田真人らの遣唐使（十年以上前に武周に国号変更していたことを知らなかった）らが国号を日本に変更したと伝えた理解になっているようです。唐側の記録で言うと『通典』に、「倭―名日本、自云國在日邊、故以為稱。武太后長安二年、遣其大臣朝臣真人貢方物。『朝臣真人』者」からも窺えますが、これは六七〇から三十年以上も後のこととなり、しかも使者当人でさえ事情に不詳であると唐側に不審がられています。

『**新唐書**』**倭・日本伝**（咸亨元年は六七〇年）

「咸亨元年、遣使賀平高麗。後稍習夏音、悪倭名、更號日本。使者自言、國近日所出、以爲名。或云日本乃小國、爲倭所并、故冒其號。使者不以情、故疑焉」

『**旧唐書**』

- 倭国伝に書かれた使者は貞観五年（六三一年）のもののみ
- 日本国伝

「日本國者、倭國之別種也。以其國在日邊、故以日本爲名。或曰、倭國自悪其名不雅、改爲日本。或云、日本舊小國、併倭國之地。其人入朝者、多自矜大、不以實對、故中國疑焉」

使者が勝手に国号を変更するわけもありません。これらの情報を統合して言えるのは、この六七〇年の使者をヤマト朝廷は送っていないし、国号を変えたのもヤマト朝廷ではないということです。

さらにヤマト朝廷に（少なくとも記録上は無断で）変更された国号をその後も使わせているのですから、その立場の絶対的な格差が改めて明確になります。

六〇〇年に隋に遣使したのは誰だったのか？

六〇八年の隋使裴世清が実際に会っていたのは誰だったのか？

六三一年の唐使高表仁に朝命を果たさせなかった相手は誰だったのか？

六七〇年に高句麗平定祝賀で遣使し国号変更を告げさせたのは誰だったのか？

そして国号変更は誰が決めたのか？

一連の流れから、ヤマト朝廷ではない「倭」の政治的行為であり、その指導者であった者達でしか行えなかったことです。その倭指導層が決めたことを、百済滅亡と復興の失敗や白村江の敗戦、高麗の滅亡など、海外の地盤を完全に喪失した後でも、天皇をはじめとしたヤマト朝廷の誰もその決定を覆せなかったことになります。

では具体的に誰がと、無理に個人名を挙げろと言われても難しいのですが、六七〇年に唐に伝えるにはその前に決まっている必要があり、当時は天智天皇の世ですが彼の治世記録には国号変更に関するものは皆無です。ただし、天智が病に臥し後事を天武に託そうとした時、天武は固辞し、天智の后であった倭姫王の即位を薦めました。

「庚辰、天皇疾病彌留。勅喚東宮、引入臥內、詔曰、朕疾甚。以後事屬汝、云々。於是、再拜稱疾固辭、不受曰、『請奉洪業、付屬大后。令大友王、奉宣諸政。臣請願奉爲天皇、出家修道』天皇許焉」（天智天皇十年十月条）

最終的に天智の後継は、天智の別の后の子、第一子の大友皇子が弘文天皇として即位するのですが、実際に即位していたとしても壬申の乱もあり期間は半年程。倭姫王が中継ぎ的に即位し大友皇子が称制したという説もあるそうですが実態はわかりません。

倭姫王は天智の后でしたが、子はありませんでした。壬申の乱に絡んで何らかの処分を受けたという話も全くありません。乱後に天武は即位し、その後天武系から天智系へと皇統は続いていくことになるのですが、倭姫王は、倭で、姫で、王です。

倭姫と言えば伊勢神宮の位置を定めた斎宮の存在が有名ですが、卑弥呼もまた祭祀を司る存在でした。かつ、この国号を変更するタイミングで、「倭」と「王」を冠する女性が国政を左右し得るポジションにいたという史実は出来過ぎと言えば出来過ぎです。

これから先は、記録が残されていないため推測を主に語る部分が大半となりますが、その前に、九州別王朝説についても触れておきます。

5 九州別王朝説と倭の主導部の在り方について

九州に別王朝があったという意見も根強くあるようで完全には否定しませんが、倭の本拠があったのはどちらかと言えば大陸や半島側で、その転移作業が本格化するのは四、五世紀頃からです。

先の白村江や遣唐使に関する記述の中でも出てきた筑紫君薩野馬（薩夜麻）を捕らわれた倭王ではないかという推測もネット上で散見します。泰山での儀に参列したのも彼ではないかという見解ですが、その出自やその後が一切不明ということなども含めて、百済滅亡時に派遣されたのはヤマト朝廷からではなく倭の兵だった可能性はあります。

最後に水軍を率いて戦ったと見られる廬原君臣は、廬原国造で廬原国は後の駿河国西部ですから、ヤマト朝廷がある所よりもさらにずっと東にある地です。

第三章でも触れた出雲や丹波、そして天孫降臨の地としての琵琶湖近辺、大物主が倭の青垣を守る三諸の山（三上山）、そしてこの次の章で触れる那羅山の地、その中間にある山代（山背）など、どれも、倭王権の勢力範囲と考えられます。

いや、ヤマト朝廷の記録が云々というのは、ここまで示してきた通り、その信頼性は地の底を穿って無限に低下しています。

だからこそ、私は九州別王権説には与しません。そんな範囲の狭い生易しい物ではなかったのは、白村江敗戦の後でさえ、国号変更に有無を言わせなかったことからも明白です。

倭の主導者達は、自らが表に出て顔や名前を晒しながら統治するというスタイルを取りませんでした。もちろん、うかつに文字情報を遺したりもしませんし、自分達の管轄範疇外に漏れそうになれば容赦なく焼却しました（蘇我氏滅亡時の『天皇記』『国記』など。『国記』は焼かれ欠損したが失われなかったと伝わっていますが）。

どんな陰謀論だと笑われるかも知れませんが、『日本書紀』の中でさえ、初代神武の頃から陰謀や暗殺などに溢れています。それはずっと後代中近世に至ってさえも同じでした。

しかし単なる陰謀論に終わらせないためにも、それからもっと大切な、倭の人々が記憶や技術などを継承してきた存在であることなども次章以降で証明していきます。

■第五章

倭と日本の物語

『日本書紀』や『古事記』の記述がいかに滅茶苦茶な物で論理破綻しているかという事実は、江戸時代やそれ以前から、編纂当時でさえ気付いた人達はいた筈です。そんな荒唐無稽な神話が歴史としても支持されてきたのは、ひとえに、他にすがる存在がなかったからです。

記紀の編纂も倭主導で行われたかどうかは怪しく、むしろ断片的な情報しか渡さずに混乱させ、ヤマト朝廷が日本古代までの歴史の主人公ではなかったと読む人が読めばわかるようにしておいたというのが実像ではないかと推測します（中国史書などで言う筆誅に近い仕打ちとも言えます）。

記紀よりも古く信頼性の高い史料が今後発見されればより精密に歴史を語れるようになるでしょうけれども、それまでの間は現在までの考古学的発見や、現代まで残る風習などから推察を重ねるしかありません。

この章では、姿を隠しつつ統治する倭についてから語りを始めましょう。

1　倭はなぜ姿を隠しつつ統治したのか？

本書では、日本神話の神々を実在する人々として置き換えることで歴史と紐付けてきました。

それはつまり、実際に神社で祭られるのも実在する人々であったということです。

昔の暦には、「神無月」がありました。日本に住む八百万の神様達がそれぞれの持ち場を離れて出雲に集まるために不在となる月として有名です。出雲では逆に「神在月」となるのですが、実際に神様達が集まる一週間ほどの間、人々は外出禁止。神様の姿を見ないためです。

似たような風習は柞《ははそ》の森で登場した祝園神社の祭りなどでもあります。大半は深夜、限られた人々しか参加させないというのも機密保持のためでした。

年に一度集まるという風習は、故朝鮮の地や中国東北部で騎馬民族の人々と倭の人々が交じり合った時のクリルタイに発祥しているものと考えられます。各部族が集まって様々な相談事や揉め事の裁定などもしていくようですが、神様とされる人達が集まって各地の情報を持ち寄り、それぞれの適齢期の子女の縁談なども決めていったのでしょう。

しかし、彼らはなぜそもそも姿を隠しながら統治する必要があったのでしょうか？　答えは単純で、移住先の先住民の数に比べて圧倒的な小数であった彼らは長期間に亘って浸透していくように展開していったからです。

天孫降臨に比定される西暦二〇〇年頃においても、ニニギやフツヌシに比定されるべき人物がいたとして、その集団は数十人から多くても数百人程度と見込まれます。

その程度の人数が各地に分散していくのですから、一つの集落全体では弥生時代からの土抗（土壙墓）や方形周溝墓の中にごく僅かに墳丘墓や、そして前方後方墳や後円墳が造成されていったり、北九州では甕棺墓が弥生終末期にかけてほとんど見られなくなっていくけれども割竹形木棺が何故か混じりそこに全国でも単一の墓からは最多四十面もの（破砕）鏡が収められていたり（糸島市平原遺跡）、大半の住居や建物が堅穴式の中に壁立式住居が混在するようになっても数はとても限定されることなどからも窺えます。

倭国大乱で複数勢力の糾合の難しさを、さらに大国や有力勢力と直接対峙すれば自分達の犠牲も無視出来ない物になることを思い知っていたでしょう。卑弥呼や壱与は自身が倭の勢力の統合主として立ちましたが、王（君主）として立つ者が常に権力の配分係争の中心として狙われる愚を避けたかったこともあったと考えられます。天皇とされた系譜の一体何人が陰謀に晒され暗殺されてきたか、記紀だけでも数多く記録されています。

逆に彼ら姿を隠した者達の力の源泉の一つは、第四章でも触れた歴史を記憶し留めることでもあったのですが、もう一つは各地の情報を統合するインテリジェンス網の構築と維持にありました。それらは皇統とは全く別のところで記紀に記録されていますのでご紹介します。

2 情報の重要性を理解していた人々

倭がいかにインテリジェンス（諜報）を重視していたのか。その実例は、景初二年と景初三年の謎解きの場面でも触れましたが、遼東の地で倭や韓を長年支配下に置いていた公孫氏攻略が始まる前に魏に味方するという旗幟を明らかにしたことで親魏倭王金印紫綬他を勝ち取りました。実際の攻防が始まって趨勢が明らかになってから味方していれば評価は全く違ったでしょう。

国内でもいくつかの事例を挙げておきます。

先ずは、開化と崇神の件《くだり》でも触れたタケハニヤスの叛乱の時のことです。

「大毘古命、高志国に罷り往きし時、腰裳服たる少女、山代の弊羅坂に立ちて歌ひけらく、

御眞木入日子はや

御眞木入日子はや

己が緒を　窃み殺せむと　後つ戸よ
い行き違ひ　前つ戸よ
い行き違ひ　窺はく　知らにと
御眞木入日子はや

とうたひき。ここに大毘古命、恠《あや》しと思ひて馬を返して、その少女に問いて曰《い》ひしく、『汝が謂ひし言は何の言ぞ』といひき。ここに少女答へて曰ひしく、『吾は言《ものい》はず。ただ歌を詠みつるにこそ』といひて、すなはちその所如《ゆくへ》も見えず忽ち失せにき」

意訳すると、オオヒコは高志国（北陸道）平定を命じられて弊羅坂（和珥坂）を通りかかった時、一人の少女と出会い、彼女が「天皇は自分の命が狙われているのに知らないでいるよ」と歌で伝えます。

当然、そんな情報をただの行きがかりの少女が知っている筈もありません。

だからオオヒコも、「いったい何のことだ？」と問いかけるのですが、「私は語りません。ただ詠うだけ」と答え、姿を消します（『日本書紀』でも大筋は同じ）。

結果、遠征を命じられていたオオヒコは引き返し、天皇に相談し（卑弥呼にも比されることのあるヤマトトトヒモモソヒメに相談するのは『日本書紀』のみ）、反乱の迎撃を命じられ、ワニの副官をつけられ、弊羅坂（和珥坂）を通り、山代の和訶羅川を挟んで反乱軍と対峙し、これを打ち破ったのは先にご紹介した通りです。

那羅山の中央部付近は歌姫町となっているのですが、その歌姫とは彼女のことを指すと私は捉えています。数多くの天皇や皇族達の陵に比定されている古墳だけでなく平城京をも見下ろす那羅山の地に彼女の名前が冠される意味は小さなものではありません。それについてはまた後ほど触れます。

さらにもう一例。

履中天皇が弟の住吉仲皇子から殺されそうになった時のことです。難波の宮で泥酔していた折りに放火され、臣下に助けられて馬に乗せられて逃げ出した履中天皇は、難を逃れるために、大阪から奈良へと向かおうとします。

その最短ルートの入り口で、彼は一人の女人と出会い、警告を受けます。

この道は兵達に待ち伏せされているから、引き返して当麻の道から行きなさい、と。

遠回りでも結果的にはそれで助かったと『古事記』に書かれている（『日本書紀』は引

き返して兵を集めて龍田の道から押し通った）のですが、この天皇の実在から疑ってかかることは誰にでも出来るにしろ、それでも兄である天皇を殺そうとクーデターを起こした弟が、その逃げ道を予測して兵を伏せておくことは、不自然ではありません。

後の朝廷の重臣達がその祖を登場させて、天皇を救ったと描写させる（それは『日本書紀』に数通り顕れたりしますが）場面だとしても、決定的な所で、何の脈絡も後へのつながりもない女性を登場させる理由は存在しません。

彼女は詠ってこそいませんが、助言だけ与え、名乗らずに去って、二度と登場しません。そんな彼女は、都で起こったことを把握し、そこから逃げてくる人物の逃走ルートを予測し、その先に伏せてある罠も暴露して天皇の命を救い、その後何の恩も着せないのです。ただの一般人なら、そもそも天皇をそれと認識できるわけもなく、わざわざ宮が燃えているという緊急事態の夜に外を出歩くわけもありません。ましてその現場から何キロも離れた道の先に伏兵がいるか調べて、逃げてくるだろう人物を待ちかまえるわけも、その逃げ先を指示することなどできるわけもありません。

大半の農民達が、生まれた場所でそのまま死んでいくような世の中が近代まで続いていたのですから。

記紀が挿入した単なる逸話で深い理由は何もないという反論は、当然、一定の理を持ちます。偶然そこに居合わせた女性が伏兵の存在を知り、通りかかろうとした人々を「たまたま」救おうとしていただけだと。

しかし現代で言うような警察など存在しない時代ですし、そのような存在がいたとしても事は天皇暗殺のクーデターです。後ろで待ちかまえている兵士達が、邪魔している自分を見つけたら間違いなく殺される場面でしょう。

そもそも彼女はどうしてそこにいて、どうやって伏兵の情報も掴んだのでしょう？

物理的に全ての要人を常時監視下に置くことは現代においてさえ難しいのも事実ですから、このエピソードは、ある程度の偶発性と必然性の両方をもっていたと思われます。

まず偶発性の方ですが、おそらくこの女性は、当時の歌姫その人ではなく、彼女の眷属なり、その下で動く人物だったのでしょう。

大阪と奈良の地の間の直線ルートは生駒山地で遮られていますが、その南で大和川が東西に貫き、その狭間には明神山が東西に延びています。

履中天皇に指示された当麻の道とは、二上山の南を葛城市方面へ抜けるルートになります。天皇は最終的に奈良盆地中央東の石上神宮に逃げ込んだとありますので、これは当麻の道に迂回してからほぼ真東に奈良盆地を横切り北上したのでしょう。

さて、そんな山中で、夜、彼女は何をしていたのでしょうか?

その答えが必然性の内容となります。

答えは、天体観測です。

なぜ、天体を観測する必要があったのか。

詳細は後で述べますが、明神山は、奈良盆地と大阪の河内平野の中央部をつなぐ直線上にある要所でした。

その尾根の観測ポイントから、普段は訪れることのない武装した集団が大阪と奈良とを結ぶ道を塞ぎ、河内の難波宮の方角で火の手が上がれば、これは変事があったと予測することは難しくありません。

そこで狙われたであろう人物と、彼が逃げてくるだろうルートと、目下で待ち伏せしている兵達とを絡めて考えて初めて、あのエピソードは、状況的偶発性と必然性とを備えたものだったと言えるのです。

倭の王族達の中心人物とその直属の者達の関係の祖は、ヒミコと月読に由来します。ツクヨミはそのまま、月を、夜の天体を観測し暦を編む者をも意味しますから。

暦を編み物事を記録し継承していくことの力は遣唐使の段などでお伝えしました。

さて、ヒミコの後裔の歌姫達の一族が天体を観測していたのは、地理を計測するためでもありました。

天体観測や地理測量は地道な作業とデータの積み重ねです。方々で適切な観測ポイントを探したり設営したりしている内に、それぞれの地域での情報も当然入手していたことになります。人や物資のイレギュラーな移動はわかりやすい兆候となります。

支配地域の位置や距離や方角といった地理情報は、死活的に重要な軍事情報でもあります。道路を引くにも、正確で平等な耕作面積を区切るためにも、四季の移ろいや暦を管理するためにも、天体からの情報は必須でした。

歴史的な事実として、ヤマト朝廷にその能力も組織も、古代の終わり頃まで存在しませんでした。天文などを観測する陰陽寮が初めて設けられたのは、天武天皇の治世の時だったのです。

しかし古代の道路や、一部の古墳達は、間違いなく、分単位にまで正確な座標を計算されて築造されていました。

例えば奈良の古代道は、正確な間隔と幅をもって直進するよう造成されていました。奈良盆地の南端から北端までの空間を、約四里（一里＝五三一メートル、四里で約二一二〇メートル）の等間隔で平行に走る三本の道路で、天武朝以前に築かれていました。その他全国を巡る古代のハイウェイを築いたのもヤマト朝廷ではありません。それらを可能にしたのは、正確な測量技術があったからで、古墳の墳丘も神社の鳥居も重要な役割を担っていました。

諜報と古代道絡みの逸話も残っています。

壬申の乱の山場。奈良盆地での戦いの中で、いくつかのお告げが大海人皇子（天武）側にもたらされ、中ツ道や大坂など敵の侵攻ルートを事前に知って迎撃し勝利しました。高市社の事代主、身狭社（牟佐坐社）の生霊神、村屋神（守屋神社）の祭神などが神官などに神憑って告げさせたという物です。

卑弥呼の鬼術や占術なども仕組みは同じです。単なるパフォーマンスや占いだけで国や人々を守れる筈もありません。必要な情報を集め相手が信じる形で伝えさせたということです。

次は、実際に彼らが用いたであろう測量方法などを中心に、彼らが如何に正確に天体観測技術を有し、座標情報を管理していたかを証明していきます。

3 倭の測量技術と土俵、郊祭などに関して

先ず、日本神話では、神を数える時に「柱」を単位としていたことを思い出して下さい。次に、カモではなく、カゲ＝影に連なる者が持っていたのが「大量《おおはかり》」であり、「神度《かむど》の剣」であったことを思い出して下さい。

そして日本ではヤマトタケルなど、建国の英雄などど言われたりしますが、タケルはもともと建＝タテルでした。何を？　柱をです。何のために？　天体記録や方位測定などを行うためです。

計測を始める前に絶対に必要になるのが、水平面を築造すること。これが土俵の本来の目的です。相撲ではありません。だからオリジナルの大きさはおそらく直径一メートルから二メートル程度でした。次にその水平面に垂直に柱を建てます。

史実的には、『周髀算経』、上巻　約一七〇〇字、下巻三五五〇字からなり、当時の思想

である「天円地方」に基づいた蓋天説（一種の天動説）によって、太陽の運動および棒（長さ八尺）の日影の消長を説明した天文書であり、秦漢時代成立とされる物か、遡ったとして『周礼』考工記に書かれた技術が基にされています。基はIndian Circle Methodとされていますので、インドから周代に伝わったものでしょう（図は『ノーモンによる南北軸決定精度と国分寺遺跡での活断層による方位変動』横尾廣光　古代の南北決定法、その他を参考）。

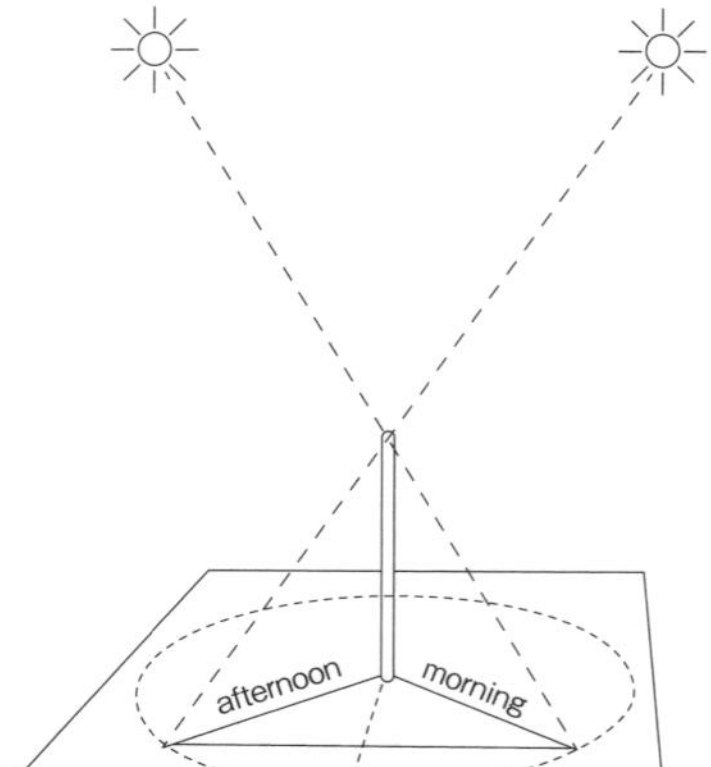

ノーモンとインディアンサークルによる方位決定

水平面に垂直に立てた棒（柱）のつくる太陽の影を午前と午後に、同じ影長になったとき投影面に記録すれば、その二点を結んで東西の、そしてそれと垂直に南北の方位が定まるというものです。

この柱の影は、南中時や夏至や冬至の計測などにも使われるのですが（参考技術としては圭表など）、土俵や鳥居、古墳や神社、そして祭祀とはそもそも何だったのか、それぞれ関連付けて述べていきます。

「郊祭」という、前漢成立時頃にはその実態が不明になっていた祭りがあります。『晋書』に倭人も絡んだかも知れない記録には、「(泰始二年)十一月己卯、倭人來獻方物。並圜丘、方丘于南、北郊、二至之祀合於二郊」とあります。Wikipediaには「円丘・方丘を南北郊に併せ、二至の祀りを二郊に合わせた」という、わかるようなわからないような訳が載せられています。

ここで言う至とは夏至や冬至ではありません。郊祭の実際は、交際です。領域の際＝郊(辺)を合(交)わせることで、東西南北の領域を明らかにする国家的な最重要行事でもあります。先の晋書の記述の後でも皇帝自身が行っていますがその詳細は記載されていません。

南郊・北郊の意味ですが、郊祭についても述べている『春秋繁露』の中の竹林　第三、斉の頃《けい》公に関する記述の中で「入其北郊」とあります。同事項に関し『春秋』には成公二年に、「春、斉師、我北鄙を伐つ」とあります。北郊＝北鄙となり、鄙は辺鄙などの意味で用いられますので、北辺、郊外(領外)と郊内(領内)を分かつ境界を意味しているとわかります。つまり南北の郊を合わせるとは、国の四辺を定めるという意味になります。

だから祭祀とは、正しくは際示、その際を示すことだったのです。

その基準とされるのが、南の円丘であり、北の方丘でした。なぜ丘を築いたのか？　光の通り道を確保するためです。なぜ光の通り道を確保する必要があったのか？　日が最も高く上る南中時のタイミングを可能な限りロスなく遠隔地まで伝えるためでした。そのために使われていたのが鏡だったのです。ただの威信財ではありません。より多くの鏡を持つことは、それだけ離れた処まで情報を伝えられた。それだけ広い領域を計測し管理下に置いていた証でした。

先にIndian Circle Methodの図解で紹介した資料の著者（横尾廣光）は、得られた南北線の延長に関して、その線上の二点を光る点にして、遠方から二点が重なって見えるよう見通せる位置に第三点を置けば良いことや、弥生や古墳時代の鏡の多くが凸面鏡で、平面鏡を光らせるのは向きの調整が必要になるが凸面鏡はほぼどちらから見ても太陽像が鏡に入って光って見えることなども紹介しています（東西や他の方向に関しても同じ手段が使えることも重要です）。

古墳の前方部や後円・後方部の形状や長さの形成比率が規則性を持って遠隔地の古墳間で共通性を持っていることも指摘されることですが、これも距離を計測するためでした。

相似という考え方で、古代ギリシャにはほぼ正確に月までの距離も測った方法ですが、爪に一センチの目印を付け、腕を伸ばし、片目を閉じて、目印と月の大きさが重なるようにします。この時目から爪の距離が一メートル＝一〇〇センチだとすると、月の直径三四七〇キロ（彼らは地球の大きさを求め、月食が地球の影によって起こることによりその長さから月の直径もほぼ正確に求めていましたがここではその詳細は割愛）との相似で、

1cm：100cm=3470km：X km

から、

X km ＝ 3470 × 100 ＝ 347,000km

現代科学が求めた月までの距離はおよそ三八万四四〇〇キロなのでだいぶ近似値まで求められることがわかります。この爪の目印と伸ばした腕を規格化したものが大量《おおはかり》であり神度の剣であったので

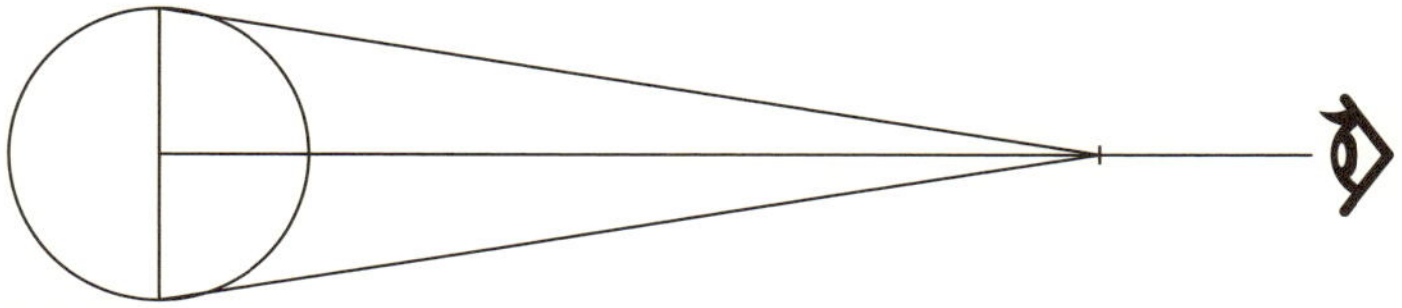

目標物の大きさがわかっていれば距離が割り出せるし逆用途にも使える

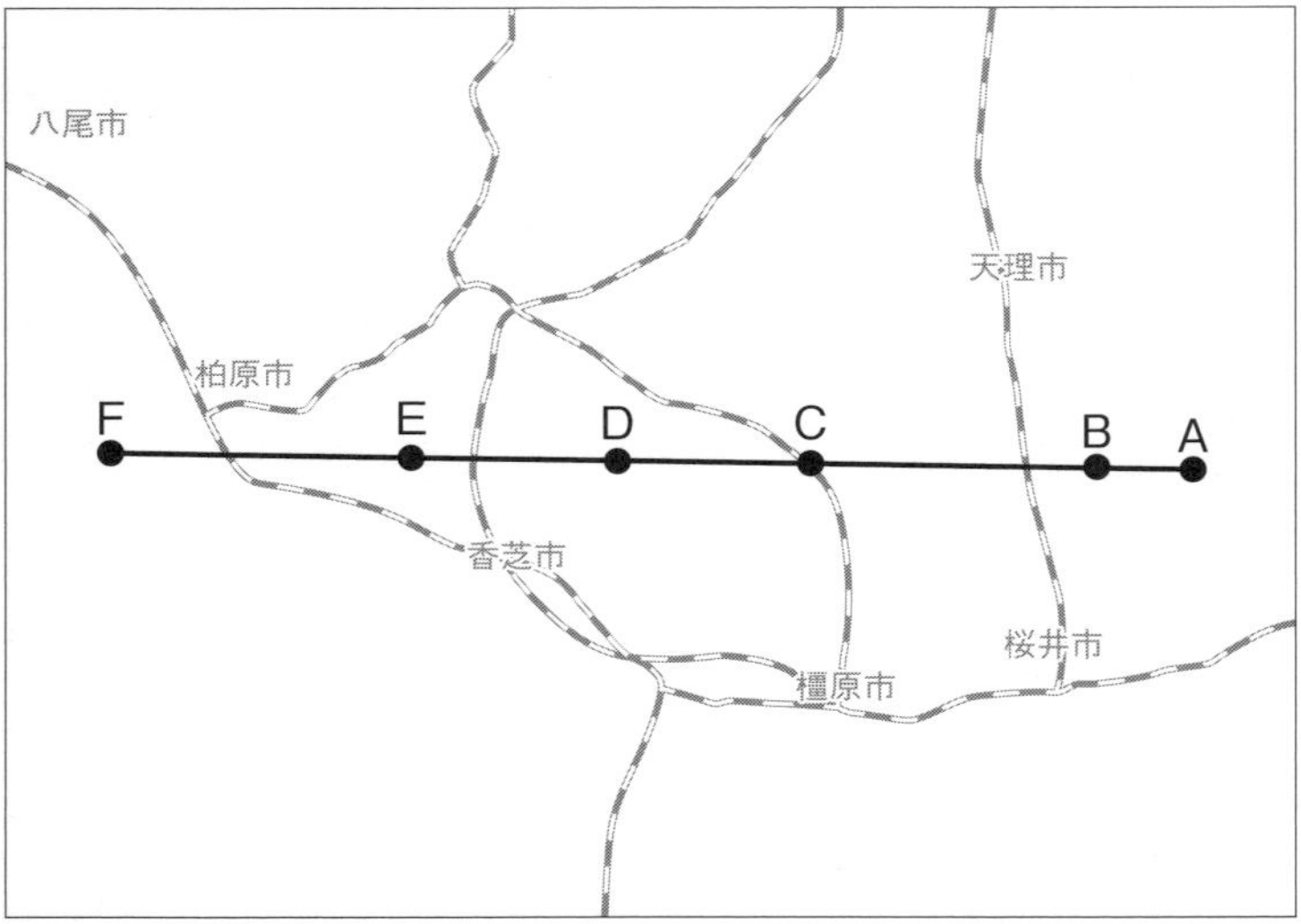

A	34.561506、135.874393	竜王山頂上付近
B	34.560026、135.843222	黒塚古墳
C	34.564028、135.739599	乙女山古墳
D	34.566881、135.663929	明神山頂上付近
E	34.565854、135.594215	仲哀天皇陵
F	34.565015、135.488064	仁徳天皇陵

しょう（目印の大きさや目からの距離も可変できた道具だったと考えられます）。

その相似の計算の元になる理論を倭の人々が理解し応用していたかどうか。地動説や地球の大きさや月までの距離などはわかりませんが、右の地図をご覧下さい。右端（A）から順に緯度と経度を記載しておきます。

緯度に関しては分単位まで一致しています。明神山について先ほど触れましたが、その頂上付近から乙女山古墳と仲哀天皇陵、仲哀天皇陵から仁徳天皇陵までの距離と乙女山古墳から黒塚古墳までの距離がそれぞれほぼ等しいことがご覧頂けます。これらは経度を求める中で計測された結果を示していると思われますが、続けてご覧下さい。

この軸線上にある他の特に重要な物としては、京都下カモ神社絡みでご紹介した御蔭神社と、京都山科の天智天皇陵、奈良明日香村の天武・持統陵もまたほぼ同一経度、東経一三五・八度上に並んでいます。

先述の横尾廣光の資料の中では、藤原京（西端）—下ツ道—平城京（中央）—平安京（東端）の経度なども比較紹介されており、天智・天武期の飛躍的な測量技術の邁進について述べていますが、もしそこまでの技術が表向きに政権内に継承されていったのであれば、日本国の詳細な全土地図の完成は江戸期を待たずに作成・公開共有されていたでしょ

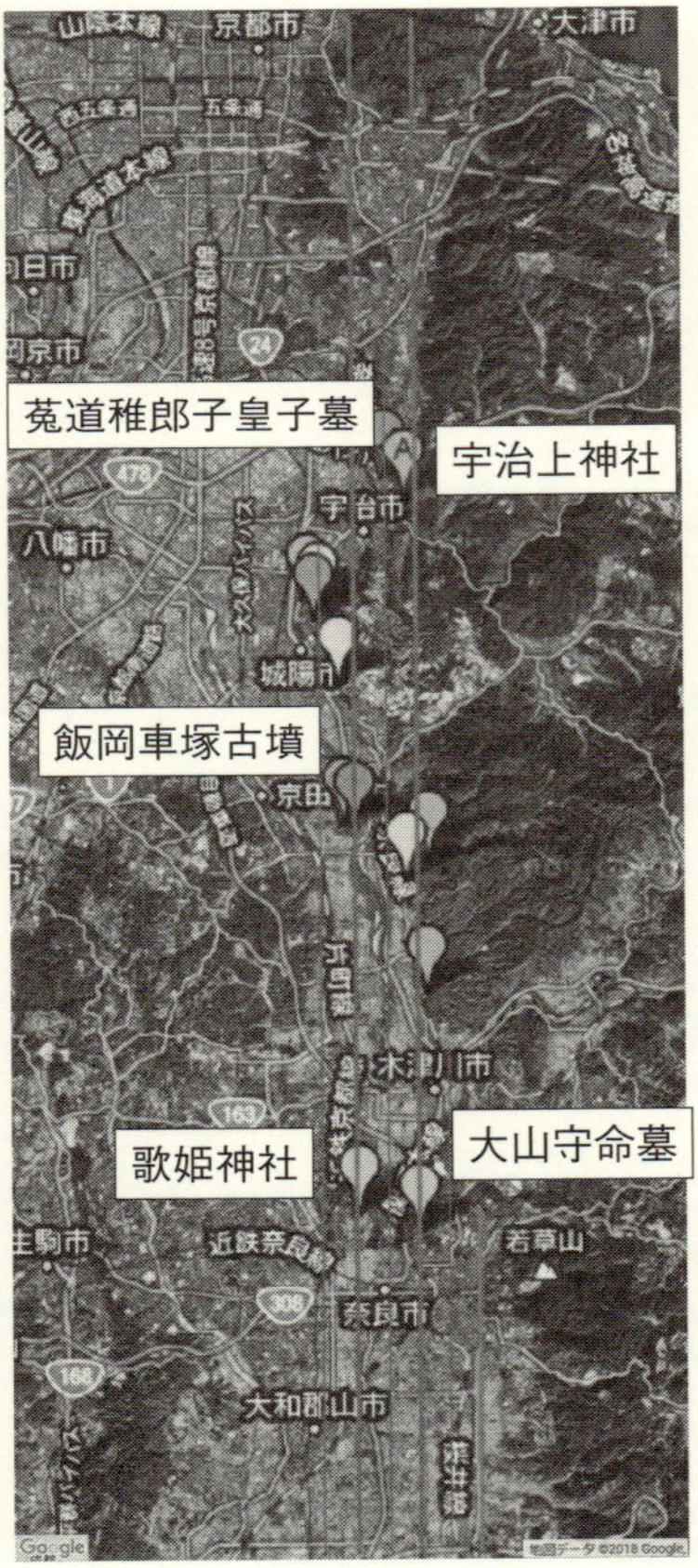
菟道稚郎子皇子墓
宇治上神社
飯岡車塚古墳
歌姫神社
大山守命墓

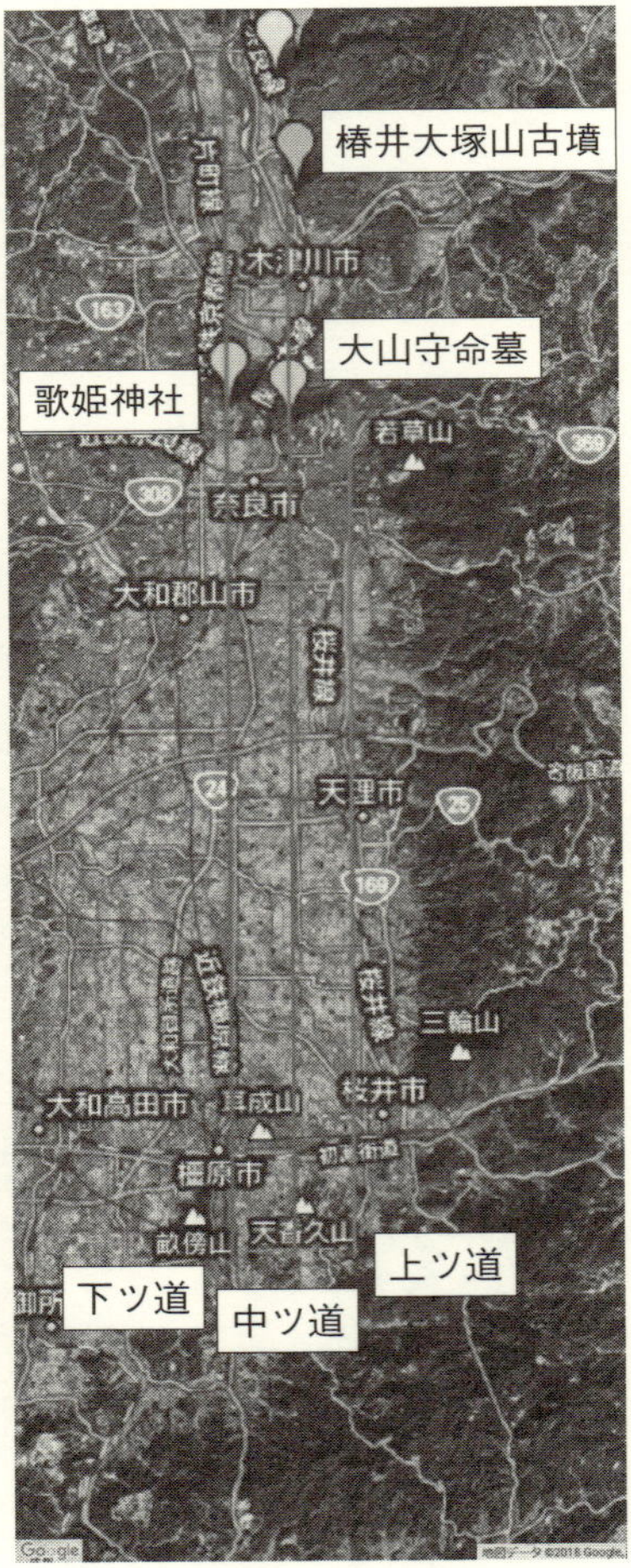
椿井大塚山古墳
大山守命墓
歌姫神社
上ツ道
下ツ道
中ツ道

※実際の上つ道は、天理市付近から内側に折れ、奈良山付近まで斜行して続く

歌姫神社	34.704687, 135.795926　@奈良山
下ツ道（北側）	34.68543, 135.79473 @平城京朱雀門前付近
下ツ道（南側）	34.48317, 135.79612 丸山古墳（旧見瀬丸山古墳）とほぼ同経度
大山守命墓	34.699571, 135.815538　@那羅山
中ツ道（南側）	34.49541, 135.81822　@天香久山
飯岡車塚古墳	34.805639, 135.791523　@京田辺市
桜井古墳	34.805146, 135.795171　@京田辺市
宇治上神社	34.891988, 135.811302　@宇治市
大山守命墓	34.699571, 135.815538　@那羅山
菟道稚郎子皇子墓	34.897447, 135.805088　@宇治市
天智天皇稜	34.99728, 135.80678　@京都市山科区

う。実際には技術は公開されず奈良時代以降の政権にも引き継がれず、古代のハイウェイは、規模と質とを縮退させながら維持されました。

推古朝時に大和と河内間で開始され、天武朝以前に完成していた古代道路網（七道駅路）は、幅最低六メートル、最大三十メートルを超え、とことん直線にこだわって造成され、多少の谷や丘なら削ったり埋めたりしながら通され、沿線には約十六キロごとに駅家《うまや》とよばれる交通管理施設が設置され、想定される総延長距離は六三〇〇キロに及びました。それがどれほどのものかというと、現代一九六六年に計画された高速道路網の北海道を除く総延長六五〇〇キロに匹敵しました。十世紀後半頃には廃絶してしまうのですが、江戸時代の五街道（東海道・中山道・甲州道中・日光道中・奥州道中）などの幹線道路の幅でさえ三〜五メートルであったことや、その総延長距離約一五五〇キロと比較すればその規模がいかに隔絶したものであったか伝わるかと思います（『道が語る日本古代史』近江俊秀／五街道の総延長はWikipediaから）。

その痕跡は既に埋もれ航空写真や地図による策定や『延喜式』から国ごとの駅家名を拾い出したり発掘調査で探索されていますが、いつ造られたのかを『日本書紀』から拾うのであれば、驚くことにたった二箇所にしか記載されていません。

・推古二十一年（六一三年）十一月「作（掖上池・畝傍池・和珥池、又自）難波至京置大道」

・孝徳（白雉）四年（六五三）六月「脩治處々大道」

推古の方は難波と京（奈良）間の物のみ。孝徳の方は脩治ですから作ったとは書いていません。これはどう好意的に捉えても、ヤマト朝廷が古代のハイウェイを全国に張り巡らせたと考えるのは無理があります。では誰かと言えば、「倭」しかいません。

七世紀前半から後半にかけてから造られたとすると、推古の記録から隋使に見せ付けるために造り始めた物ではないことは明らかです。さらに百済滅亡が六六〇年で発掘される古代道は天智・天武朝の頃の物が多いのに皇極・斉明期を含め彼らの在位期に記述がないのは、彼らが造った物ではないことを示唆しています。

道幅や総延長距離などから言って、国家的プロジェクトであったことは間違いなく、しかも十年から五十年で造り終わるようなものでもなかったでしょう。古代には建設重機なども存在しないのですから。白村江敗戦後の九州や四国地方他の防衛建設などもそうですが、海外情勢の悪化からその勢力版図を失うことは倭指導部の既定路線だったとは言え、日本へと移住してきた大量の人々を移住させるだけでなく、安定した仕事を与えるために興された土木事業ではなかったかと私は考えます。日本古代版のニューディール政策のような物でしょうか。

国号の変更もその大量難民受け入れと関連しているかも知れません。複数の起源を持つ人々を糾合した倭を大倭として表し、和という文字を当ててもいたのはそのまま和することを願ったのでしょう。内輪揉めは存続の危機に直結しますから。「日本」という国号は、日の本、日の昇る処という意味も込められていたかも知れませんが、比の下（本）に和するという意味が込められていたのではないでしょうか。比の男だからヒコ、比の女だからヒメ、比の国だから比羅。比の国の者だからヒト（人）。ニホンかニッポンかで読み方が分かれるのも、元はヒホンではなかったかと思います。日という漢字がニチとも読まれることから、だんだんとニホンやニチホンへと頻度を高めていき、ニッポンはそのニチホンから訛化したのではないかと想像します。こちらの議論に関しては調べていないのであくまで想像ですが、中国語での「日」の読みはニチには成らないことがおぼろげな根拠と言えるかも知れません。

余談ですが、ヒが名前に冠された遺跡で他からも浮き立つような墓制や副葬物、そして特に柱などの痕跡などが遺されている物、北九州で言えば福岡市の比恵遺跡や糸島市の平原遺跡、出雲なら風土記にも記された比那神社傍の姫原町西遺跡など、ヒエ、ヒガ、ヒラ、ヒナ、ヒジ、ヒラハラ（バル）などは、比との関連が推測されます。古代の国の名前の中で挙げるなら、肥前肥後に分かれた肥（ヒ）の国や、イキ、イト、シガ、イガ、ヒダ、シナノなども該当するかも知れません。そう言えば平城京も平安京も、ヒラの字を冠されていました。

今更ですが古墳と神社と土俵とカゲの神を兼ね備えた存在としては、石川能登の雨の宮古墳群の一号墳が挙げられます。一号墳（前方後方墳）、二号墳（前方後円墳）を中心として、眉丈山山中に三十六基の群を形成。一号墳は天日陰比咩神の御陵といわれ、かつてはその前方部に天日陰比咩神社（俗に雨の宮という）の社殿が建てられ、その後方部墳頂には相撲の土俵が設けられ、奉納相撲も行われていたそうです。

そもそもの墳丘を建設する目的はお墓を築くためではなく天体観測や計測のためだと記載した通り、奈良最古の出現期前方後円墳の纒向石塚古墳にも埋葬施設は見つかっていません。同様に埋葬施設が見つかっていないか主体部に埋葬施設を持たない古墳は、割合からすれば希少ですが存在します。

埋葬が主目的になってからも古墳の造成そのものが続けられたのは、先ほどの相似の計

算法による測量のためです。造成した時の大きさ（全長）を基に距離を計算したのでしょう。円や方などの比率も一定に設計建造可能だったことから数学的素養があったことも証左されます。

それから目印となる二本の柱を並べることで南北東西その他の方向に測量していったという痕跡については、鳥居が該当します。現存する最古の土俵の姿を留めているのは、奈良穴師坐兵主神社に隣接する相撲神社にあります。

一見ただの地面にしか見えません。ほとんど盛り上がっておらず、約二・五メートル四方くらいの広さで、四隅に木が植えられていました。

右の写真は、土俵の北側から撮影したもので、南東と南西の隅の木が映っています。左の写真は土俵東側から西向きに奈良盆地を映したものです。土俵の背後には祠があります（次頁写真）。

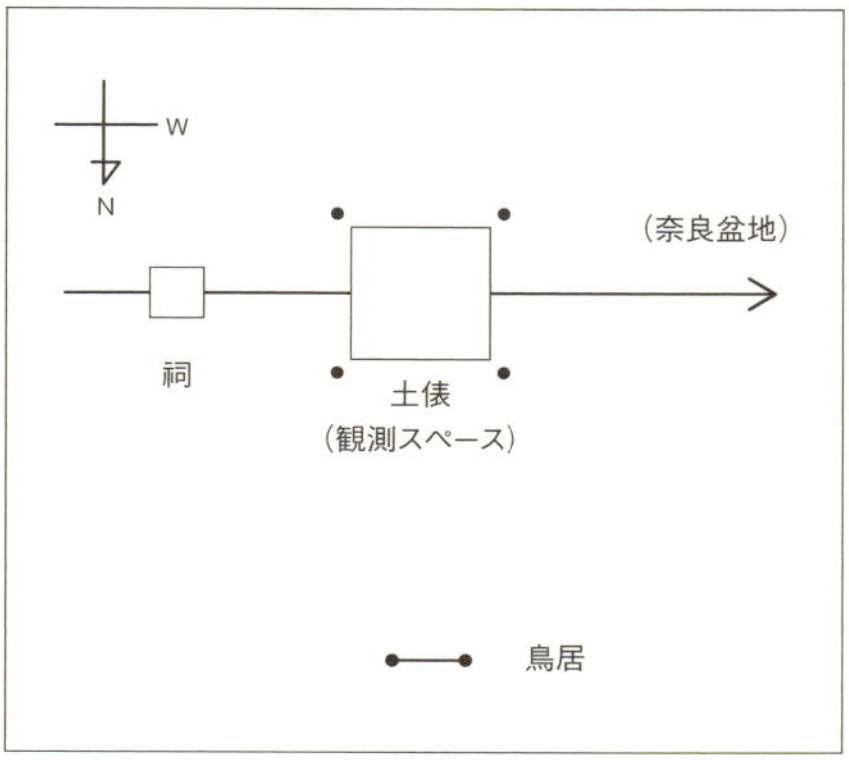

奈良盆地の相対する西側にも「穴」が地名に残る場所があり、その穴虫にあるのが大坂山口神社で、相撲神社と緯度がぴたりと一致しています。古代日本は星々を天体に空いた穴として捉えてもいました。穴を冠する地名は滋賀大津その他各地に存在します。この東西の並行ラインと南北の観測地点から二つの三角形を用い、測量の基本にしていたと考えられます。その北側の観測地点が那羅山の歌姫神社付近だったと私は推測しています。

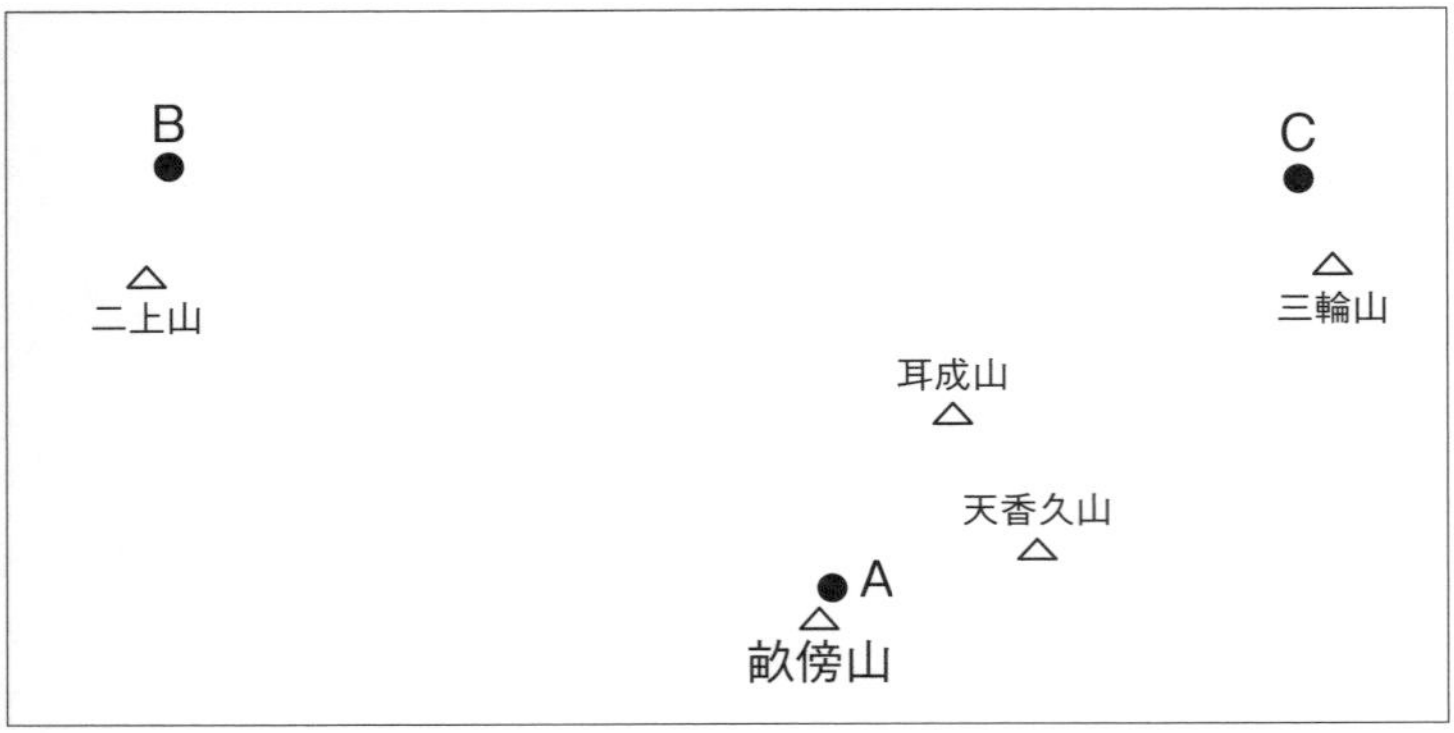

土俵の四隅に埋められた木は往古の物ではないでしょうが、用途としては同じです。東南・東北・西南・西北の隅に埋められた柱代わりの木が重なる処が、それぞれの方角への延長線となりました。ちなみに土俵が女人禁制というのは男性優性思想による錯誤です。観測を行う者自身が天子であり、行える者が天子であって血筋で決まる物ではありませんでした。倭では卑弥呼や壱与も女性だったのですから。観測を行う者以外、つまり余人の立ち入り禁止がいつしか間違われ継承されたのでしょう。倭人（ワニ・ワシ）が山の上に宿って立ち入る者を脅かしたという言い伝えも、観測施設や手段や人員を秘匿し守るための手段だったのでしょう。

鳥居は鳥が留まるから神聖なのではありません。鏡などを設置し、方角や距離などを測定し、その方角を

延長していく道具だったからこそ神聖視されたのです。
　鳥居の間に渡された梁は、榊の間に渡された縄などと同じく、圭表のスリットと同様影を形成する目印としても使われたと考えられます。
　後代では、省略され二本の柱のみで伝えていく形に変更されていきましたが、その名残が神社の盛砂や木などから窺えます。私が各地を訪れて拾い出した例をご紹介します。

上カモ神社の立砂《たてずな》（前頁の写真）
盛砂《もりずな》とも言い、「たつ」とは神の出現に由来した言葉であり、祭神が降臨し背後の山に因んだもので一種の神籬《ひもろぎ》（神様が降りられる依代）ともされる（神社の説明板より抜粋）
接近して見ると、その立砂の墳頂に植物が植えられているのがわかる

盛砂だけが受け継がれているもの（右手は宇治上神社の盛砂）

祝園神社
盛砂と木の双方の特徴が残されている
灯篭の位置が基の柱の位置か

左手は木だけの状態、右手は大三輪神社
木と柱が同一目的なことがよくわかる

土俵の原型の面影を留めているサンプル（島根県出雲市朝山神社）
・土俵の前に２本の木が並んで立つ
・土俵の直径は２m程
・土俵外周に立てられた棒は人の身長程

それでは次に鉄の伝来時期などに、倭の者達の物語を重ねてみましょう。

島根県出雲市朝山神社
背後の祠から土俵中央、２本の木の間までが直線で貫かれていることがわかる（棒本来の位置は逆側と考えられる）

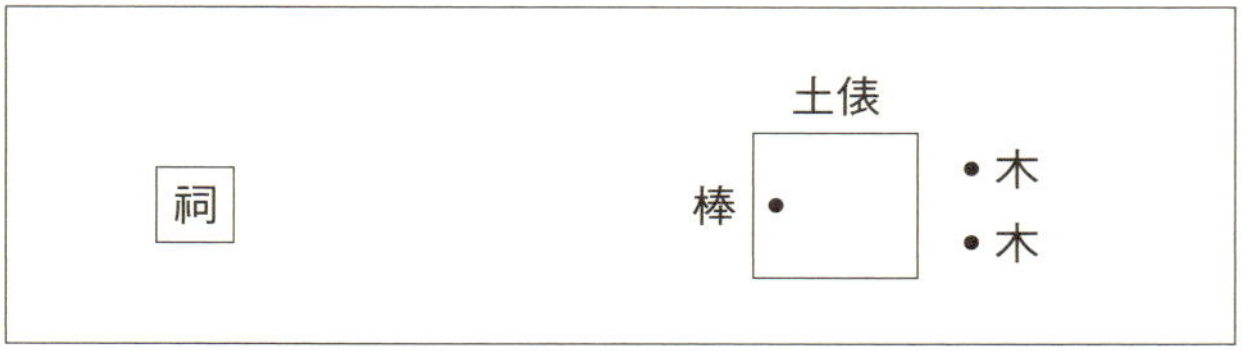

4 倭と鉄の物語から浮かび上がる弥生時代像

倭と鉄の物語というと、古代日本に思いを馳せる人の多くは、次の一節を思い起こすのではないでしょうか？

「國出鉄、韓、濊、倭皆従取之」（『三國志』魏書　烏丸鮮卑東夷伝　弁辰条）

漢四郡が設置されたのも、倭や濊や韓がいたのも、定説と違い遼寧地方やその南の遼東半島であることは第二章まででご説明した通りです。遼東地方にいたからこそ、この記述が成り立っていたのです。

現在の日本で発掘される鉄の遺物の一番古い物は、紀元前四、五世紀頃まで遡るそうです。国立歴史民俗博物館が提唱した長期編年か定説とされる短期編年を取るかで、弥生時代の長さは数百年単位で変わってしまいますが、その国立歴史民俗博物館の説からご紹介します。

「弥生短期編年では、水田稲作の開始と同時に、北方系（燕）の鋳造鉄器と南方系（楚）の鍛造鉄器が出現し、平行して用いられたと考えられていたが、弥生長期編年では、水田稲作が始まってから約六〇〇年後に北方系の鋳造鉄器（可鍛鋳鉄製品）が出現し、さらに一〇〇年ぐらいあとに朝鮮半島系の鍛造鉄器が現れる。その後、鋳造鉄器も使われ続け、前三世紀には中国東北系の鋳鉄脱炭鋼がもたらされる。このように弥生短期編年下の鍛造鉄器と鋳造鉄器という二系統からなる中国系の鉄製品使用説から、弥生長期編年下の中国北方系の鋳鉄が先行し、その後、朝鮮半島系の鍛鉄製品と中国北方系の鋳鉄が平行して用いられたという鋳鉄製品の二系統説に変わるのである」（国立歴史民俗博物館研究報告 第185集二〇一四年二月『弥生鉄史観の見直し』藤尾慎一郎）

さらにもう一例。

「現在、日本列島における弥生時代に属する鋳造鉄斧の破片と考えられる鉄器・鉄片は二五〇例を超えるが、舶載されたこれらの鋳造鉄器の故地が中国大陸のどこかであるのか、いまだに明確ではない。白井克也氏は、中期前半に流入する戦国（燕）系鋳造鉄斧の製作・輸出主体を、衛氏朝鮮と推測した（白井1996：45）。それらの鋳造鉄器資料を金相学的に調査した大澤正己氏は、その多くが焼きなましをして脱炭処理を施し、柔軟性を増して材質改善を図った可鍛鋳鉄製品であると指摘している。そのなかの一部は金属組織の結晶の特徴、フェライト結晶にみられる柱状晶組織の成長の度合いから戦国晩期以降、河北や遼寧において鉄范鋳造によって製作されたものであることを指摘した（大澤 1996・2000）。両者の意見は異なるが、楽浪四郡の設置以前にすでに船載されており、実用に供された点からすれば、政治的な貢賜関係を背景とした贈与交換とは異なり、実用本意の鉄器としての意味が付与されていたものとみられる」

（『弥生時代における初期鉄器の船載時期とその流通構造の解明』野島 永）

紀元前四世紀頃には遅くとも日本にも鉄器がもたらされていたとしても、その量は非常に限られており、鋳造鉄器破片の分割加工、それも石器による再利用だったようです。さらに注意点として、日本は世界で唯一青銅器よりも鉄器が早く入ったそうです（前者資料）。

両者の資料を読んでわかるのは、

①鉄は樂浪など漢四郡が設置される以前から日本に入ってきていた

②朝鮮半島の物よりも先に中国北部や遼寧（東北部）で製作された鉄が入ってきていた

③中国北方系の鋳鉄が先行した後、朝鮮半島系の鍛鉄製品と中国北方系の鋳鉄が平行して用いられた

いつ頃から倭は日本の存在を意識し、部分的にでも関与し始めていたのでしょうか？

本書では、北九州には遅くとも前二世紀頃、出雲には紀元元年頃、丹後には一世紀から二世紀頃、そして天孫降臨に比定されるだろうイベントは後漢が衰亡する二世紀末から三世紀初頭頃を想定していましたが、鉄器の流入はそれらよりも早かったことになります。

長江流域にあった戦国時代の楚の鉄も入ってきているとのことであれば、それは百越に含まれていた倭の人々が絡んでいたかも知れません。

燕製の鉄に関しては、『山海経』鉅燕南に倭があったと第一章でご紹介した部分が絡むかも知れません。越が楚に滅ぼされたのが、紀元前三三三年。紀元一世紀頃までには故朝鮮（孤竹）や遼寧地方（長安から見て北東六十度の方角）へ広く展開。

鉅燕の南に展開していた倭がいつ頃まで現地に足跡を残していたかは、第三章でもご紹

介した中国安徽省亳州市の曹氏宗族墓からの「有倭人以時盟不」の字磚が出土し「建寧三年四月」（百七十年）とも書かれていますから二世紀後半頃までは一定勢力がそこにいたことになります。

この史実は、「計其道里、當在會稽東冶之東」と魏書東夷伝 倭人書の風俗の部分にも書かれていることからも補強されます。これは当時の日本がどこにあるかを述べた場所と勘違いするから意味不明となるのであって、物の「道理」や考え方といった習俗をおもんばか（計）るに、会稽東冶の東に住む人達と同じ（該当する）と解釈すれば鉅燕の南が現在の朝鮮半島ではないことが確定するだけでなく、中国北部や東北部での製鉄が始まったり盛んになる前から日本に（燕製の）鉄が極少量でも入っていたことの参考情報になるのではないかと思います。

中国北部や東北部の鉄が、東北部と朝鮮半島の並行輸入となって続く間にも、日本国内では吉備や近江の製鉄施設稼動が六世紀後半以降。近年淡路島で五斗長垣内遺跡や舟木遺跡で鉄加工施設（炉跡他多数の鉄製品も）が発見され一から三世紀にまで遡ったとはいえ、加工元の素材は大陸や朝鮮半島などから輸入される状況が続きました。

朝鮮半島で製鉄が始まるのは遼東に近い北部からで、南部で始まるのは紀元前一世紀から最大で紀元前三世紀頃。鉄生産地域の東進に伴って日本も九州北部や山陰や丹後半島など日本海側から山陰・近畿方面などへも広がっていったようです（先掲と同じ国立歴史民俗博物館資料）。

高麗はともかくとして百済や新羅がはっきりと誕生したのは四世紀頃、伽耶諸国もほぼ同時期から六世紀頃までの存在とすると、遼東や朝鮮北西部で製鉄した物を日本へと船載し各地の有力者に分配していた主体も倭になると思われます。技術や生産地はかなりゆっくりと日本へ移転したと言えるのでしょう。

各地の有力豪族が個別に貿易していたというのが定説のようですが、どうやって産地を知ったのか、どうやってそこまで辿り着き、何を対価に交渉したのか、相手に渡されただろう対価は遺物として相手側の土地から出土しているのかという問題が発生します。国家間の遣使でさえ数十年から数百年に一度で、航路の把握や船舶や乗員の手配のコスト、相手側との交渉や難破や遭難のリスクなどを考えれば、先行して渡来系住民が住んでいた地域以外はほぼ完全に除外され、残りはその地域と交渉して入手していたと考える方が無理がありません（先にご紹介した野島永の論文の中でも、船載集団、受容集団、再受容集団という流通構造と政治的権威関係について言及されています）。

その先行して移住していた渡来系住民が倭に連なる者だったとして、鉄器の出現期にまで遡るかは不明ですが、神武天皇の即位年が紀元前六六〇年という無理がある年代に設定されたこととももしかしたら関係があるかも知れません。

遣隋使や遣唐使や白村江の段でも触れましたが、高麗新羅百済の三韓や伽耶諸国からの献貢記事が相手方にほぼ皆無なことが、この技術移転史を辿ることを困難にしています。神功皇后の三韓征伐に象徴されるように、記紀の記した三韓は実体としての高麗、新羅、百済とは別に存在したのではないかと疑いたくもなります。該当しそうな存在としては、伽耶諸国くらいが考えられますが、伽耶諸国どころか百済や高麗も完全に滅亡した後も遣使されたと記紀には記録されているため、やはり完全な虚偽記載の可能性の方が高いのかも知れません。

5 倭のその後

旧唐書でも新唐書でも、倭と日本の入れ替わりがいつ頃どうして起こったのかについて、疑義は示していますが詳細はわからないとしています。

国号の変更については第四章でも触れましたが、「倭」という存在を完全に歴史の表層から消し去る目的もあったのかも知れません。

いつ頃から彼らが表舞台への直接的な関与を止めたのかも推測するしかありませんが、古代のハイウェイ（七大駅路）が十世紀頃までに廃絶していたのであれば、遅くともその頃までには手を引いていたと考えられます。

その後、彼らは方々へと溶け込みながら記憶を保ったまま消えていくのですが、奄美大島などの南西諸島や沖縄方面へも向かっており、縄文弥生時代からグスク時代への急激な変遷は彼らが引き起こした物と私は捉えています。

彼らはやがて琉球王国を樹立。日本とは別個の国として成立し中国王朝にも遣使します。その成立過程については諸説あるようですが、私は特に第二尚氏以降の特徴に倭との共通性を感じるので列挙します。

- 第二尚氏の家紋が巴紋
- 伊勢斎宮に相当する女性祭祀の聞得大君を頂点とする神女組織が整備される
- 首里城から斎場御嶽は東の方角にあり、太陽を拝するように思われるが、実際の斎場御嶽の岩場から見える久高島のフボー御嶽（男子禁制。現在は神女のみ）はその内部で遥拝する方角を北北東に変えている（つまり彼らの祖〈神〉が実際にやってきたと思われる方角）
- 久高島の旧正月の三日間と八月の祭祀以外は基本的に島民でなければ参加・見学ができない。普段でも場所によっては観光客の立ち入り禁止（神隠す祭りとの共通点）
- 第二尚氏の祖となった尚円王の生まれた伊是名島の阿母加那志（神職名嘉家）は女系相続で近年まで続いていた（『伊是名村名嘉家の旧蔵品の解説書―伊平屋の阿母加那志の衣裳・諸道具―』伊是名村教育委員会　平成二十二年）
- 神女など女性に伝わる紋身の習慣

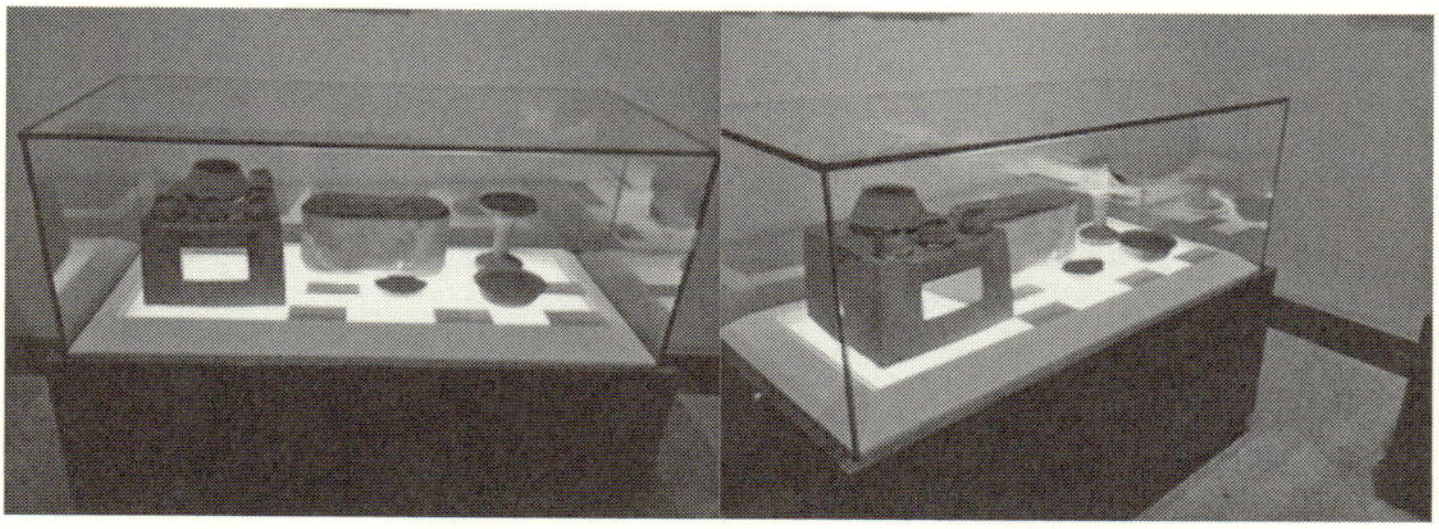

・ナージキという子供への名付けの儀式で弓矢を使っていたこの中でも特に、巴紋が、倭と日本を密かにつなぐ鍵だったりします。

現存する日本最古の木造建築の法隆寺の軒瓦にも現れたり、神社仏閣双方で使われたりしていますが、過去の首里城の遺物としても発掘されています。日本本土での発掘例は大半が古い寺院跡や瓦釜跡などからで、到底漢や魏やそれ以前にまでは遡らないだろうと思われています。『日本書紀』では応神天皇の腕の痣や、弓の鞆の形などと説明されていますが、起源は違います。

上の写真をご覧下さい。神饌の食器類に見えませんか？　実はこれらは中国遼寧の出土物です。

右上の写真は、伊是名島の名嘉家に伝わる神饌の食器です（出典は先掲の資料に同じ）。

前項の写真の遺物と比較して、十分に特徴が伝わっています。

この写真ではわかりにくいですが、足付盆には説明文通り巴紋が刻まれています（名嘉家の家紋でもあります）。

左の写真は先の遼寧博物館に所蔵されている西周（紀元前一一〇〇年頃～紀元前七七一年）の青銅器ですが、右下の写真に見える通り、巴紋がはっきりとデザインされています。

起源が中国は周の頃だとしても、時代的地理的に倭と重なるのか？　というご指摘はあるでしょう。

樂浪郡など漢四郡の設置は、紀元前一〇八年。私の見解では、現在の北朝鮮平壌付近に当初から樂浪郡が設置されたとは言えないと第二章までに述べましたが、樂浪漢墓の設置当初の墓制（墳墓）は非漢式遺物を主に副葬した長方形単葬木槨墓で、樂浪郡設置以前、衛満朝鮮時代の墓制を継承している可能性が高いようです（『楽浪郡と三韓の交易システムの形成』高久健二）。

さて、それではエピローグへ、彼らが中国沿岸部を巡り、日本から沖縄まで辿り着いた、太古の記憶を受け継ぎし者だという最後の証明と、それから卑弥呼からの伝言をお伝えして本書をしめくくりましょう。

1 居摂3年(A.D.8)考工夾紵盤(44)

2 永始3年(B.C.16)蜀郡西工夾紵盤(9

3 初始1年(A.D.8)供工夾紵盤(52)

楽浪漢墓からの出土品
（『楽浪漢墓』楽浪漢刊行会）
紀元前後の物
次頁は西漢（前漢）の頃の物

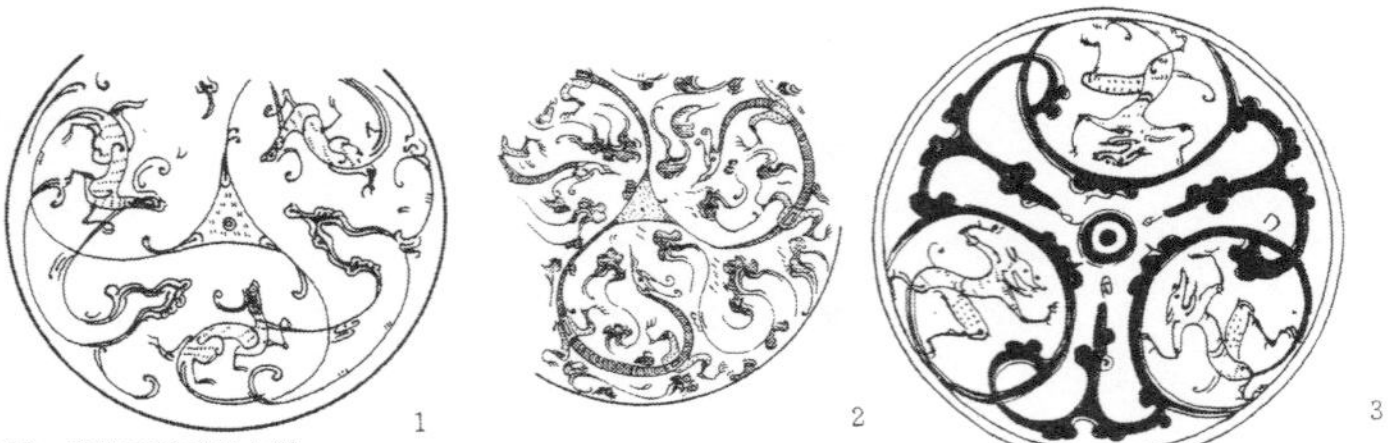

第30図　西漢Ⅰ期漆盤文様

◀志賀海神社
三つの円とその中心にある孤の特徴がよく伝わっている
類似した紋は日本に他にも多数存在する

▼「漢委奴国王」の金印が見つかった志賀島にある天神社

卑弥呼からの伝言

■エピローグ

宮古島から沖縄本島、伊是名島、沖永良部島、そして奄美大島と喜界島を旅していた時のことです。

奄美では、夜、神様が渡ってくる目印にするために海に向かって松明を振るという風習というか言い伝えか何かがあることを公民館かどこかで見かけて、神様なのに夜目が利かないのかなと思ったのが、神様を実在の人間として置き換えてみる着想の契機になりました。

さらに、伊是名島でもそうですが、神様を迎えて神饌をただ供えるのではなく、一緒に食べることになっていたり、当然その神様の座は空座なのですが、司祭の系統も絶えてしまい司祭の座まで空になってしまっているとも見聞きし、じゃあ神様の座もそうだったのかも知れないとも思いました。

夜、大きな藁の柱を立てて火柱にする祭りも石川能登その他多くの地域にありますが、それらもまた同じように神様が下りてくる時の目印にするためだったのかも知れません。山から神様を下ろす祭りとしては、大津の日吉大社も該当します。神様は籠（御輿）に乗って見えないことになっていることが、神を秘す祭りの系譜にあるとも言えます。

日本と沖縄をつなぐ鍵ともまた奄美や南西諸島で出合いました。一般的には、ニライカナイは海の彼方の世界であり死後の世界でもあり魂が生まれ帰っていくところとされ、オボツカグラは天上世界あるいはそこから来る神という水平と垂直の組み合わせになっているようですが、両者がそれぞれ分断された別個の存在なのであれば神道でつなぐ必要はありません。

神の坐す山だからカグラ、そして神が下り来たり海を渡って行き来する存在。そしてオボツはもう言うまでもなく、天孫降臨の地であるオオツ（オホツ）です。行き来した海は琵琶湖（淡海）であり、あの世ではありません。

物語はきちんと受け継がれ、奄美からその先の沖縄まで伝わっていました。喜界島にある城久遺跡

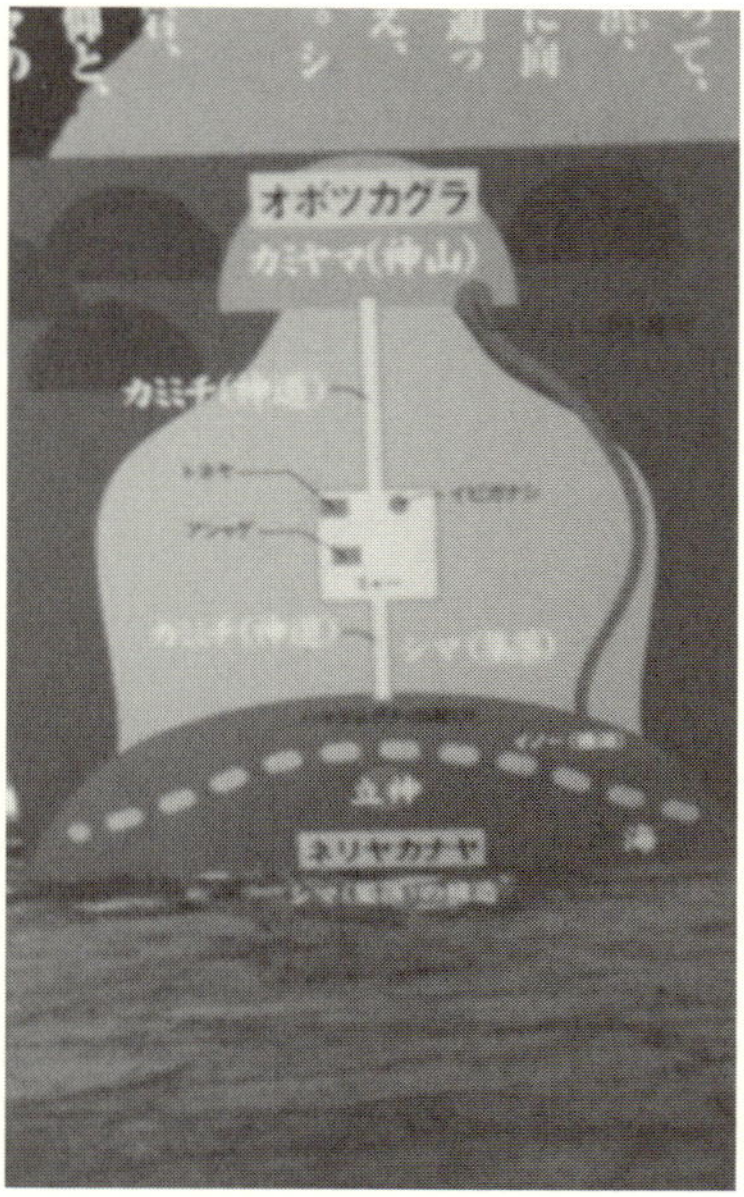

群の近くにある神社（現在は鹿児島神社、元は八幡宮。城久《グスク》はノロの祭事を行う石垣で囲った地に由来する）には遥拝所のようなものもあったのですが、その方角はおおまかに沖縄の方を向いていたと覚えています。

歌姫神社について補足しておくと、歌姫神社（添御縣坐神社）から西寄りの地に歌姫赤井谷横穴墓群が見つかっており、刀子などの出土品から六世紀末から七世紀初頭のものと判断された他、複数体の改葬が明らかになっています（『古墳時代末期の横穴墓から改葬人骨』奈良市埋蔵文化財調査センター速報展示資料 No.25）。改葬そのものは他の群集墳などでも確認されていますが、沖縄など南西諸島方面にもある風習です。

歌姫神社のある奈良山の背後、山背は木津川沿いにある内田山遺跡の一部の古墳についての報告もご紹介しておきます。

「B2号墳・B5号墳の埋葬施設は二段墓壙の木棺直葬で、木棺も四～五メートルと長大である。木棺内は数区画に分割され、喋床や石枕などが伴う。礫床はB1号墳SX153にも伴う。枕施設はB1号墳SX153では蓋形埴輪片を転用し、SX154では高杯の杯部を転用している。B2号墳では1棺に3体の複数埋葬を行っている。このような埋葬施設は、北部九州から丹後地域にかけて、日本海側の古墳に類例が多い。礫床は北部九州から加賀地域にかけてみられ、円礫や土器を転用した枕は但馬から丹後地域に類例が多い。長大な木棺の内部を仕切り、礫床が伴うものは、出雲から丹後地域にかけての古墳に類例が多く認められる。

内田山古墳群B支群では、埋葬施設を検出したB1号墳・B2号墳・B5号墳の三基全てから、礫床・枕等を伴う埋葬施設を検出した。日本海側の墓制に共通点が認められる状況から、内田山古墳群B支群を築いた集団は、このような地域と密接な関係を持っていた集団と考えられる」(『関西文化学術研究都市木津地区所在遺跡　平成十八年度発掘調査報告』京都府遺跡調査報告集　第126冊)

つまり奈良のお膝元とも言える地域にも九州や出雲や丹後の影響が見られるというよりは、むしろそちらから入ってきた人達によって奈良は国際的な未開の地から引き上げられたと、本書で語ってきたことは証左されています。

もう古代に関して何かを語る時、「邪馬台国」「ヤマト王権」「ヤマト朝廷」などと脊髄反射のように使うのは止めましょう。特定の豪族推しも有害なだけです。

記紀、特に『日本書紀』の信頼性の低さは繰り返し触れてきましたが、韓国や北朝鮮や中国などと本来は共有されている筈の歴史が共有されていないことは非常に致命的です。相手方の記録の信頼性にも疑われる場合はあるでしょうけれども、先ずは明らかに自分達の側の記録のおかしさをもっと真剣に見つめ直しましょう。定説は現在こうなっているということに意味も重みもある場合はありますが、定説だから正しいとするのは思考停止に他なりませんし、記紀の他に頼れる記録が出てくるまでは厳しい部分もありますが、本書で触れてきたような、瑣末でないもっと根本的な部分に関して考察を深めていきましょう。

近年、自国の歴史ばかり崇めて他国の歴史を貶める史観がもてはやされ、皇統二千六百年がそのまま史実であるかのような謳い文句を、明らかに偏った書籍などではなく、公的な報道などでも頻繁に見かけるようになりました。

本書ではなるべく多くの史書や調査報告などにも触れるようにもしましたが、至らない部分や間違っている部分もあるかも知れません。今は間違っていなくても、後日の発掘調査結果などによって古代史の見解は塗り替えられていくものです。

争いを求めず、中国長江流域から海沿いを旅し、多くの異なる起源を持つ人々と交わりながらやがて現在の日本の地へそこからさらに沖縄にまで辿り着いたのが倭の人々の歴史です。

倭の人々の誇るべき歴史を受け継ぎ、これからも語り継ぐのは私達に任された役目です。他の誰かを貶めなくても、自らを誇ることは出来ます。

神話は信仰の対象ですが、歴史は共有の対象です。自らの信仰の対象を押し付けようとして海外にも国内にも大惨禍を起こした責任を片時も忘れてはいけません。失敗を繰り返そうとするなら、前回以上の破滅が待ち受けているのは明白です。私はその愚行を望みません。

本書の中に収め切れなかった余話などはまた別の機会にお伝え出来ればと思います。

記紀の記述は滅茶苦茶ですが、歴史は辿れるように出来ています。私は辿りました。それでは最後の最後に、卑弥呼からの伝言をお伝えします。

「ありがとう。オオツ」

補記1

燕と古朝鮮王国に関して

Wikipediaで調べるだけでも、燕と古朝鮮の活動時期や版図について、特に秦から漢に移行する時に元々の版図を取り戻したという主張は、中国史書的にも認められないという指摘は来るでしょう。

しかし西に中国中原部からの難民を受け入れたり、衛満が走り出た時の描写などから本書中の図解を置いてみたことは既に触れました。その時代から二千年以上が経過した現代の中国においてさえ、北朝鮮国境付近に散在する朝鮮系自治区の多さからも、燕と朝鮮とが重なりあうように存在していたことは推測可能です。漢の地方支配の脆さや燕王盧綰が匈奴に亡命した史実などからも、燕が存在していた＝古朝鮮はその外側にしか有り得ないということにはならないと考えられます。

補記2 地図と方位などについて

まず方角そのものについて、『漢書』地理志の記載からおさらいします。

「樂浪海中有倭人、分為百餘國、以歳時來獻見雲。自危四度至斗六度、謂之析木之次、燕之分也」

「自危四度至斗六度、謂之析木之次、燕之分也」については、中国古代星図の二十八宿や十二次を当てはめないと意味がわかりません。「斗」や「危」が二十八宿の該当部分で、「析木」が十二次の該当部分です。星宿図を見ると東西南北が反転してさらにずれた位置にあり、天文関連の用語を理解しようとするとかなり苦労するのですが、十二次はほぼ十二支に対応しており、析木は十二支でいう「寅」、つまり北から東に六十度の方角となります。

さらに、『漢書』の該当箇所の記述は、燕についてのもので倭についてのものではないという指摘もあるかも知れません。しかし樂浪海の中に倭人がいて、燕（析木）の方角に樂浪海も倭人もあるという詳細については第一章などで述べてきましたのでここでは繰り返しません。

ただし、樂浪海中と明記してあるのに、「楽浪の海のかなたに倭人がおり」などと歪めているのが現在の定説です（『漢書３　地理志下』斑固　小竹武夫訳　ちくま学芸文庫 p.451）。

長安（現在の西安）の北から東に六十度の方角を考える際に、いくつかの考慮点があります。本文中ではメルカトル図法地図上で線を直線に引きましたが、正方位（正距離）地図上では、当然、異なる方角に線は延びます。

大地（地球）が球形であるという知見が古代中国にあったかどうかですが、圭表の使われ方や、その基礎となった観測・計測技術の積み重ねから、おそらくはあったのでしょう（『先秦時代の星座と天文觀測』橋本敬造著　東方學報 1981 p.219 ~ 220。圭表の使われ方はweb検索すると動画が見つかります。天体に関する「穴」が圭表や二十八星宿図などに由来することが推測できます）。

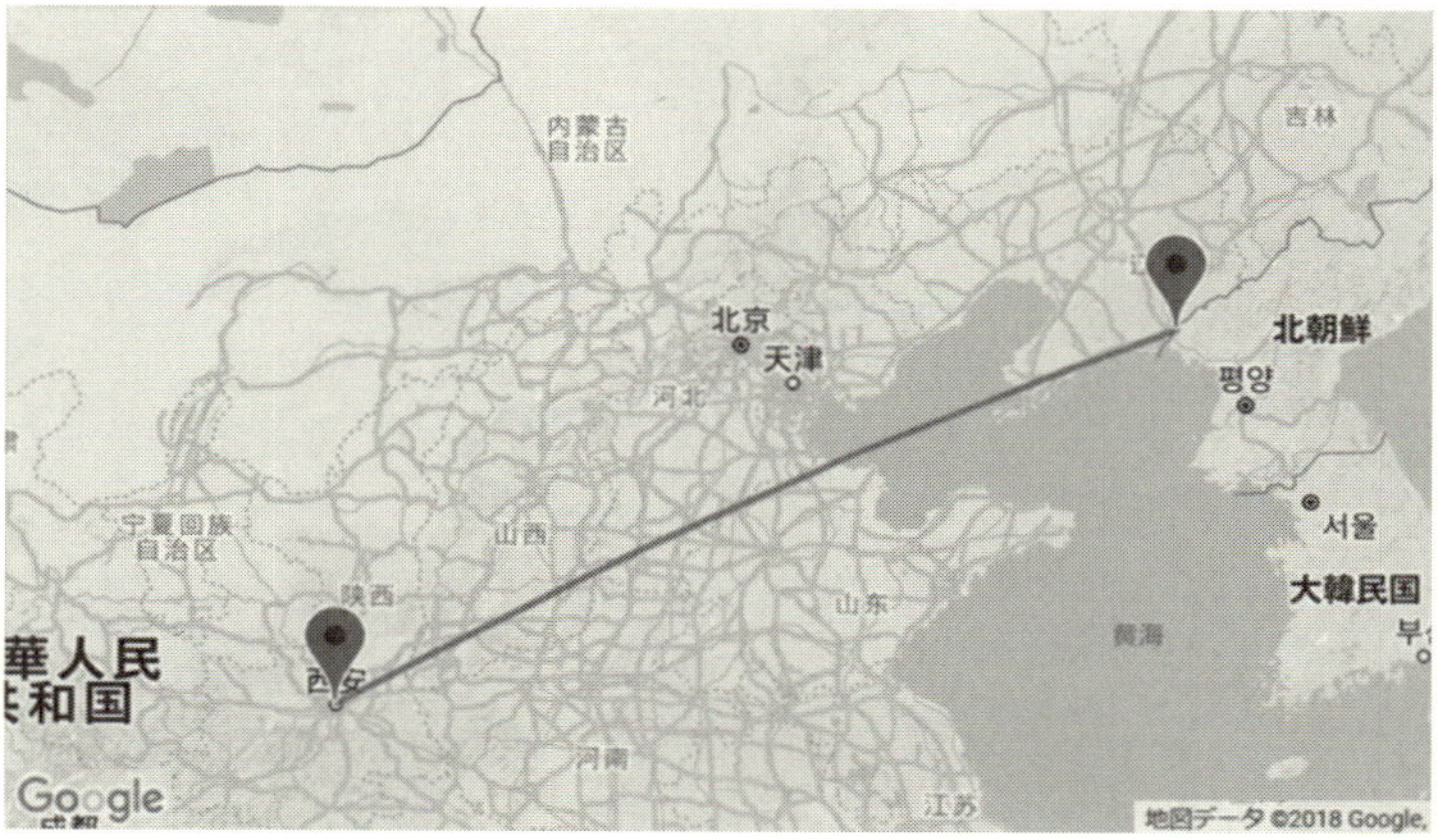

方角 & 距離	《地点1》から見た《地点2》は、 方角：東北東（60°）距離：1517.357km です。 《地点2》から見た《地点1》は、 方角：西南西（250°）距離：1517.357km です。

ただし、その見識が地図にも活かされ反映されてきたかはまた別の話となり、世界各地の正確な地図が出来上がってくるのは近代を待たなくてはいけませんが、長安（現在の西安）の北から東に六十度の方角はどう捉えれば良いのでしょうか？

メルカトル的に捉えられていたのであれば、遼水河口付近を。正方位的に捉えられていたのであれば、遼東半島の付け根付近が該当します。本書としては、そのどちらも間違いでないと捉えます。史実的に、鮮卑族が東に倭人国を討ったのは遼東での出来事であり、彼らの主な勢力範囲が遼西にあったことからすれば遼水を東に渡った先にいたと考えるのが自然だからです。正方位で捉えた場合、遼東半島の付け根、帯方東南大海（黄海）の中、馬韓の南とやはり本書内で示している箇所に該当します。そこからそう遠くない範囲にある漢式遺物に切り替わる前の樂浪漢墓の主体が誰であったのか。衛氏朝鮮ではなく倭（濊）であり、巴紋模様の遺物は倭に縁のある物というのが本書の主張です。

余談ですが、巴紋模様の中に描かれた獣人の姿は、兎のような耳や（後ろ）足が特徴的で、まだほとんどの史書などが成立していなかった時期にどんな言い伝えを元に描かれたものなのか、興味が尽きません。

文献リスト

・『古事記』倉野憲司校注　岩波文庫
・『日本書紀』(上)・(下)全現代語訳　宇治谷孟　講談社学術文庫
・『風土記』吉野裕訳　平凡社ライブラリー
・『三国史記』1・2　金富軾　井上秀雄訳注　東洋文庫
・『卑弥呼の正体　虚構の楼閣に立つ「邪馬台」国』山形明郷　三五館
・『倭の正体　見える謎と、見えない事実』姜吉云　三五館
・『日本民俗文化大系3』「水銀―民俗と製造技術」市毛勲　小学館
・『日本の神々　神社と聖地5　山城・近江』谷川健一編　白水社
・『御上神社沿革考：近江国野洲郡三上村鎮座』大谷治作 編／出版：太田治左衛門
・『小野雜祭覚書』橋本鉄男著　まつりと芸能の研究 第1集抜刷
・『みんなで語る「ふなずし」の歴史』滋賀県ミュージアム活性化推進委員会　秋道智彌著
・国立歴史民俗博物館研究報告　第162集　二〇一一年一月「コイ科魚類咽頭歯遺存体から見える先史時代の漁撈と稲作との関係に関する一考察」中島経夫

・「倭」「倭人」について　張莉　立命館大學白川靜記念東洋文字文化研究所　第七號抜刷
二〇一三年七月発行
・『春秋繁露通解並びに義証通読稿十七』近藤則之
・『春秋繁露』日原利国　中国古典新書　明徳出版社
・『道が語る日本古代史』近江俊秀　朝日新聞出版
・『弥生鉄史観の見直し』国立歴史民俗博物館研究報告 第185集　二〇一四年二月
・『弥生時代における初期鉄器の舶載時期とその流通構造の解明』野島永
・『伊是名村名嘉家の旧蔵品の解説書―伊平屋の阿母加那志の衣裳・諸道具―』
伊是名村教育委員会　平成二十二年
・『楽浪郡と三韓の交易システムの形成』高久健二
・「古墳時代末期の横穴墓から改葬人骨」奈良市埋蔵文化財調査センター速報展示資料
No.25
・「関西文化学術研究都市木津地区所在遺跡　平成十八年度発掘調査報告」
京都府遺跡調査報告集　第126冊
・『戦争の日本古代史 好太王碑、白村江から刀伊の入寇まで』倉本一宏　講談社現代新書

・『土木技術の古代史』青木敬　吉川弘文館
・『人はどのように鉄を作ってきたか　4000年の歴史と製鉄の原理』永田和宏　講談社
・『前方後方墳の謎』植田文雄　学生社
・『邪馬台国近江説　纒向遺跡「箸墓＝卑弥呼の墓」説への疑問』後藤聡一
サンライズ出版
・『斎宮――伊勢斎王たちの生きた古代史』榎村寛之　中公新書

著者プロフィール

小久保 直人（こくぼ なおと）

1971 年、埼玉県生まれ
アメリカ コンコーディア大学
アナーバー校卒業（政治・歴史）
趣味の書き物が高じて、ふと
した事から調べだし、本書の
執筆と出版にまで辿りつく
仕事は IT サポート系

卑弥呼からの伝言 「倭」の人々の移住履歴

2019年 7 月15日　初版第 1 刷発行

著　者　小久保 直人
発行者　瓜谷 綱延
発行所　株式会社文芸社
〒160-0022 東京都新宿区新宿1－10－1
電話 03-5369-3060（代表）
03-5369-2299（販売）

印刷所　株式会社フクイン

©Naoto Kokubo 2019 Printed in Japan
乱丁本・落丁本はお手数ですが小社販売部宛にお送りください。
送料小社負担にてお取り替えいたします。
本書の一部、あるいは全部を無断で複写・複製・転載・放映、データ配信する
ことは、法律で認められた場合を除き、著作権の侵害となります。
ISBN978-4-286-19910-8